인문학
습관

나만의 업業을 만들어가는
인문학 트레이닝북

인문학 습관

윤소정 지음

다산
호랑

정답이 아닌
방법을 찾아가는 인문학

한때 저는 앞으로 무엇을 하고 싶냐는 질문에 "전 대한민국 교육 문화를 이끌 거예요!"라고 큰소리를 치곤 하였습니다. 그러던 어느 날 한 사업가가 이렇게 정곡을 찌르시더군요.

"교육문화? 좋지. 그렇다면, 자네 지난 주말에는 뭘 했는가?"

"……."

"해당 기업의 대표가 지난 주말에 무엇을 했는지를 보면 그 사업 이 될 수 있는지 없는지를 알 수 있다네."

저는 꿀 먹은 벙어리가 되었습니다. 사실 소파에 누워 텔레비전을 본 것 외에는 별로 한 게 없었거든요.

여러분은 지난 주말에 무엇을 했나요? 혹시 저처럼 아무것도 안 하면서 뭔가를 이루겠다고 큰소리만 치며 지내고 있지는 않나요? 저 또한 과거에 늘 생각만, 말만 하고 살았습니다. 멋진 커리어 우먼이 되겠다고, 대한민국 교육문화를 이끄는 교육 리더가 되겠다고, 션과정혜영 커플처럼 멋진 가정을 만들 거라고요.

그런데 이렇게 생각만 하고 있는 제 모습이 딱 '츄파춥스' 같더라고요. 혓바닥으로 핥아 먹는 막대사탕 말입니다. 사탕 부분을 위로 해서 츄파춥스를 한번 세워보세요. 계속해서 쓰러지죠. 하고 싶은 것도, 아는 것도 많아 머리는 크지만, 정작 행동하는 근육이 발달되어 있지 않아 홀로 설 수 없는 그 모습을 보니, 영락없는 제 자신이었습니다.

그런 제 모습을 변화시키기 위해서는 제가 알고 있다 생각했던 모든 것이 정답이 아님을 인정해야 했습니다. 그렇게 제가 알고 있던 것들을 깨뜨리는 일부터 시작했죠. 저는 인문학 공부 또한 이렇게 '깨뜨리는 것'에서 시작한다고 생각합니다.

지금은 내가 원하는 삶을 만들어가는 방법을 깨우치고 행하는 사람이 행복을 거머쥐는 시대입니다. 저는 말로만 큰소리치던 패턴을 깨고 '행동'을 통해 삶이 무엇인지를 배우기로 마음먹었고, 이 책에 그 과정을 오롯이 담았습니다. 물론 저는 당신에게 정답을 드릴 수는 없습니다. 그러나 자신의 인생을 스스로 만들어갈 수 있는 공식을 공유해드릴 수는 있습니다. 이 책에서 제시하는 인문학 트레이닝 또한 기존의 인문학 공부법을 깨뜨리고 새로운 방법을 찾기 위해 7년간 직접 기획하고 진행한, 200개가 넘는 자기계발 프로젝트 중 일부입니다. '어떻게 하면 내 인생이 변할까?'라는 고민 속에서 스스로를 실험실 쥐처럼 활용하며 터득한 노하우죠. 이를 여러분의 것으로 만들려면 '인문학 습관'이 몸에 밸 때까지 꾸준히 실천해야 한다는 점을 미리 당부하고 싶습니다.

삶의 패턴을 관찰해보면 자신에게 어떤 습관이 있는지 잘 알 수 있습니다. 저에게도 제 삶의 패턴을 보여주는 데이터가 있습니다. 바로 대학교 성적표인데요. 특징이 있다면 단 한 번도 성장을 멈춘 적이 없다는 것입니다. 4.07, 4.17, 4.38, 4.39, 4.43, 4.5……. 이렇게 항상 지난 학기보다 더 나은 나를 만들려고 애썼습니다. 그리고 이는 저에게 하나의 습관이 되어 사회생활을 할 때도 그대로 이어지더라고요.

스물 한 살, 제가 처음 강의를 해서 받은 월급은 16만 원이었습니다. 그러나 5년 만에 억대 연봉을 찍을 수 있었죠. 대학교 성적표의 성장 곡선처럼 몸값 또한 떨어진 적이 없었습니다. 매일 더 나은 선생이 되려 했으니까요.

실용 인문학 교육기업 '인재양성소 인큐(이하 인큐)'를 키워가는 과정도 마찬가지였습니다. 5년 전 남의 스터디룸에서 시작해, 6개월 뒤 오피스텔, 1년 뒤 잠실 아지트, 신사 아지트, 삼성 아지트로 이사하며 매년 평균 120퍼센트씩 꾸준히 성장했죠. 그 결과, 저는 지금까지 1만여 명의 친구들을 인재로 양성시키는 일을 '업業'으로 삼을 수 있었답니다. 이렇게 어제보다 나은 나를 만들겠다는 대학 시절의 습관은 사업을 할 때도 최고의 자산이 되어주었습니다.

이렇게 성장한 인큐에는 취업난 속에서도 여기저기서 스카우트 제의를 받는 친구, 책도 출판하고 1인 기업가가 된 친구, 저도 생전 받아보지 못한 수억 원의 투자를 받는 인재도 생겨났습니다. 최근에는 한 친구가 HR 기업에 취업을 하는데 인큐 출신이라 했더니 거기 출신이면 인성은 보지 않아도 된다며 바로 합격이 되었다고 합니다.

물론 저는 아직도 스타트 라인에 서 있는 청년교육자입니다. 저 또한 무엇부터 어떻게 시작해야 할지 몰라 방황했던 청년이기도 하였습니다. 그러나 온몸으로 부딪히며 저만의 길을 찾기 위해 발버둥 친 결과, 이제는 알고 있습니다. 제가 좋아하는 것을 업으로 만드는 방법을 말입니다. 저는 그 방법을 이 책에 공유하였습니다. 따라서 이 책은 단순한 지식 습득용이 아닙니다. 여러분의 인문학 근력을 키워줄 '습관 트레이닝북'입니다.

'열심히'가 아니라 '어떻게'를 고민하라

푹푹 찌는 어느 여름날, 저는 저녁 6시가 넘도록 한 끼도 먹지 못했습니다. 그러다 겨우 여유가 생겨 무심코 한 포장마차 떡볶이집에 들어가게 되었습니다. 떡볶이집 아주머니는 가슴팍까지 땀으로 범벅이 되어 있을 만큼 포장마차의 열기를 이겨가며 열심히 일하고 계셨죠. 그 모습이 안타까워 원래는 1인분만 주문하려 했던 것을 넉넉하게 2만 원어치나 포장을 해달라고 했답니다.

"정말 고마워, 학생. 자네가 첫 손님이야!"

아주머니는 너무 기뻐하셨지만, 문득 이런 의문이 들었습니다.

'왜 손님이 한 명도 없었지? 옆집 포장마차는 장사가 잘되던데?'

혹시나 해서 양해를 구하고 떡볶이 한입을 베어 물었습니다. 그리고 저는 고개를 끄덕이게 되었습니다. 왜냐고요? 정말 맛이 없었거든요. 장사가 안 되는 데는 이유가 있는 법입니다.

건너편 포장마차를 보니 사람들이 줄지어 서 있었습니다. 그러나 이쪽은 아주머니가 가슴팍까지 땀을 흘리며 열심히 일을 하시는데도 그 누구도 봐주는 이가 없었습니다.

세상은 그저 열심히 떡볶이를 만드는 사람을 원하지 않습니다. 맛이 있어야 합니다. 즉, 실력이 있어야 합니다. 작은 포장마차 하나를 운영하는데도 이러한데, 세상을 살아가는 일은 어떠할까요?

그날 전 한숨도 잠을 이루지 못했습니다. 땀범벅으로 열심히 일하던 아주머니가 지난날의 저처럼 느껴졌기 때문입니다. 맛있는 요리법도 모른 채 그저 열심히 하던 나. 그러나 더 중요한 것은 '어떻게 하느냐'였습니다. 아주머니도 저도 무작정 '열심히' 할 것이 아니라 '어떻게' 해야 하는지를 고민했어야 했습니다.

이 사소해 보이는 에피소드가 저만의 인문학 커리큘럼을 만드는 소중한 계기가 되었습니다. '어떻게 살아가야 하는가?'라는 질문에 대한 답을 찾기 위해 인문학 공부를 시작하였으니까요.

19세기 산업혁명 때 가장 열심히 일한 사람은 공장 노동자였습니다. 그러나 그것은 노력인가요, 노동인가요? 이제는 그 누구도 18시간 일하는 공장 노동자의 삶을 살기 위해 공부하지는 않습니다.

알리바바의 대표 마윈馬雲은 한 강의에서 이런 말을 남겼습니다.

"세상에는 매우 총명하고 고등교육을 받았으나 성공하지 못한 사람들이 많습니다. 이는 그들이 어려서부터 잘못된 방향으로 교육받고 근면해야 한다는 당위성에 갇혀 있기 때문입니다. 많은 사람이 천재는 99%의 땀과 1%의 영감으로 이루어진다는 말을 믿습니다만 제가 보기에 이 말은 정확하지 않습니다. 부지런하게 일해도 남과 똑같이 해서는 달라지는 것이 없습니다. 성공은 당신이 얼마나 많이 노력하느냐에 달린 것이 아니라 당신이 무엇을 하느냐에 달려 있습니다."

– 장옌, 『알리바바 마윈의 12가지 인생강의』 중

현명한 자는 무조건 열심히 하지 않습니다. 그보다 먼저 '어떻게 해야 할지'를 생각합니다. 그러나 우리는 방법을 생각하는 훈련을 한 번도 받아본 적이 없습니다. 그러니 새로운 사고로 나만의 길을 만드는 데는 서툴 수밖에요.

그러나 걱정하지 마세요. 지금부터 무작정 책을 읽으면서 누가 무엇을 말했는지에 대해 논하는 공부는 멀리하면 되니까요. 지금부터 우리는 인간에 대한 이해를 넓히고, 세상과 소통하는 진짜 공부를 해나가야 합니다. 그리고 저는 '인문학'이 바로 이러한 공부법에 좋은 힌트를 제공해준다고 생각합니다.

인사 담당자들은 '적토마는 당근과 채찍 없이도 잘 달린다'고 하며 스스로 동기부여하고, 개선할 수도 있으며, 끝까지 임무를 완수할 수 있는 사람을 최고의 인재로 꼽습니다. 그러나 저 모든 자세를 갖춘다는 건 절대 쉬운 일이 아닙니다. 조금만 힘들어도 모든 걸 내려놓고 싶은 게 사람 마음이니까요.

그래서 저는 나를 연구하고, 내 삶을 연구하고, 타인을 연구하는 것을 습관화하여 몸에 배게 하는 훈련법을 연구하였습니다. 현재 자신의 문제점이 무엇인지 정확히 진단하고, 삶을 새롭게 설계하여 그것들을 실제로 구현할 수 있는 습관을 만든다면 당근도, 채찍도 필요하지 않은 '적토마형 인재'로 거듭날 수 있지 않을까요?

'있어 보이지만 내 인생의 변화와는 거리가 먼 인문학'이 아니라 '우리 생활의 일부가 되는 인문학'이 온 세상에 전파되길 바라며, 당신에게 인문학 근력을 키워줄 특강을 시작합니다.

마음을 담아, 사랑을 담아

윤소정

이 책은 전체적으로 '인풋 Input 파트'와 '아웃풋 Output 파트'로 구성되어 있습니다. 인풋 파트에서는 '실용적 인재'가 되기 위해 알아야 하는 '지혜'들을 소개합니다. 그리고 아웃풋 파트에서는 인문학 습관을 키워갈 수 있는 '인문학 트레이닝 미션'들을 담았습니다.

인풋
파트

인문학 미니 미션

▶ 매 장은 인문학 기초 근력을 키우기 위한 '습관'들을 소개하고 있습니다. 그리고 그 습관을 키우기 위해 알고 있으면 좋은 지식과 지혜, 인큐에서 직접 실행하고 좋은 결과를 얻었던 사례들을 담았습니다.
▶ '인문학 미니 미션'이 숨어 있으니 꼭 활용해보세요.

인문학 트레이닝

▶ 매 장 마지막 부분에는 인문학 습관을 키우기 위한 '트레이닝'을 소개합니다. 한 가지 미션을 하루에 30분씩, 한 달 동안만 꾸준히 실행해도 인생이 달라집니다. 트레이닝 파트도 '인풋 – 아웃풋' 구조를 띄고 있습니다. 트레이닝에 대한 간단한 설명 후 구체적인 훈련 방법을 알려줍니다.

▶ 인큐에서 실제로 트레이닝을 행한 후 친구들로부터 받았던 후기도 공개합니다.

삶을 변화시키는 인문학 활용법

▶ 제가 이 책에서 소개하는 인문학 공부법을 활용하여 어떻게 저만의 길을 찾았는지, 그 과정을 이야기하는 부분입니다. 지금 이 시대가 원하는 인문학이 무엇인지 느낄 수 있을 것입니다.

이 책은 눈으로 읽기 위해서가 아니라,
발로 움직이기 위해 만들어진 트레이닝북입니다.
여기 있는 모든 지혜가 '습관'으로 녹아들길 바라며
운동화 끈을 질끈 묶고 함께 달려볼까요?

차 례

1부 인문학은 도끼다
책을 넘어 인간의 본성을 이해한다

2부 인문학은 물음표다

질문으로 나만의 전공을 만들어간다

3부 인문학은 해석이다

주변의 모든 것에 의미를 부여한다

4부 인문학은 실천이다

행동으로 옮겨야 기적이 일어난다

1부

인문학은 도끼다

• 책을 넘어 인간의 본성을 이해한다 •

1장

당연한 것을
의심한다

·

깨뜨리기 습관

내 학습을 방해한 유일한 방해꾼은
바로 내가 받은 교육이었다.
– 아인슈타인

중요한 일이 있기 전에는
반드시 무언가가 깨졌다

중요한 면접을 앞두고, 아끼던 거울이 깨져버렸습니다. 불안한 마음에 '지혜의 여신' 엄마에게 전화를 걸었죠. 그러자 엄마는 단번에 깨진 거울을 '합격 부적'으로 만들어버립니다!

"우리 딸은 매번 하나만 알고 둘은 모르더라? 옛날 사람들은 그릇이 깨지면 무진장 좋아했단다. **옛 것이 깨져야 새것을 살 수 있잖아!** 우리 딸에게도 묵은 기운이 깨지고 새 기운이 들어오려나 보다. 불길한 징조가 아니라, 합격의 징조야. 축하해!"

거울이 깨지면 불길한 일이 생긴다는 고정 관념을 단번에 깨버린 엄마의 지혜. 그 덕분에 전 불안한 마음을 잠재우고 면접에 통과하여 생애 첫 강의를 할 수 있었습니다. 실업계 고등학교 출신이 대학교에서 영어 강의를 하게 되다니, 이전에는 상상조차 할 수 없던 일이었죠. 하지만 사는 게 바빠 그때는 '깨진 거울'의 의미를 더 깊이 생각해보지 못했습니다.

그러다 남편과 첫 해외여행을 떠난 날, 분위기 한번 내보자며 찾아간 홍콩의 유명한 레스토랑에서 깨진 그릇과 마주하게 됩니다. 값비

싼 레스토랑임에도 불구하고 깨진 그릇에 음식이 담겨져 나오더군요. 순간 기분이 상한 나머지 직원을 불러 컴플레인을 걸었죠.

그러자 주인장이 직접 찾아오셔서 이렇게 말하는 게 아닙니까!

"홍콩에서는 깨진 그릇이 복의 상징입니다."

순간 망치로 머리를 얻어맞은 듯한 기분이 들었습니다. 돌이켜보면 단 한 번도 깨진 거울, 깨진 그릇 때문에 불행한 적은 없었습니다. 그럼에도 전 늘 깨진 거울 때문에 불안해하고, 화를 냈던 것이죠.

왜 저는 깨진 그릇 앞에서 엄마처럼 생각을 바꾸지 못했을까요? 분명 저도 머리로는 알고 있었습니다. 고정 관념을 깨야 더 넓은 세상이 보인다는 사실을 말입니다. 남편에게 니체가 '철학은 망치로 하는 것이라 했다'며 잘난 척을 하고, '당신의 머릿속에 있는 나에 대한 고정 관념을 깨는 작업이 인간으로서 사유할 수 있는 시작점'이라며 잔소리를 했던 저였는데 정작 깨진 그릇 앞에서는 아무런 인문학적 사고도 하지 못했던 것이죠.

"The book must be the axe for the frozen ocean within us."
(책이라는 것은 얼어붙은 나의 세상을 깨는 도끼와 같아야 한다.)

– 카프카

이것은 제가 좋아하는 소설 『변신』의 작가 프란츠 카프카^{Franz Kafka}

가 남긴 말입니다. 이 문장이 너무나 좋은 나머지 늘 영어 문장까지
달달 외우고 다닌답니다. 광고 전문가 박웅현 씨도 이를 인용해 『책은
도끼다』(북하우스)라는 책을 내기도 했죠. 저는 레스토랑에 있을 당시
분명 저 문장도, 그리고 박웅현 저자의 책에 대해서도 알고 있었습니
다. 그러나 정작 깨진 그릇 앞에서 화를 내고 있는 제 자신이 참 부끄
럽더군요. '아는 것이 힘'이라더니만, 제아무리 위대한 지식이라 해도
일상의 지혜로 완전히 승화시키지 못한다면 머리만 무겁게 만들 수
있다는 사실을 깨닫게 되었죠.

　　그때부터였습니다. 아는 것이 곧 힘이 아닐 수도 있다는 주장을 하
게 된 것은 말입니다. 저는 머리가 아닌, 발로 하는 '쓸모 있는 공부'를
하자고 마음먹게 되었죠. 이처럼 제 인생을 바꾸는 공부는 한 위인이
남긴 고전 속 글귀가 아니라, 일상 속에서 만난 '깨진 그릇'으로부터
시작되었습니다.

　　저 또한 인문학 공부를 하겠다고 고전부터 쥐고 시작했던 사람 중
한 명입니다. '철학'이라고 하면 멋져 보여서 "독일의 철학자 니체는
이런 말을 했죠. 어쩌고저쩌고……." 하며 외워보기도 했고, 어려운
책을 보는 것이 인문학 공부인 줄 알고 두꺼운 책을 들고 '허세 샷'을
찍어보기도 했습니다. 그러나 깨진 그릇 앞에서 이 모든 생각이 와장
창 깨져버리더군요. 철학은 철학자의 이름을 외우고 철학사를 공부하
는 게 아니라 일상의 모든 것으로부터 시작된다는 사실을 알게 되자,

제 인생에 새로운 길이 펼쳐졌습니다.

이제는 성함조차 가물가물한 한 철학 교수님의 수업 시간, 교수님이 학생들을 향해 물었습니다.

"서양 최초의 철학자는 누구인가요?"

여기저기 "소크라테스요!", "아리스토텔레스요!" 답을 외치는 목소리로 가득합니다. 하지만 교수님은 이렇게 말씀하셨죠.

"답은 탈레스입니다. 이름을 기억하려고 하지는 마세요. 그가 왜 최초의 철학자인지를 기억하셔야 합니다. 탈레스는 세상이 물로 만들어졌다고 주장한 사람입니다. 물론 그의 주장은 틀렸습니다. 세상은 물로 만들어지지 않았으니까요. **그럼에도 불구하고 그가 최초의 철학자일 수 있었던 이유는 '다르게 생각했기 때문'입니다.** 다르게 생각하는 것, 이것이 곧 철학입니다!"

그 순간 '철학은 어려운 것'이라는 고정 관념이 단번에 깨져버렸습니다. 철학한다는 것은 지식을 뽐내는 것이 아니라, '다르게 생각하는 것'이었죠. 모두가 깨진 그릇은 불길하다고 말할 때, 이를 역발상할 수 있는 자야말로 진정한 철학자였던 것입니다.

더 이상 제게 철학자는 철학 책에서 늘 접하는 니체나 하이데거와 같은 대가들만이 아닙니다. 그렇다면 제가 생각하는 최고의 철학자 한 명을 소개해볼까요?

전쟁이 끝나고 허허벌판이 된 한국에서 요강을 캐나다로 수출해 엄청난 부자가 된 분이 있는데요. 전쟁 후 초토화된 서울에서 가져갈 수 있는 것은 놋쇠 요강뿐이었다고 합니다. 그러나 이에 철학을 더하니 어마어마한 상품이 되었죠. 그렇다면 요강을 무엇으로 팔았을까요? 바로 캔디 박스! 대단한 역발상 아닙니까? 뿐만 아니라 남대문 시장에서 빨래판을 대량 수입해 한국 수공예품으로 팔기도 했다고 합니다. 1966년 요강을 시작으로 캐나다에 무역업을 시작해 연간 1억 달러 매출을 달성한 무역업의 대부, 영리무역의 이영현 전 회장이야말로 진정한 '거리의 철학자'가 아닐까 생각합니다.

철학한다는 것은 명사가 아니라 '동사'여야 합니다. 즉, '실천'이 함께해야 하는 것이죠. 수많은 고전을 읽었어도 정작 내 직장 동료의 단점도 다르게 바라보지 못하고 매일 험담만 늘어놓는다면 과연 철학하는 자라고 할 수 있을까요?

이처럼 '깨진 그릇'은 좁은 시야를 지닌 제게 세상을 넓게 바라보는 힘을 키워준 첫 스승이 되었습니다.

사랑도 깨져봐야 성장한다

첫사랑이 깨지고 나서, 1년을 넘게 방황했습니다. 매일 밤 술을 먹지 않고는 잠들지 못할 만큼 힘들어했죠. 세상 이별 혼자 다 한 것처럼 유난을 떨던 그 시기에 제게 가장 힘이 되었던 말은 바로 이것이었습니다.

"똥차 가고 벤츠 온다."

흔히 남자와 여자가 헤어지면 '깨졌다'고들 하죠. 그뿐만 아니라 이별에도 '깨짐의 법칙'이 존재하는 것입니다. 옛 기운이 깨져야 새로운 기운이 시작되는 것은 인간관계 또한 마찬가지인가 봅니다.

그렇습니다. 저의 첫사랑은 '깨졌습니다'. 그러나 그 덕분에 제 인생의 벤츠, 지금의 남편과 함께할 수 있게 되었네요. 이처럼 관계가 깨지는 것이 인생의 고비가 되기도 하지만, 또 다른 인연을 만날 수 있는 기회가 주어졌다고 해석할 수도 있습니다.

인간은 '깨지면서' 성숙해집니다. 이별에 아파하던 날, 저는 우연히 걸음마를 하는 어린아이를 만났습니다. 아이는 본능적으로 궁금해하더군요.

'저 선반 위에 뭐가 있을까?'

그 물음에 대한 답을 얻기 위해 넘어지고 또 넘어지면서도 포기하지 않고 계속 걷기를 '시도'했습니다. 그렇게 하루 이틀이 지나자 정말 걷게 되더라고요. 아이는 넘어지고 깨지며 배우는 것을 부끄럽게 여기지 않았을 뿐 아니라, 자신이 잘 걷지 못하는 것에 대해 자책하지도 않았습니다.

사랑 또한 마찬가지가 아닐까요? 당연히 실패할 수도 있죠. 그런데도 단 한 번의 실패만으로 '다시는 사랑하지 않을 거야.' 하고 마음을 접으려 했던 제가 참 한심하게 느껴지더군요.

인문학이란, 인생에 대한 물음과 해답을 찾는 과정입니다. 그래서 저는 '왜 이런 아픈 이별을 겪어야 할까?'에 대한 답을 꼭 찾고자 했습니다. 마음을 걸어 잠글 것이 아니라, 나에게 닥친 시련을 '극복'하고자 노력해야 했습니다.

사자는 새끼를 낳으면 절벽으로 떨어트린다고 합니다. 그 순간 어떻게든 기어올라오는 새끼는 데려다 키우고, 그러지 못한 새끼는 내버려두는 것이죠. 하다못해 사자도 그러한데 인간은 어찌해야 할까요? 삶을 바꾸는 기적을 이루고 싶다면, 상처받은 인간관계로부터도 의미를 발견하고 스스로 일어서야만 합니다.

고대 중국의 시가를 모아 엮은 오경五經의 하나인 유교 경전, 『시경詩經』에는 이런 구절이 있습니다.

> "무릇 하늘이 인간을 만드실 때, 늘 일이 일어나면 법칙이 있게 하였다."
>
> – 「시경」 중

그리고 이를 본 공자는 이 시를 쓴 자야말로 진정 하늘의 이치를 아는 자라 칭송하였죠. 그런데 생각해보면 정말 그런 것 같습니다. 일상에서 일어나는 사건들의 공통점을 연결해보면 '인생의 문제를 해결하는 열쇠'가 되곤 합니다. 앞으로는 어떤 일을 시작하든 습관적으로 나의 고정 관념이 무엇인지, 무작정 안 된다고 생각했던 방법들이 무엇인지 찾아보고, '깨지는 것'이야말로 새로운 기운이 들어오는 삶의 메시지임을 기억해보는 게 어떨까요?

이 글을 쓰는 지금도 거짓말처럼 핸드폰 액정이 깨졌네요. 인생은 이렇게 계속해서 말해줍니다. 옛것이 깨져야 새것을 시작할 수 있다고 말입니다.

"새는 알에서 나오려고 투쟁한다.
알은 세계이다.
태어나려는 자는 하나의 세계를 깨뜨려야 한다.
새는 신에게로 나아간다.
신의 이름은 아프락사스."

– 헤르만 헤세, 「데미안」 중

태어나려는 자는 반드시 하나의 세계를 깨뜨려야 한다는 헤르만 헤세Hermann Hesse의 글에도 비밀이 숨어 있습니다. 기존의 나를 깨트려야만 새로운 세계로 나아갈 수 있다는 비밀 말입니다. 그리하여 선과 악이 함께 공존하는 로마의 신, 아프락사스Abraxas로 날아가는 과정이 젊음이요, 살아 있다는 증거가 아닐까요?

저 또한 저를 둘러싸고 있는 알에서 깨어나 진정한 내가 되고 싶습니다. 부모님의 틀, 회사의 틀, 세상이 우리에게 부여한 '직업'이라는 틀, 기존 공부법의 틀을 깨고 투쟁하여 나라는 작품을 만들어내는 것. 그것이 제가 추구하는 인문학입니다.

물론 깨고 나아가는 과정이 고통스러울 수 있습니다. 제가 사회생활을 하며 깨지고 아파하던 날, 스승님이 이렇게 말씀하셨답니다. 병아리가 알을 깨고 나오는 과정을 본 적이 있냐고 하시더군요. 병아리 중에는 두꺼운 껍질을 깨고 나오지 못하는 경우도 있다고 합니다. 그럼 어미 닭이 주둥이로 알을 콕, 콕, 콕 찍어줍니다. 이때 병아리의 기분은 어떨지 한번 생각해보세요. 그 작은 요동도 병아리에게는 지진이 일어나는 것처럼 크게 느껴질 것입니다. 그럼에도 불구하고 껍질을 깨고 나오지 않는다면 어떻게 될까요? 스스로 알을 깨고 나오면 예쁜 병아리로 탄생하겠지만, 남이 깨뜨려주면 어느 가정집 부엌에서 계란 프라이가 되어 있겠죠. 깨져야만 새롭게 탄생할 수 있다는 법칙, 이것을 여러분의 인생에도 적용할 수 있지 않을까요?

질서가 깨져야 새로움이 보인다

대학교 시절, 전 경로를 이탈하는 것을 가장 두려워하던 '범생'이었습니다. 선배들이 늘 이렇게 이야기했거든요.

"소정아, 계획 없는 휴학은 절대 안 된다!"

지금 생각해보면 "왜 안 돼요?" 하며 물어볼 법도 하지만, 당시에는 선배들의 말을 있는 그대로 믿어버렸습니다.

그러던 어느 날 개강을 며칠 앞두고 버스를 타고 가다가 교통사고를 크게 당하고 말았습니다. 뒷자리에서 앞자리까지 튕겨나가 엉덩이뼈가 와르르 깨져버렸죠. 이대로는 학교를 다닐 수가 없었습니다. 그렇게 어쩌다 보니 '계획 없던 휴학'이 시작되었습니다.

그때부터 저는 갈 길을 잃고 방황하기 시작했습니다. 환자복을 입고 점쟁이를 찾아갔을 정도로 앞날을 두려워했죠. 하지만 지금은 그때 그 사고를 정말 감사하게 생각합니다. 만약 그 사고가 없었다면 선배들이 정해준 길로 무작정 갔을 테고, 그렇다면 평생 '나의 길'을 찾지 못했을 수도 있으니까요.

세계적 곤충학자 장 앙리 파브르Jean Henri Fabre는 인간을 가장 많이 닮은 곤충으로 쐐기벌레를 꼽았습니다. 쐐기벌레는 앞에 가는 벌레의 자국을 보고 졸졸 따라가는 습성이 있습니다. 이에 흥미를 느낀 파브르는 재미있는 실험을 합니다. 쐐기벌레를 원형의 대형으로 줄을 세우고 서로의 엉덩이를 졸졸 따라가게 만들었죠. 그러고 나서 아주 맛있는 먹이를 대형 밖에 설치하였습니다. 상식적으로 생각하면 한 마리라도 대형을 이탈하고 먹이에 달려들어야 하겠죠? 그러나 결과는 참혹했습니다. 쐐기벌레는 무려 6일 동안 먹지도, 자지도 않은 채 앞에 가는 벌레의 꽁무니만 졸졸 따라갔던 것입니다. 그러다 대다수가 죽어버렸습니다. 만약 이 중에 단 한 마리라도 용기 있게 대형을 깨고 이탈했다면 모두 살 수 있었을 테죠. 그러나 쐐기벌레는 끝까지 앞주자의 길만 따라갔습니다. 과거의 저처럼 말입니다.

그렇습니다. 제 자신이 바로 쐐기벌레였습니다. 주변 친구들이 대학에 가니까 나도 가고, 친구들이 공모전을 하니까 나도 하는, 앞사람만 졸졸 따라가는 '따라쟁이' 말입니다. 그러나 엉덩이뼈가 깨져버리는 바람에 정해둔 경로 외의 길을 걸어볼 기회가 생겼습니다. 그렇게 전혀 예상할 수 없었던 방법으로 사회생활을 시작하였고, 더 넓은 세상과 마주할 수 있었습니다.

우리가 얼마나 쐐기벌레와 닮았는지를 테스트해보기 위해 퀴즈 하나를 내보겠습니다.

Q1. 윤소정은 몇 년 차 선생일까요?
   1) 15년 차
   2) 9년 차
   3) 5년 차
   4) 2년 차

첫 수업을 시작하기 전, 늘 위와 같은 질문을 던집니다. 여기에 상품까지 걸면 모두가 "3번이요!", "1번이요!" 하면서 답을 맞히려고 혈안이 되죠.

그러나 죄송하게도 답은 이 안에 없답니다. 제가 알려드리고 싶었던 것은 제 강의 경력이 몇 년인지가 아니라, '우리가 정답을 찾는 방식'이었으니까요.

실제 전 세상의 기준으로는 2015년까지 딱 8년째 강의를 하고 있습니다. 하지만 어렸을 적부터 무언가 알려주길 좋아했던 저는 학원만 다녀오면 옆집 오빠들을 앉혀두고 강의를 했다고 합니다. 또 끝나고 나서는 "오빠, 돈 줘." 하면서 강의료까지 챙겼다네요. 하지만 아쉽게도 가족 중 제가 몇 살 때부터 강의를 했는지 정확히 기억하는 이는 없으니 당연히 정답이 없는 퀴즈였죠. 그러나 저 질문을 던지면 100명 중 95명은 보기 안에서만 답을 찾으려 합니다. 비단 이 퀴즈만의 문제는 아닙니다. 우리가 인생의 문제를 풀어온 방식도 비슷합니다.

Q2. 고등학교를 졸업했습니다. 앞으로 해야 하는 일은?

    1) SKY(서울대 · 고려대 · 연세대)

    2) 서울 내 4년제 대학

    3) 지방 공립대학

    4) 망했다

Q3. 대학을 졸업했습니다. 앞으로 해야 하는 일은?

    1) 대기업

    2) 공기업

    3) 공무원

    4) 망했다

분명 고등학교와 대학교 졸업 후 갈 수 있는 길은 보기 외에도 수없이 많습니다. 그럼에도 대부분 저 네 가지 안에 들기 위해 고등학교 때 열심히 공부를 하고 대학에 들어가죠. 그런데 대학에 왜 갔는지를 돌아보면 그 이유가 딱히 생각이 안 납니다. 당연히 가야만 할 것 같고, 다들 가야 한다고 하니까 죽기 살기로 성적에 매달린 것입니다.

저는 남들이 정해준 보기에 갇혀 스스로를 얼마나 힘들게 몰아세웠는지 돌아보면서 화가 났습니다. 저는 어렸을 적부터 선생님이 되고 싶었습니다. 그러나 세상의 틀을 깨는 공부를 해본 적이 없는 저의 머릿속에도 역시나 다음과 같은 보기만 존재했었죠.

Q4. 선생님이 되는 방법은?

   1) 임용고시를 본다

   2) 학원 선생님이 된다

   3) 대학원에 진학해 교수가 된다

   4) 망했다

그 외의 길은 어떻게 만들어야 하는지도 몰랐고, 학교를 이탈한다는 것은 감히 상상할 수도 없었습니다. 그런데 말입니다. 실제로 감히 상상할 수 없었던 일을 해보니 상상할 수 없었던 삶이 펼쳐지더군요. 학교를 박차고 나와 제가 하고 싶은 교육을 행하다 보니 어느새 이 분야의 전문가로서 우뚝 서게 되었으니까요.

생각해보세요. 남들이 하는 방식을 그대로 따라 하면 '경쟁'해야 합니다. 그러나 내 방식대로 걷겠다고 하는 순간부터는 그 영역만큼은 '독점'할 수 있습니다. 그것이 무리를 이탈할 줄 아는 쐐기벌레의 특권입니다.

'용기 있는 쐐기벌레의 대표주자' 중 한 분은 소통테이너 오종철 선생님입니다. 무려 20년의 무명 시절을 보내고 있던 그는 매일 피디 님의 연락만 기다려야 하는 개그맨의 삶에 회의를 느끼며 문득 이런 생각을 하게 됩니다.

'꼭 〈개그콘서트〉에 나와야만 개그맨인가? 그게 아니라면 오종철의 개그는 무엇인가?'

이 질문을 파고 파다 결국 그는 기존의 성공하는 개그맨의 길을 이탈합니다. 그리고 '오종철만의 개그'를 시작했죠. 방송국과 기획사 없이 자신이 직접 쇼를 만들기로 한 것입니다. 그렇게 대한민국 최초로 세상에 없던 '기업 맞춤형 쇼 프로그램 포맷 개발 사업'이라는 독자적인 분야를 개척하였죠. 현재는 삼성전자를 비롯해 여러 기업의 HR, 마케팅, CSR 등에 걸맞은 쇼 프로그램 포맷을 개발하고, 세상에 재미를 더하며 살아가고 있습니다. 이제는 기업에서 서로 사고 싶어 하는 오종철의 개그가 되었죠. 만약 그때 개그맨의 대형을 이탈하지 않았다면, 지금도 누군가의 연락만 기다리고 있지 않을까요?

기존의 대형을 이탈하여 자신만의 독보적인 분야를 개척한 분은 인큐 가족 중에도 있습니다. 바로 '스타 서빙가' 이효찬 군입니다. 인큐에 그 친구가 왔을 당시에는 족발집에서 서빙을 하는 아르바이트생이었습니다. 그러나 그는 기존의 고정 관념을 깨야 새로운 길이 열린다는 비밀을 터득한 후 이런 말을 하더라고요.

"왜 스타 강사는 있는데, 스타 서빙가는 없는 거죠? 제가 스타 서빙
가가 되겠습니다."

그리고 그는 서빙만큼은 세계 최고로 잘하는 사람이 되겠다며, 세계 최고 서빙가의 자세로 서빙을 하기 시작합니다. 그 결과, 어떻게 되었을까요? 이 취업난 속에서도 그는 하루에도 몇 번씩 대기업에서 스카우트 제의를 받는 인재가 되었습니다. 에너지 가득한 친구와 함께 일해보고 싶다면서 이제는 방송국에서도 찾아오고, 우리나라 제일의 외식기업 CEO가 전 직원에게 이 친구를 보여주겠다며 찾아오기도 하고, 강의 요청을 하기도 합니다. 그 결실로 얼마 전에는 자신의 가게를 차리기까지 했답니다.

만약 그때 이효찬 군이 '서빙은 돈을 버는 아르바이트'라는 틀을 깨지 않았다면 지금쯤 그의 삶에 기적이 일어날 수 있었을까요? 이처럼 남들이 걷던 대형을 깨고, 내 길을 걷고자 하는 용기야말로 지금 당장 필요한 자세가 아닐까 싶습니다.

한 가지에 집중하게 만들어주는 인문학 트레이닝

1일 1글쓰기

저는 20대의 반을 '나는 왜 이렇게 집중을 못할까?'라는 고민을 해결하는 데 썼다고 해도 과언이 아닐 만큼 집중력이 부족했습니다. 시험 기간에는 '들락날락'이라고 불렸을 정도로 도서관에 진득하니 앉아 있지를 못했답니다.

그러다 우연히 제가 "하고 싶은 말은 많은데, 뭐부터 말해야 할지 모르겠어."라는 말을 습관적으로 내뱉고 있음을 알아차렸습니다. "집중을 한다는 것은 단 하나의 아이디어를 제외한 모든 아이디어에 'No'라고 답하는 것이다."라는 스티브 잡스의 말처럼, 시간 관리를 잘하는 사람, 일을 잘하는 사람은 매 순간 딱 하나를 선택하고, 나머지엔 'No'라고 답할 줄 아는 용기를 갖고 있더라고요. 결국 제가 키워야 하는 습관은 하나를 '선택'하고, 그것에 끝까지 '집중'하는 것이었습니다.

원인: 선택과 집중이 안 되고 있다

돌아보면 '뭘 말해야 할지 모르겠다'고 하고 있었지만, 실제로는 하고 싶은 말 수십 개 중에 가장 중요한 것 하나를 선택하는 게 어려웠던 것입니다. 생각해보세요. 전 세계 어디에서도 '집중과 선택'이라고 하지는 않습니다. 모두 '선택과 집중'이라 하죠. '연고전'이냐, '고연전'이냐를 두고 두 대학이 싸우듯, 어떤 단어를 다른 단어보다 앞에 둔다는 것은 무엇이 더 중요한지를 인식시켜줍니다. 선택과 집중도 마찬가지입니다. 선택을 해야만 집중을 할 수 있죠. 따라서 결국 '집중을 잘하지 못한다'는 것은 '선택을 하지 않는다'는 뜻이었더라고요.

습관 처방전: 1일 1글쓰기

'선택과 집중'을 하는 생각 습관은 한 번에 만들어지지 않습니다. 선택과 집중이 자연스러워지기 위한 최고의 방법 중 하나는 30일간 매일 SNS에 그날 하루를 정리하는 글을 쓰는 것입니다. 저는 이것을 '1일 1글쓰기'라고 부르는데요. 선택을 하지 못하는 사람들을 살펴보니 무엇이 가장 중요한지 우선순위를 정하는 데 익숙하지 않더라고요. 따라서 전 글을 쓰기 전에 먼저 하루 동안 일어났던 일들을 다 적어보기를 추천합니다.

> \# 아침으로 셰이크 한 잔
> \# 할머니 병문안
> \# 카페 라테 한 잔
> \# 일하다 실수로 파일을 날림
> \# 신장개업 중국집에서 자장면을 3,500원에 먹음
> \# 매니저님과 회의
> \# 동료들과 다 같이 저녁을 먹음
> \# 네일아트를 받는데 직원 때문에 속상했음
> \# 가을 냄새 맡으며 퇴근

그중 내가 생각하기에 오늘 가장 중요했던 사건을 '선택'해봅시다! 이는 뇌에 '우선순위를 한 가지 정해야 해.' 하고 인지시켜줍니다. 이 훈련을 쭉 하다 보면 나도 모르게 하루를 계획할 때도 '우선순위가 뭐지?' 하고 생각하게 되어 있답니다.

키워드를 선택했으면 그에 대해 쭉 글을 씁니다. '선택'을 했으니 이제 한 가지에만 '집중'해야 할 테니까요. 잘 쓸 필요는 없습니다. 이것은 선택과 집중을 위한 훈련이므로 필력이 중요한 것은 아닙니다. 물론 글을 쓰다 보면 막힐 때도 있겠죠. 그럼, 어떻게 이어나갈지에 대해 사색하면 됩니다. 최고의 몰입 연습이죠! 그렇게 하루 중 가장 중요했던 사건을 골라 매일 한 가지씩 글을 쓰면 '선택과 집중'이라는 습관을 키울 수 있습니다.

트레이닝 방법

1. 오늘 하루 동안 있었던 일들을 '#키워드' 형식으로 쭉 적어봅니다.

2. 그중 내게 가장 의미 있는 키워드를 선택합니다.

3. 그 키워드에 대한 글을 SNS에 적습니다. 이때 이왕이면 '#특정 단어' 형태로 맨 마지막에 해시태그를 답니다. 해시태그는 소셜 미디어에서 특정 핵심어를 편리하게 검색할 수 있도록 하는 기능으로, 이때 띄어쓰기는 하지 마세요.
   〈예〉 #1일1글쓰기 #인문학습관 #윤소정
   굳이 SNS에 쓰는 이유는 자신만의 데이터를 만드는 데 도움이 되기 때문입니다. 훗날 자신만의 포트폴리오를 만들 때 유용합니다.

4. 하루 15분씩, 60일간 반복합니다. 시험 하루 전날 집중이 가장 잘되고, 데드라인에 가까워질수록 집중력이 폭발하는 것처럼 시간을 많이 들인 다고 좋은 글을 쓰는 것은 아닙니다. 15분 안에 꼭 끝내겠다는 생각으로 임하면 큰 잠재력을 뿜어낼 수 있습니다.

트레이닝 후기

박영대

한 가지 키워드로 글을 쓰니 시간 가는 줄 모를 만큼 진짜 몰입
이 잘되네요!

김지현

1일 1글쓰기를 한 지 3일 만에 '어떻게 하면 글을 더 잘 쓸까?'
하며 몰입하고 있네요ㅋㅋ 대박. 일할 때도 이래야 할 텐데!

이승희

전 카페에서 식사를 해야 할지, 영어 공부를 해야 할지도 결정
을 못 해서 두 가지 다 해버리거나 어느 하나에도 집중을 못했
거든요? 그런데 오늘은 수업 듣는 것 딱 하나만 선택하기로 했
어요! 그러자 완전히 거기에만 몰입하게 되더라고용!ㅎㅎ

윤소정

글 쓰는 거 쉽지 않죠? 그래도 선택과 집중 훈련을 한
다고 생각하시고, 버티세요! 작심삼일하면 안 돼요!

2장

인간의 본성을 이해한다

•

역지사지 습관

그 사람의 모카신을 신고 1마일을 걸어보기 전에
그 사람을 비난하지 마라.
– 아메리카 원주민 속담

'인문학 공부 = 고전 읽기'라는 공식은 없다

『논어論語』를 다 알지 못해도 좋습니다. 『논어』의 첫 문장 하나만 가슴속에 새기고 살아가도 괜찮습니다.

'배우고 때때로 익히면 또한 즐겁지 아니한가!'

– 『논어』 중

'인간은 죽을 때까지 배워야 한다'는 사실을 모르는 이는 없습니다. 그러나 매일매일 나보다 낮은 이에게 배우려 하는 이는 몇이나 있을까요? 사실 이건 부족한 저를 채찍질하기 위한 고백입니다. 배움을 청하고자 강연장까지 찾아가서는 강연자의 강의를 평가하고 있는 제 자신을 발견할 때마다 소스라치게 놀라곤 합니다. 또, 인문학을 공부하면서 내 남자 하나 제대로 이해하지 못해 상처를 주는 나와 마주할 때, 눈물을 흘리기도 하죠.

인문학人文學, 이를 문자 그대로 풀면 '인간을 공부하는 학문'입니다. 그러니 아는 게 많아질수록 고개를 숙이기보다 내가 옳다며 뻣뻣한 자세를 유지하게 되고, 사랑하는 옆 사람이 아니라 책 속에서만 진리를 찾으려 하는 제 자신이 참 어리석게 느껴지더군요. 그래서 저는 인문학을 공부하는 방법을 바꿔보기로 하였습니다.

한창 여기저기 인문학 때문에 난리가 난 적이 있습니다. 마치 인문학만 공부하면 인생역전을 할 수 있을 것 같은 분위기가 형성되었죠. 그러나 인문학을 공부하는 방법 역시 틀을 벗어나지 못하더군요.

Q1. 인문학을 공부하는 방법은?

　　1) 인문 고전을 읽는다

　　2) 인문학 강의를 듣는다

　　3) 글쎄요

인문학의 본질은 말 그대로 '인간을 공부하는 학문'입니다. 인간의 무늬를 보는 학문이지요. 그런데 과연 인간을 책으로 공부할 수 있을까요?

키스를 책으로 배웠다고 해서 키스를 잘할 수 있나요? 연애를 책으로 배웠다고 연애를 잘할 수 있나요? 인간에 대한 공부도 마찬가지입니다. 저도 책을 파보았지만 『논어』를 읽는다고 해서 성인聖人이 되는 것도 아니었고, 소크라테스 철학을 공부한다고 해서 내 자신을 알 수 있는 것도 아니었습니다. '나는 누구인지'를 공부하는 사람이 자신의 감정 하나 컨트롤하지 못한다는 점을 자각한 순간, 소위 '고상한 인문학'은 내려놓기로 마음을 먹었습니다.

지식이 많다고 해서 지혜로운 것은 아닙니다. 지혜는 누군가에게 배울 수 있는 것도, 책을 뒤져서 얻을 수 있는 것도 아닙니다. 산속에서 수십 년간 도를 쌓은 도인에게 삶의 비법을 전수받는다 할지언정 내 것이 될 수는 없듯이, 지혜를 얻기 위해서는 자신이 '경험'을 해야만 합니다. 깨달음이란 "깨달았어!"라는 말로 이뤄지는 것이 아니라, 생각을 깨고 행동으로 다다랐을 때 일어나는 것이죠. 이를 깨우친 순간, 도끼로 인문학 공부법의 틀을 깨뜨릴 용기가 솟아나더군요.

'인문학 = 고전 읽기'라는 고정 관념을 깨고 기존의 경로를 이탈하는 과정은 참으로 행복했습니다. '나'를 공부할 수 있었고, 주변 사람들의 '마음의 무늬'를 공부할 수 있었으니까요. 일상이 매일 배움이 되는 요즘, 저는 인문학 덕분에 나라는 작품을 만드는 재미에 푹 빠져 있답니다.

책을 뛰어넘어 인간의 본성을 탐구한다

인문학 공부법 또한 고전 읽기, 책 읽기를 넘어서서 다양해져야만 합니다. 그렇다고 해서 제가 '책을 읽지 말자'고 주장하는 것은 아닙니다. 다만, 왜 우리는 책이나 강연으로만 인문학을 공부하려 하냐는 것이죠. 즉, 인문학을 익히는 방법을 넓혀보자는 것입니다(저는 절대 독서에 관한 비관론자가 아닙니다. 저 역시 고전을 읽는 것을 좋아합니다. 게다가 이렇게 책까지 쓰고 있지 않습니까).

그러나 제가 이러한 주장을 펼치자 한번은 한 인문학 박사가 네가 인문학에 대해 무엇을 아냐며 인문학은 문 · 사 · 철 · 언 · 예 · 종(문학 · 역사 · 철학 · 언어 · 예술 · 종교를 일컫는 말)으로 구성된 것이다, 자신도 15년간 한국사를 공부하면서 아직도 마스터하지 못한 영역을 어린 친구가 이야기하는 것은 매우 불쾌하다면서 따지시더군요. 물론 저는 그분의 영역도 존중합니다. 하지만 저는 인문학의 권위가 학사, 석사, 박사라는 학위가 아니라, '인간에 대한 사랑과 관심'에 있다고 생각합니다.

그런 의미에서 제가 생각하는 최고의 인문학자는 바로 웹툰 〈미생〉의 윤태호 작가입니다. 2014년 하반기에 대한민국 직장인들은 드라마 한 편으로 하나가 되었죠. 〈미생〉은 현재까지 종편방송 역사상 최고 시청률을 기록한 드라마의 원작입니다. 덕분에 너도나도 드라마 한 편에서 자기 자신의 모습을 발견하고, 오늘날 사회에서 직장인의 삶은 무엇인지 재조명하는 기회를 얻게 되었죠.

그런데 무역회사 내부 모습이 너무 디테일하게 표현되다 보니 재미있는 유언비어가 돌기 시작합니다. 윤태호 작가가 S물산 출신이라는 소문이 퍼지기 시작한 거죠. 하지만 윤태호 작가는 한 번도 회사 생활을 해본 적이 없다고 합니다. 그렇다면 어떻게 그토록 적나라하게 직장인들의 애환을 그려낼 수 있었을까요?

그는 직접 S물산 직원들을 인터뷰하러 다녔다고 합니다. 금요일마다 퇴근 시간에 맞춰 직장인들과 소주 한잔을 기울였다는군요. 직장인의 진짜 속내는 술자리 대화 속에서 드러나기 때문이죠. 그는 이처럼 '현장'에서 인간을 탐구했고 공부한 사람입니다. 과연 윤태호 작가가 문·사·철·언·예·종의 책만 팠더라면 이처럼 수많은 사람이 공감하는 작품을 만들어낼 수 있었을까요?

윤태호 작가뿐만이 아닙니다. 한 광고쟁이는 광고 소재를 찾으러 팀원 전체와 찜질방을 간다고 합니다. 한증막 안에서 하는 아주머니들의 이야기에 사회 전체의 트렌드가 숨어 있고, 주부들이 원하는 제품의 특징이 녹아 있기 때문이죠. 찜질방에서 아주머니들의 대화를 관찰하며 니즈를 파악하는 것, 이것 역시 인문학 공부가 아닐까요?

제 친구의 장사 스승님이 전수해준 특급 노하우도 마찬가지입니다. '식당 하나로 연 130억 원의 매출을 내는 고수님의 비결이 무엇이냐'는 질문에 스승님은 '픽업 아티스트Pickup artist(여성을 유혹하고 호감을 이끌어내는 기술을 가진 전문가를 일컫는 말)'의 책을 보고 여성 고객의 호감을 사는 방법을 연구했다고 하셨다는군요. 여자들이 좋아하는 멘트를 서빙 멘트로 바꾸고, 연인에게 해줄 수 있는 서프라이즈 이벤트를 식당의 서비스에 적용한 것이죠.

예를 들어 물 하나를 서빙하더라도 그냥 가져다주지 않고 "지구상에서 가장 깨끗한 물을 대령했습니다." 하고 무릎을 꿇고 건네는 것입니다. 당연히 고객 입장에서는 다르게 느껴지지 않을까요? 연애도, 장사도 결국 인간의 마음을 사로잡는 일이니, 식당을 하려면 경영서적만 볼 게 아니라 픽업 아티스트들의 책을 연구할 수도 있어야 한다는 조언 또한 엄청난 인문학적 통찰로 다가왔습니다.

또, 출판업계의 기획의 신으로 불리는 모 대표님은 한 개의 카피를 만들어내기 위해 하루 종일 텔레비전 광고만 돌려본다고 합니다. 그 안에 대중이 좋아하는 단어들이 숨어 있기 때문이죠. 현 시대의 사람들이 반응하는 단어가 무엇인지, 유행하는 상품이 무엇인지를 살피며 독자들의 니즈를 파악하는 것, 이 역시 인간을 공부하는 하나의 방법입니다.

이처럼 대중의 공감을 일으켜야 하는 직업을 가진 고수들은 책뿐 아니라 현장에서 사람들의 마음을 공부하고 있습니다. 그럼에도 학자들은 여전히 인문학이 문 · 사 · 철 · 언 · 예 · 종으로 이루어진 것이라며 어려운 철학자의 이름을 들이미는 게 현실입니다.

사실 고전을 파는 것이 곧 인문학이라고 치부하는 사고방식은 역사 속에서 찾아볼 수 있습니다. 고전으로 인문학을 연구하려는 흐름은 14세기 이탈리아에서 시작되었습니다. 이탈리아어로 르네상스는 'Rinscimento'라고 쓰는데, 이는 '재생'이라는 뜻입니다. 당시 르네상스는 그리스 · 로마 문화의 부활을 목표로 했기 때문에 당연히 고전에 초점을 둘 수밖에 없었습니다. 따라서 르네상스가 막 시작되던 당시 학문을 한다는 것은 곧 과거 그리스 고전을 탐구하는 것을 의미했습니다.

실제로 14세기 대학에서 휴머니스트humanist는 인간학studia humanitatis

을 가르치는 교사를 뜻하기도 했지만, 그들의 주요 업무는 수도원 도서관을 뒤져 고전을 발견하고, 필사본을 검토하며, 오류를 수정하고, 라틴어를 번역하여 학생들을 위해 주석을 다는 일이었다고 합니다. 즉 'humanist'는 인문학을 가르치는 교사지만, 하던 일을 보면 '고전을 가르치는 고전학자'로 표현할 수도 있는 것이죠.

그러나 우리가 주목해야 하는 것은 지금 우리가 살고 있는 시대에는 대부분의 고전이 이미 번역되어 있다는 사실입니다. 따라서 옛날의 인문학자들처럼 굳이 고전에만 매달릴 이유가 없습니다. 게다가 르네상스 시대에도 인문학을 문·사·철로 제한하지는 않았습니다. 음악, 건축, 미술, 법학, 의학 등 모든 인간생활과 연결된 분야를 연구하는 것을 인문학이라 했죠. 즉, 인간의 모든 분야를 연구 대상으로 삼았던 것입니다.

그러나 아직도 대중의 인식을 들여다보면 고전을 읽는 것이 곧 인문학이라는 편견이 뿌리 박혀 있습니다. 물론 고전, 즉 클래식은 문학에서도, 음악에서도 언제나 '정석'이 되어줍니다. 이것이 나쁘다는 게 아닙니다. 저 또한 마음이 답답한 날에는 옛 성인들의 지혜가 담긴 고전을 뒤져본답니다.

그러나 고전만이 인문학의 전부인 것처럼 치부하는 인식에는 새로운 변화가 필요합니다. 14세기의 인문학이 인간의 모든 분야를 연구 대상으로 삼았듯이, 21세기를 살고 있는 우리도 SNS, 직장에서의 인간관계와 같이 우리 주변에 일어나는 인간과 관련된 모든 문제를 인문학의 도구로 삼을 줄 알아야 합니다.

어느 날 한 친구가 저에게 1년간 365권의 책을 읽었다고 자랑을 하기에 이렇게 물어보았죠.

"그럼 그중에서 기억하고 있는 문장이 몇 개나 되나요?"

그러자 우물쭈물 대더군요. 이럴 때 거침이 없는 그리스의 자유인, 조르바는 이렇게 말하겠죠. "네가 책을 가득 쌓아놓고 있는데, 그걸 다 불태워버리면 인간이 될지도 모르겠다."라고요.

책을 몇 권 읽었는지보다 중요한 건 책에서 말하는 삶을 얼마나 살아냈는지가 아닐는지요. 매일 제게 자괴감을 줄 만큼 멋진 뇌를 갖고 있는 매드스퀘어 안준희 대표, 그리고 철학자 김형철 교수님을 만났을 때 전 깜짝 놀랐습니다. 사색의 왕, 두 분의 공통점에는 '암기력'이 있었거든요. 툭 치면 툭 나올 만큼 자신이 좋아하는 문장을 몸에 새긴 채 살고 있었습니다. 그리고 그 말에 꼭 맞는 자신의 행동 사례를 가지고 있었습니다. 순간, '이것이야말로 진짜 공부법이구나!' 하고 무릎을 쳤지요. 시험을 위한 암기가 아니라 삶을 위해 온몸으로 하는 암기, 선인들의 지혜를 머리뿐 아니라 몸으로 기억하려는 자세 말입니다!

그분들을 보며 제 자신에게 '네 인생의 문장은 무엇이니?'라는 질문을 던지자 정확하게 말할 수 있는 게 많지 않더라고요. 그때부터 전 좋은 지혜를 만났을 때 절대 그냥 넘어가지 않습니다. 무조건 그 문장이 내 몸에 새겨질 때까지 외웁니다. 툭 치면 툭 나올 만큼 말입니다.

또 외우는 것에 그치지 않게 하기 위해, 그 문장을 온몸으로 실천한 후 일기를 적습니다.

예를 들어 볼까요? 조선이 건국되자마자, 태조 이성계가 마음이 여유로웠는지 무학대사無學大師(이성계를 도와 조선왕조 건국에 기여한 도승)에게 농을 하자고 권합니다.

태조: 우리 서로 군신의 예를 떠나 터놓고 농담 한번 해보세.
　　　내 눈에는 대사의 얼굴이 꼭 돼지 상으로 보이는구려.
무학대사: 전하, 제 눈에는 전하의 모습이 꼭 부처로 보입니다.
태조: 아니, 돼지라 욕을 했는데 어찌 성도 나지 않는가?
무학대사: 돼지 눈에는 모든 것이 돼지로 보이고, 부처 눈에는
　　　모든 것이 부처로 보이지요(豕眼見惟豕 佛眼見惟佛, 시안
　　　견유시 불안견유불).

정말 재미있지 않나요? 결국 누군가를 비뚤게 본다는 것은 내가 세상을 비뚤게 보는 눈을 가졌기 때문이라는 무학대사의 명쾌한 한마디에 낯이 뜨거워지더군요.

저희 인큐에서는 '시안견유시 불안견유불'같이 좋은 문장을 마주하면 학생들과 함께 외웁니다. 그리고 한 주 동안 돼지의 눈으로 세상 혹은 다른 사람을 바라보려 한 경우가 없는지 돌아보며 일기를 써서

공유하는 과정을 겪습니다. 아무리 공자의 『논어』와 플라톤의 『소크라테스의 변명』을 읽는다 할지언정, 실천하지 않으면 머리에만 머무는 공부가 됩니다. 그러나 단 한 줄의 문장을 보더라도 이를 내 몸에 새겨질 만큼 외우고 행동으로까지 구현하는 순간, 깨달음이 생기죠.

깨달았다 = 깨뜨리다 + 다다랐다 = 깨고 다다랐다

한때 저는 습관적으로 '깨달았다'는 말을 자주 뱉곤 했습니다. 그러나 진짜 깨달은 것은 몇이나 있나를 돌아보니 부끄러워지더군요. '깨닫다'는 표현은 병아리가 알을 깨고 세상에 다다르는 과정을 빗대어 만들어진 게 아닐까 싶습니다.

병아리는 오랜 시간 몸담고 있던 익숙한 환경을 깨뜨리고, 온몸으로 고통과 맞서며 세상에 다다르죠. 단단한 알을 깨고 나오는 과정은 병아리에겐 공포 그 자체였을 것입니다. 그러나 그 모든 공포를 온몸으로 맞섰기에 세상에 다다를 수 있는 법입니다.

무엇을 읽었는지보다 무엇을 행했는지 그리고 나의 일상에서 얼마만큼 생각을 깨고 다다랐는지가 진짜 공부의 척도라고 생각합니다. 삶에 적용하는 인문학이란, 거창한 것이 아닙니다. 이처럼 한 가지 문장을 만났을 때, 직접 실천하는 한 걸음에서부터 시작되는 것이죠.

전 매일 한 시간씩 SNS를 공부합니다. 누군가는 SNS를 두고 인생의 낭비라고 하지만, 전 SNS가 하나의 거대한 인생 학교라 생각하니다. 저는 페이스북을 할 때 사람들이 어떤 글에 '좋아요!'를 누르는지, 왜 이 글에 사람들이 격렬하게 댓글을 다는지를 관찰합니다. 그렇게 대중의 생각을 엿보려고 하죠.

인큐에는 '성장통'이라고 불리는, 1년씩 경험을 쌓게 하는 프로젝트가 있습니다. 친구들이 하고 싶은 것을 커리어 경력이 될 수 있게 만들어주는 대외활동이죠. 친구들은 매일 페이스북을 가지고 실험을 합니다. 어떤 글에 사람들이 반응을 하는지, 어떤 글에 반응이 없는지를 살피고, 자신들이 직접 사람들이 좋아할 만한 영상과 글들을 만들어보며 실용 인문학을 터득하는 프로젝트입니다.

그 결과 얼마 전에는 '좋아요!'를 2만 개나 넘게 받은 영상을 만들어냈는데요. 주제는 '여자들의 야동'이었답니다.

페이스북에서 세상에는 '야동을 보는 남자'와 '야동을 안 본다고 말하는 남자', 딱 두 종류의 남자가 존재한다는 글이 좋은 반응을 얻자, 친구들(박지현 외 5명)은 '결국 세상 모든 남자들은 야동을 본다는 뜻인데, 그럼 대부분의 여자들은 뭘 볼까?'라는 질문을 하게 되었죠. 그리고 이 질문들을 해결해나가면서 엄청난 콘텐츠를 만들어냅니다!

여성분들, 잘 생각해보세요. 남자들

'여자들의 야동'이라는 콘셉트로 동영상을 올려 주목받은 페이스북 화면.

여자들은 밤마다 '맛있는 음식'을 상상하며
쾌락을 느낀다는 점을 꼬집은 영상을 제작해 많은 사람의 공감을 샀다.

이 야동을 볼 때, 여자들은 무엇을 볼까요? 여자들은 밤마다 유혹에
휩싸입니다. 무슨 유혹? 야식에 대한 유혹이죠! 맛있는 음식 사진을
보면서 '다이어트는 원래 내일 하는 거야.'라는 자기 합리화를 한 후
치킨과 맥주를 시킵니다! 그래서 인큐 친구들은 야동의 신음소리와
음식 영상을 합쳐 여자들의 야동을 제작했습니다. 그 결과 페이스북
이 후끈 달아올랐죠! 저 또한 '오, 이거 정말 기발한데!' 하며 얼마나
자랑스러워했는지 모릅니다.

이처럼 페이스북 또한 어떻게 쓰느냐에 따라 그 가치가 천차만별
이 됩니다. SNS를 '어떤 콘텐츠에 사람들이 공감을 많이 할까?', '사
람들은 어떤 포인트에 관심을 갖게 될까?'라는 질문을 풀어가는 도구
로 활용하면 '감정의 쓰레기통' 그 이상의 가치를 지니게 됩니다. 당
신의 페이스북은 인문학 도구인가요, 킬링타임용인가요? 주변 사람

들의 니즈를 바탕으로 공부하는 인문학, 재미있지 않나요?

연애는 클레오파트라처럼

"클레오파트라^{Cleopatra}의 코가 한 치만 낮았어도 세계의 역사가 달라졌을 것이다."라는 말이 있습니다. 클레오파트라가 세계의 역사를 움직인 로마의 장수들을 유혹하여 자신의 남자로 만들었기 때문이겠죠. 그런데 과연 그녀는 자신의 미모만으로 로마의 장수들을 사로잡았던 것일까요? 저는 그렇게 생각하지 않습니다. 제가 볼 때 그녀는 '어떻게 하면 저 남자를 유혹할 수 있을까?'를 끊임없이 연구한 '유혹 인문학'의 대가거든요.

클레오파트라가 어떤 인문학적 사고를 거쳐 남자를 유혹했는지는 로마의 장군 카이사르^{Caesar}와 안토니우스^{Antonius}를 대했던 그녀의 태도를 비교해보면 알 수 있습니다. 카이사르가 처음 이집트에 들어왔을 때, 클레오파트라는 그를 맞이하러 나가지 않았습니다. 대신 그날 밤 카이사르의 방에 최고급 양탄자를 선물로 보냈죠. 카이사르가 양탄자를 펼쳤을 때, 그 안에는 나체의 클레오파트라가 있었습니다. 정말 대담한 유혹의 기술 아닙니까?

하지만 카이사르가 죽은 뒤 안토니우스를 유혹할 때는 완전히 다른 방법을 선보였습니다. 안토니우스가 로마에 입성할 때 그녀는 황제만이 다닐 수 있는 황금길을 만들고, 그 길 끝에 놓인 황금의자에 앉아 여왕의 모습으로 그를 맞이했습니다.

클레오파트라는 대체 왜 이렇게 다른 방법으로 두 장군을 유혹했을까요? 카이사르와 안토니우스의 성향이 달랐기 때문입니다. 카이사르는 어린 시절부터 자존감이 높았고 도전 정신이 투철하여 실용적인 방법으로 로마를 통치하던 사람이었습니다. 따라서 형식에 얽매이는 것을 싫어하던 장군이기도 했죠. 클레오파트라는 그런 카이사르의 성향을 알았기에 권위 있고 품위 있는 모습으로 그를 유혹하기보다는 파격적이면서 호기심을 자극하는 기술을 선보였던 것입니다.

반대로 안토니우스는 권력욕이 강하고 '보여주기'를 좋아하는 장군이었습니다. 카이사르의 정식 후계자가 되지 못했다는 콤플렉스도 갖고 있었죠. 클레오파트라는 그런 안토니우스의 상황과 성향에 걸맞은 대우를 해주기 위해 '여왕'의 모습으로 안토니우스를 맞이했습니다. 클레오파트라는 카이사르와 안토니우스가 원하던 것을 정확히 간파하고, 각자에게 맞는 유혹의 방법을 활용했던 거죠.

클레오파트라의 '유혹 인문학'은 나일 강을 유람할 때도 그 위력을 발휘합니다. 진취적인 카이사르와 나일 강을 유람할 때는 옆에서 그가 태양력을 개발하도록 도왔던 반면, 고기가 잡히지 않는다고 투덜대는 안토니우스를 보고서는 신하들을 시켜 나일 강에 미리 고기를 풀어놓도록 하죠. 함께 낚시를 할 때 고기가 잘 잡힌다며 만족하는 안토니우스를 향해 그녀는 이렇게 말합니다.

"역시 황제의 낚시는 다르군요."

클레오파트라는 단순히 자신의 외모로 로마의 위대한 장수들을 유혹하고 세계의 역사를 움직인 여자가 아니었습니다. 그녀의 몸에는 '상대방의 성향을 파악하고 그에 맞게 대하는' 인문학 습관이 배어 있었습니다. 분명 클레오파트라는 지금 시대에 다시 태어나 우리를 만나더라도 각자의 성향에 맞게 대하고, 각자가 좋아할 만한 선물을 주었을 것입니다.

저도 예전에는 '여우 같은 여자'가 무조건 나쁜 줄만 알았습니다. 그러나 사회생활을 하다 보니 '현명한 여우'가 일도 연애도 잘하더라고요. 한번은 상담을 하는데 한 친구가 "전 늘 한결같은 사람이에요. 누구를 만나든 있는 그대로의 나를 보여주죠. 진짜 내 모습이 아닌 다른 모습을 보여주면 너무 가식적이지 않나요?"라고 하더군요. 그러나 아쉽게도 그 친구는 늘 직장 상사와 계속 마찰이 일어나 고민이 많았습니다. 그 친구가 클레오파트라의 지혜를 듣더니 이렇게 고백하더라고요. 솔직히 본인은 변하지 않으면서 상대가 나에게 맞춰주기만을 바랐던 것 같다고요.

물론 눈칫밥을 먹으며 사는 삶은 저도 싫습니다. 하지만 연애를 할 때도, 일을 할 때도 상대가 본인 위주로만 관계를 맺으면 불쾌하지 않던가요? 연애도 일도 잘하는 지혜로운 여성들은 '상대의 필요'를 채워주기 위해 늘 노력합니다.

많은 여성분들이 제게 어떻게 하면 연애를 잘할 수 있냐고 물어보시는데요. 그때마다 전 저만의 소개팅 비법을 전수해드립니다. 지금의 남편을 만나기 전에 저는 셀 수 없이 많은 소개팅을 했었습니다. 그런데 놀라지 마세요. 단 한 번도 소개팅에 실패한 적이 없답니다! 어떻게 그럴 수 있냐고요?

저는 늘 책을 한 권씩 사 가지고 나갔습니다. 상대방의 직업에 따라 책의 종류는 달라졌죠. 직장인일 경우에는 반복되는 업무에 지쳐 있으니 평소 관심이 없었을 '트렌드'에 관련된 책, 전문직일 경우에는 머리를 식힐 수 있는 책, 봉사활동에 관심이 많았던 지금의 남편에게는 사랑에 관한 책을 미리 사서 첫 만남에 선물했습니다. 사실 처음부터 의도적으로 했던 행동은 아닙니다. 귀한 사람이 소개시켜준 귀한 자리인데, 혹여나 상대가 시간 낭비라 생각하지 않을까 하는 노파심에 시작했던 행동이 강한 인상을 남겼던 것 같네요. 여러분도 상대가 원하는 것을 간파하여 일도, 연애도 지혜롭게 해내시길 응원합니다.

이해되지 않는 사람을 연구한다

사실 진짜 '사람 공부'는 '이해할 수 없던 사람들을 이해하는 과정'에서 일어납니다. 어릴 때는 분명 설날을 손꼽아 기다렸던 것 같은데 언젠가부터 설날이 무섭게 느껴지기 시작합니다. 세뱃돈을 주는 게 얼마나 어려운 일인지, 주변 사람을 챙긴다는 게 얼마나 힘겨운 일인지 알게 된 순간, 엄마의 깊은 한숨을 헤아리게 되죠.

어렸을 적에는 잘 알지 못했습니다. 처자식을 먹여 살리기 위해 아버지가 밤마다 들이키던 소주 한잔의 의미를요. 그러나 직원들의 생계를 책임지는 리더가 되어보니 술 없이는 견딜 수 없는 가장의 책임감을 뒤늦게나마 헤아리게 됩니다.

첫 직장에서 만난 냉정하다 못해 잔인했던 사장님, 그때는 이해할 수 없었습니다. 그러나 월급을 받는 입장에서 월급을 주는 입장이 되어보니 사장님을 떠올리며 이제는 '그럴 수도'라고 고개를 끄덕이게 됩니다.

이제야 조금씩 '역지사지易地思之', 즉 처지處地를 서로 바꾸어 생각할 줄 알게 된 것이죠. 어른이 된다는 것은 어쩌면 역지사지를 배워가는 과정이 아닐까 싶습니다.

진짜 일 잘하는 직원은 나의 입장과 리더의 입장을 동시에 바라볼 줄 압니다. 진짜 멋진 '사랑꾼'은 내 입장이 아니라, 상대의 입장까지 헤아릴 수 있는 사람이고요. 현자는 위기를 기회로 볼 수 있어야 하고, 나를 배신하고 떠난 자도 최고의 스승으로 삼을 수 있어야 합니다. 나의 경계를 무너트리고 타인의 시선으로 세상을 이해하는 공부, 저는 이를 가장 잘하는 사람들로 '소설가'를 뽑곤 합니다.

뼛속까지 인간을 이해하고 싶어하는 소설가들은 심지어 '살인자의 마음'까지 공부합니다. 도스토예프스키의 『죄와 벌』, 알베르 카뮈의 『이방인』 등 문학작품 안에는 유독 살인에 관한 이야기가 많이 등장합니다. 읽다 보면 정말 작가가 살인을 해본 경험이 있나 싶을 만큼 살인자의 심리를 입체적으로 표현하죠. 작가는 소설을 쓰기 위해서 역지사지를 하며 그들이 왜 인간을 죽였는지, 그 이후의 심정은 어떠했을지를 철저히 상상해보았음에 틀림없습니다.

그런 의미에서 소설가 알랭 드 보통Alain de Botton이 JTBC에서 손석희 아나운서와 했던 인터뷰가 매우 흥미롭게 다가왔습니다. 그는 '땅콩 회항 사건'으로 한때 뜨거운 감자로 떠올랐던 조현아 대한항공 전 부사장에 대해 '그녀는 현 시대에 가장 비극적인 인물일 수 있다'고 발언합니다. 순간 인터넷에는 알랭 드 보통을 향한 엄청난 악플들이 달리기 시작했죠.

하지만 조현아가 비극적 인물이라고 했던 그의 발언이 그녀를 용서해주라는 메시지는 아니었을 겁니다. 조현아는 그의 소설 작품에 큰 모티브가 될 수도 있죠. 알랭 드 보통은 쌍둥이 엄마, 재벌가 아버지의 딸, 한 남자의 아내인 조현아가 당시 어떤 생각을 했고, 왜 그런 일을 저질렀는지, 즉 인간의 본성에 대해 이해해보려 했던 것이 아닐까요?

저는 그런 알랭 드 보통의 시선이 매우 재미있게 느껴졌습니다. 그리고 그가 왜 조현아를 비극적인 인물로 꼽았는지, 나만의 일기장에 쭉 써내려 가며 분석을 하기 시작했죠. 평생 공주님 대우를 받으며 살아온 그녀의 입장에서는 우리가 이상한 사람처럼 보였을 겁니다. '감히 너희 같은 것들이?' 하며 화가 났을지도 모르고요.

저는 가끔 신문에 이해되지 않는 살인 사건이 보도된 날에도 노트를 펼치고 저 자는 왜 그런 행동을 했을지 그 동기를 찾아봅니다. 누군가가 말로 저에게 상처를 준 날도 어김없이 노트를 폅니다. 그리고 '저 사람은 왜 저런 말을 한 걸까?'를 적어보죠. 그러다 보면 나도 모르게 '그럴 수도' 하고 고개를 끄덕이게 됩니다.

전 다트머스 대학교 총장이자 현 세계은행의 총재를 맡고 계신 김용 총재님의 인터뷰에서도 인간을 공부하는 방법에 대한 통찰을 얻을 수 있습니다. 총재님은 다트머스 대학교 졸업생 중 가장 성공한 라온블랙이라는 학생을 소개합니다. 그는 전 세계에서 가장 성공한 사모펀드를 운영하고 있는데 어느 날 총재님이 그에게 비결을 물었더니 이렇게 답변을 했다고 합니다. 하버드 경영대학에서는 배운 게 없고, '다트머스에서 셰익스피어 작품을 읽은 것'이 큰 도움이 되었다고 했다는군요. 투자를 할 때는 인간의 본성뿐 아니라 사람들이 어떻게 반응할지를 이해할 수 있어야 하는데, 셰익스피어의 작품을 통해 인간의 본성을 배우며 사람들의 마음을 읽어내고, 그들의 행동을 예측할 수 있는 힘을 얻을 수 있었던 것입니다.

인문학을 곧 책 읽기라 생각하는 친구들이 두 번, 세 번 곱씹어봤으면 하는 대목입니다. 셰익스피어 작품을 수백 번 읽더라도 인간의 본성을 생각해보지 않는다면 무슨 소용이 있을까요? 타인의 입장에서 생각하고 그 과정에서 본성을 터득하는 것! 진짜 '써먹는 인문학'을 공부하고 싶다면, 문학작품 하나를 읽을 때도 주인공이 왜 이러한 행동을 하는지, 즉 '인간의 본성'에 초점을 두고 공부해야 합니다. 따라서 악플을 보고서도 악플 쓰는 사람의 심정을 헤아려보는 것도 인문학이라 할 수 있죠.

그렇다면 여기서 또 질문을 해보겠습니다. 이렇게 본성에 대해 계속해서 파헤치면 인간을 완전히 이해할 수 있을까요? 사실 그건 어렵습니다. 연애를 수백 번 한다고 해서 타인을 완전히 이해할 수는 없듯이 인간을 이해한다는 것은 우리가 살아가는 한 반드시 계속 해나가야 하는 하나의 '과정'입니다.

저는 이전에 암 진단을 받은 적이 있습니다. 정말 세상이 무너지는 듯한 기분이 들더군요. 어떻게 이런 일이 나한테 생길 수 있는지 화가 나고 절망스러웠습니다. 그때 문득 머릿속을 스치는 한 사람이 있었습니다. 2주 전에 저랑 상담을 했던 친구였죠.

당시 그 친구도 몸에 암세포가 있어 일상 생활이 너무 어렵고 힘들다며 상담 요청을 했었습니다. 물론 그때 저는 그 친구의 이야기를 잘 들어줬습니다. 얼마나 힘들겠냐고 하며 충분히 공감해주었죠. 그러나 거짓말같이 얼마 후 막상 제가 그 친구의 입장이 되니 그때 했던 모든 말이 부끄러워지더군요.

저에게도 많은 이들이 병문안을 와서 이렇게 말했습니다.

"얼마나 아프겠어. 그 마음 충분히 이해하지만, 힘내."

내가 했던 말을 누군가가 해주니 알겠더라고요. 세상 그 어떤 사람도 저를 완전히 이해할 수는 없다는 것을요.

퇴원 후, 제일 먼저 그 친구에게 사과했습니다. 사치스러운 말을 해서 미안하다고요. 내가 같은 입장이 되어보지 않고서는 절대 그 사람의 마음을 이해할 수 없다는 것을 배웠다고 고백하며 사과하고 또 사과했답니다.

하지만 그럼에도 우리는 계속해서 인간을 이해하려는 노력을 멈추지 말아야 합니다. 상대를 완전히 이해할 수는 없지만, 그 과정에서 '사랑'을 배울 수 있으니까요. 그렇게 우리 둘은 꼭 안아주며 더 각별한 사이가 되었답니다.

늘 원망하던 아빠를 인문학하다

돌이켜보면 책을 읽었던 시간보다 주변 사람들을 이해하려 노력한 시간이 더 적었던 것 같습니다. 인문학자들의 수업을 듣는 것은 위대한 일이라 생각하며 열심히 돌아다녔지만, 정작 내 가족의 이야기를 듣는 일은 왜 그렇게 어려웠을까요? 분명 신이 저를 고통스럽게 만드는 가족을 주신 데는 큰 이유가 있을 텐데 말입니다.

인간을 공부하는 학문이 인문학이라는 정의를 세운 후, 사실 제가 제일 먼저 공부하려 했던 대상은 세상에서 가장 이해할 수 없었던 남자, 우리 아빠였습니다.

교복을 입고 지낸 6년간, 당시 저에게는 집에 가는 것이 세상에서 가장 고통스러웠습니다. 지금 당장 아빠의 모습을 떠올려보라고 하면 아빠가 누런 메리야스를 입고 텔레비전을 보며 누워 있는 장면이 생각납니다. 아빠는 제 인생에 많은 상처를 남긴 사람입니다. IMF 때 실직 후 사업에 실패하여 살던 집을 한순간에 다 날려버리고, 정신병원에 수감되셨거든요. 당시 저는 돈 몇 백만 원이 없어 구치소에 수감되었음에도 불구하고 가족을 책임지려 하지 않았던 무기력한 아빠가 정말 싫었습니다.

하지만 제가 항상 아빠를 미워했던 것만은 아니었더군요. 우연히 어렸을 적 사진 앨범을 보는데 어린 소정이는 '아빠 껌 딱지'처럼 그 옆에서 떨어지려 하지를 않았던 것입니다. 그때의 아빠는 열정 가득한 청년이었습니다. 그제야 아빠의 60년 인생에서 무기력했던 시간은 그리 길지 않았음을 알아차렸죠.

그런데 왜 전 안 좋은 모습만 기억하려 했던 걸까요? 불안했기 때문입니다. 추운 겨울날, 스타킹을 사서 신고 갈 돈도 없을 만큼 집안 형편이 안 좋았던 그때, 그 누구도 나를 책임져주지 않는 시간들은 공포 그 자체였고 지옥과도 같았습니다. 그러다 보니 아빠의 상황을 알려고 하지도 않았고, 알고 싶지도 않았습니다. 매일 왜 그렇게 누워만 있는지를 추궁하고, "아빠는 가장답게 가정을 책임져야 하는 거야."라고 가르치려 했습니다. 그러면서 친구들의 고민은 잘도 들어줬죠. 그러고 보면 저도 참 나쁜 딸이었던 것 같네요.

그러다 저도 어느덧 사회생활을 시작하게 되었고 갑자기 토사구팽兔死狗烹당하는 일이 생겼습니다. 제가 쌓았던 모든 공이 한 번에 무너졌고, 하루 서너 시간씩 1년간 했던 모든 일들이 한순간에 날아가버리고 말았습니다. 같이 일했던 팀원들에게 욕을 먹고, 모함까지 당하며 결국 회사를 그만두게 되자 그 이후로 집에만 갇혀 지냈습니다.

그러던 어느 날 문득 거울을 보았는데 깜짝 놀라고 말았습니다. 제가 싫어했던 아빠의 모습이 제 안에도 있더라고요. 도저히 이해할 수 없었던, 아무것도 하기 싫어서 텔레비전만 보고 있는 무기력한 모습 말입니다.

그제야 펑펑 울며 엄마에게 물어봤습니다. 아빠는 왜 갑자기 실직하게 된 거냐고요. 10년간 모셨던 직장 상사가 계셨답니다. 밤낮없이 그 분의 뒤처리를 아빠가 다 도맡아 했었는데 회사에 문제가 생기자 그 분은 모든 공은 자신이 챙기고 안 좋았던 일들은 다 아빠 책임으로 몰아 정말 난처한 입장이 되어 회사를 그만두셨다고 합니다.

그때부터 아빠에 대한 공부를 하기 시작했습니다. 왜 아빠가 정신적으로 문제가 생겼는지, 왜 홀로 있는 것을 좋아하게 되었는지 하나둘씩 알아가려 했습니다. 그렇게 해보니 미워할 이유가 없더라고요. 모두 다 '그럴 수도' 하고 넘겨도 되는 일이었습니다.

아빠가 제게 상처를 줬던 건 벌써 지금으로부터 15년 전의 일입니다. 아빠를 미워하는 것은 곧 내 인생이 안 풀리는 이유를 남 탓으로 미뤄버리는, 겁쟁이 같은 행동임을 이제야 깨닫게 되었네요. 물론 지금도 아빠가 이해되지 않을 때가 많이 있습니다. 그러나 이제는 아빠를 한 남자로서, 한 인간으로서 존중할 수 있습니다.

이해되지 않는 상사를 공부하다

하루는 '사회생활 좀 해본 언니들'이라는 주제를 잡고, 사회인들끼리 모여 열띤 토론을 벌였습니다. 회사를 다니면서 가장 많이 하는 고민이 무엇인지에 관한 토론이었는데, 10명 중 8명이 가장 많이 쓴 단어가 무엇인지 궁금하지 않나요?

바로 '반면교사反面教師(부정적인 면으로부터 얻는 깨달음이나 그러한 가르침을 주는 대상을 이르는 말)'입니다. 그리고 회사를 다니면서 가장 많이 한 생각은 '나는 저렇게 되지 말아야지.'라고 하더군요. 학교에서는 교과서로 배우지만, 사회에서는 선배들의 잘못된 행동을 보고 배운다는 말에 가장 큰 박수가 쏟아져나왔죠.

이 토론을 들으며 저도 조금 놀랐습니다. 그도 그럴 것이 저 또한 첫 직장을 그만뒀을 때 속으로 가장 많이 했던 말이 '내가 CEO가 된다면 절대 저렇게 하지는 않을 거야.'였으니 말입니다. 그러나 한 직장의 80퍼센트나 되는 직원이 '반면교사'라는 글씨를 마음에 새기며 일한다는 것은 참 슬픈 일이 아닌가요?

그래서 저는 토론에 참여한 분들께 여쭤보았습니다.

"살면서 한 번이라도 자신의 얼굴을 정면으로 본 적이 있나요?"

거울이나 동영상으로 본 내 모습이 아닌, 남이 나를 볼 때 보게 되는 자신의 모습 말입니다. 생각해보면 저 또한 한 번도 제 얼굴을 제대로 본 적이 없습니다. 내 목소리를 제대로 들어본 적도 없고요. 이 점이 참 재미있지 않나요? 신은 왜 인간이 죽을 때까지 자신의 진짜 모습을 볼 수 없게 만들었을까요?

그 뜻을 다 헤아릴 수는 없겠지만, 문득 타인을 통해 나를 보라는 뜻은 아니었을까 생각합니다. 상사를 보며 '나는 저렇게 하지 말아야지.'라는 생각을 갖게 되고, 후배를 보며 '나도 저렇게 버릇이 없었나?' 하고 돌아보게 되니 말입니다. 나 혼자 있을 때는 절대 알 수 없었던 내 부족한 모습을 타인을 통해 배워갈 수 있는 것이죠. 그런 의미에서 직장 또한 하나의 '인생 학교'가 아닐까 생각합니다.

하지만 오랜 기간 직장에 몸을 담았던 사회인들은 말합니다. 점점 직급이 높아지고 책임의 강도가 세지면서 신입 사원 시절에는 절대 저 선배처럼 하지 않겠다고 다짐하던 행동들을 똑같이 하고 있는 자신을 발견한다고 말입니다. 어릴 때는 냉정한 선배가 한없이 미웠지만, 만약 그때 선배가 그렇게 하지 않았더라면 우리 팀에 규율이 없어졌을지도 모른다고 말하는 분도 계시더군요.

'반면교사'도 좋지만, 이보다 우리가 가슴에 더 새겨야 하는 말은 '청출어람青出於藍'이 아닐까 싶습니다. 앞으로는 내가 싫어하던 사람을 새롭게 바라보고, 본인은 그보다 더 나은 사람이 되기 위한 인문학 공부를 해보는 건 어떨까요?

상대의 단점을 장점화한다

누구에게나 단점은 존재합니다. 하지만 세상 모든 일은 양면성을 지니고 있죠. 따라서 누구나 장점과 단점을 갖고 있지만, 장점이 단점이 되기도 하고 단점이 장점이 되기도 합니다. 마치 어떻게 보느냐에 따라 동전의 앞면과 뒷면이 달라지는 것처럼 말입니다.

'저 친구의 단점은 어떠한 장점적 기능을 할까?'

따라서 다른 사람을 볼 때도 한쪽 면만 보고 이야기하기보다는 내가 본 반대 면에는 무엇이 있을까 생각해보는 것이 '사람 공부'의 밑거름이 되어줍니다.

인큐의 취업 연수 프로그램을 들었던 근희라는 친구에 대해 소개해보겠습니다. 그녀는 매우 고집이 세서 수백 번 상담을 해도 누군가의 이야기를 수용하는 능력이 거의 없다고 해도 과언이 아닐 정도였죠. 그래서인지 그 친구가 제일 많이 하는 말은 "선생님, 저는 똥인지 된장인지 직접 먹어봐야 압니다."였습니다. 그만큼 근희는 누가 옆에서 뭐라 하든 자기가 해봐야 안다고 말하는 욕심 많은 친구였습니다.

그러던 그녀가 『청년 장사꾼』(다산북스)이라는 책을 읽고 나서 장사를 해야겠다고 하더라고요. 그런데 근희는 평소 작은 것에도 상처를 잘 받아 툭 하면 눈물을 흘리는 친구였습니다. 그래서 취업연수 담당자 전진경 선생님은 "우리 근희는 사람이랑 하는 일이 아니라, 동물이나 기계를 상대하는 일을 해야 한다."고 진단하기도 했었죠. 장사야말로 매일 사람과 부딪쳐야 하는 일인데, 이 친구는 작은 말에도 상처를 받고 울고불고를 반복하니 다들 말렸죠. 하지만 역시 고집불통, 욕심 많은 우리 근희는 직접 해봐야 안다고 고집을 피우더라고요. 아무리 이야기해도 설득이 안 되는 이 녀석, 분명 한쪽 시각에서만 보면 '고집불통'으로 보일 겁니다. 그러나 고집도 장점이 되는 경우가 있더군요.

근희는 꼭 장사를 하겠다고 고집을 부리며 청년장사꾼 김윤규 대표님을 직접 찾아가 물어봤습니다.

"절대 장사하면 안 되는 사람은 어떤 사람입니까?"

김윤규 대표는 단호하게 "욕심 많은 사람은 안 됩니다."라고 했다고 합니다. 그런데 앞서 말했듯 근희는 욕심이 많은 친구였습니다. 자신도 그 점에 대해 너무나 잘 알고 있었기에 우리는 모두 근희가 당연히 장사를 포기할 거라고 생각했습니다. 그러나 그녀의 고집은 결국 자신의 신념을 지켜가는 강한 힘으로 발휘되더군요.

그녀는 김윤규 대표의 말을 듣지 않고 "똥인지 된장인지는 먹어봐야 알지요!"라고 외치면서 청년장사꾼에 지원했습니다. 그렇게 힘든 시간들을 다 견뎌내고 인턴을 마친 후 당당히 입사까지 성공했답니다. 그리고 지금은 청년장사꾼 김윤규 대표님이 직접 저희에게 "이런 친구를 키워줘서 고맙다."라고 이야기할 만큼 뛰어난 인재가 되어 활약하고 있습니다.

'양날의 검'처럼 누군가의 말을 듣지 않는 고집스러운 행동이 때로는 이렇게 소신 있는 행동이 되기도 한답니다. 예전에 우리나라 최고의 야구선수, 이 모 씨와 잠깐 맥주 한잔을 한 적이 있습니다. 그때 그는 자신의 야구 인생을 회고하며 살면서 가장 잘한 일 중 하나가 '주변 사람의 말을 듣지 않은 것'이라고 하더군요. 같이 사업하자고 꼬드기는 놈들도 많았고, 혹할 만한 제안도 많이 들어왔지만 그런 말에 흔들리지 않고 야구만 한 것이 자신의 인생에서 최고로 잘한 일이라면서 말입니다. 이 이야기를 듣자마자 박수가 절로 나왔답니다.

사람의 성격은 쉽게 바뀌지 않습니다. 재밌는 사실은 서양인들은 '강점 혁명'이란 말을 쓰며 단점은 버리고 강점을 살릴 것을 주장하지만, 상담을 하면서 발견한 사실은 한국인은 강점을 찾기보다 단점을 극복하는 데서 희열을 느낀다는 점입니다.

그때부터 전 단점을 장점화하여 바라보는 방법을 연구하기 시작했고, 그중 하나가 주변에서 '다르게 바라봐주는 것'임을 알게 되었습니다. 실제로 단점에 새로운 '의미 부여'를 하면서 더더욱 단단해지는 친구들이 많이 있답니다. 단점은 나쁘다는 고정 관념을 깨고 다르게 생각하는 습관을 키운다면 분명 우리 삶에 있어 단점 또한 최고의 자산이 되어줄 것입니다.

일상에서도 상대의 니즈를 파악한다

한번은 최고의 경영자이자 영업인으로 활약 중인 한 고수님과 말씀을 나누는데 인큐의 한 친구가 이런 질문을 하였습니다.

"고객의 욕구는 어떻게 파악해야 하나요?"

그러자 그분은 이렇게 대답하셨습니다.

"고객의 욕구라 표현하지만, 결국 고객은 인간입니다. 그러니 먼저 인간의 욕구를 들여다보는 훈련을 해야죠. 예를 들어 미팅을 다섯 명과 한다고 가정해봅시다. 이때 가장 중요한 것은 내 앞에 앉아 있는 다섯 명의 욕구를 파악하는 겁니다.

실제로 있었던 일을 들려드리겠습니다. 한번은 일본의 한 회사와 큰 계약을 해야 하는 상황이었는데, 다섯 명의 임원과 실무진이 회의실에 앉아 있었습니다. 이때 제일 먼저 해야 하는 일은 무엇일까요? 바로 회사에서 이들이 어떤 포지션에 있는지 파악하고, 그들의 현재 욕구를 알아내는 것입니다.

이 중 결정권자는 부사장이고, 실무자는 과장이었습니다. 그럼 우선적으로는 결정권자가 현재 몇 살인지, 그리고 현재 이 사람이 얻고 싶어 하는 욕구가 무엇인지부터 파악해야겠죠. 실제 그 부사장은 매우 뛰어난 사람이었고, 2년 뒤 사장이 은퇴할 시점에 본인이 사장 자리에 오르고 싶어 했답니다.

이럴 때는 우리의 제품에 대해 어필하는 것보다 그가 어떻게 사장이 될 수 있는지에 대한 전략을 더 철저히 고민해보는 게 좋습니다. 예를 들면, 1년 안에 사장이 될 수 있는 방법을 알려줄 수 있어야 한다는 것이죠. 이렇게 부사장뿐 아니라 실무진 과장이 지금 무엇을 고민하고 있는지, 무엇을 좋아하는지를 정확히 간파해서 그에 맞춰줘야 합니다. 비즈니스는 결국 상대의 니즈에 맞는 솔루션을 제시하는 데에서부터 시작합니다. 그러니 고객의 니즈를 묻기 전에 주변 사람들이 무엇을 원하는지부터 파악해보는 연습을 해야 해요. **학생은 오늘 여자친구의 니즈가 무엇인지 알고 있나요?**"

또한 그분은 사람을 대할 때는 늘 '측은지심惻隱之心'을 지니고 있어야 한다는 점을 강조하셨습니다. 상대의 환경과 내면을 들여다보고자 하는 관심과 사랑이 있어야 한다는 것이죠. 상대로부터 무엇을 빼앗아올지, 그 사람이 능력이 있는지 없는지를 판단하려 하기보다 저 사람의 고뇌가 무엇일지, 그 사람을 기쁘게 하는 것은 무엇인지부터 살펴보는 습관을 기르라고 하셨습니다. 그분은 실제로 경영자로서 늘 상대에게 어떤 가치를 남겨줄 수 있을까를 고민하셨던 분입니다.

이분뿐만이 아닙니다. 한번은 유학원을 운영하는 한 경영자로부터 영업의 비밀을 듣게 되었습니다. 그 유학원은 기존 유학원들에 뿌리박혀 있던 관습을 깨뜨림으로써 최고의 진학률이라는 기록을 세운 곳이었답니다. 그 비결 중 하나는 상담 방식이었는데요. 그분은 상담을 할 때 이 친구가 어떤 대학을 갈 수 있을지를 파악하기 전에 가족 관계부터 살핀다고 합니다.

예를 들어 엄마와 아이가 상담을 왔을 경우, 아이가 엄마 말을 잘 듣는 타입인지, 반항을 많이 하는지를 살펴봅니다. 그리고 가족 중에 누가 결정권자인지, 누가 가장 사회활동을 왕성하게 하고 있는지, 아버지가 폐쇄적인 직업을 지녔는지, 이동이 많은 직업을 가졌는지 등에 따라 상담하는 방법이 달라진다고 합니다. 내가 전달하려고 하는 메시지보다 상대가 듣고 싶은 이야기를 해주는 것, 즉 고객 맞춤형으로 컨설팅을 하는 것이 이 유학원만의 비법이었던 것입니다.

이처럼 비즈니스를 할 때도 고객의 속사정까지 살필 정도로 관심과 사랑을 가지면 저절로 이익보다는 고객의 감동을 추구하게 되고, 결국 상대의 마음을 얻을 수 있다는 것이 고수들이 공통적으로 이야기하는 바입니다. 당신은 지금 어떤 마음으로 상대에게 다가서고 있나요? 저 역시 지금 제 곁에서 코를 골고 있는 남편을 측은지심으로 바라보는 연습부터 해야 할 것 같습니다.

인간관계가 어려운 당신을 위한
인문학 트레이닝

체인지 편지

배신한 남자를 용서하지 못해 잠 못 이루는 친구를 본 적이 있습니다. 최고의 복수는 용서라는 것을 머리로는 알고 있었지만, 항상 그 사람이 어떻게 나한테 이럴 수 있냐며 너무나 슬퍼했죠. 주변 사람들이 옆에서 위로를 해주고 함께 시원하게 욕을 해줘도 도통 분이 풀리지 않았다고 합니다.

물론 저도 살다 보면 그런 날이 있습니다. 너무 억울해서 가슴이 미어질 때, 그 사람이 너무 미워서 일이 손에 잡히지 않을 때 말이죠. 그러나 그때마다 자가 심리치유를 하는 저만의 습관을 갖고 있습니다.

원인: 역지사지를 제대로 하지 않았다

지금까지 많은 분들이 제게 아빠를 미워하던 그 마음을 어떻게 스스로 추스렸냐고 물어보셨습니다. 그때 저는 심리학의 연극치유 방법을 스스로 행했습니다. 흔히 부부싸움으로 갈등이 격해졌을 때 심리치유사는 남편에게는 아내를 연기하게 하고, 아내에게는 남편을 연기하게 하여 '역할 바꾸기 연극'을 시도합니다. 즉, 상대의 입장을 몸으로 경험하게 만드는 것이죠. 다른 사람의 입장이 되어보는 것은 생각보다 큰 변화를 일으킵니다. 그러나 매번 심리 상담을 받으러 가고 홀로 연극을 하긴 어려우니, 전 편지로 이 작업을 대신했었답니다. 내 입장에서가 아니라, 아빠의 입장에서 윤소정에게 편지를 써준 것이죠.

습관 처방전: 체인지 편지

저는 남편과 싸우고 나면 서운한 남편의 입장에서, 누가 나의 뒷담화를 하고 다닌다는 말을 들으면 나를 욕하는 그 사람의 입장에서 편지를 써보며 내가 보지 못했던 스스로를 바라보고 부끄러워하며 성장해왔습니다. 이렇게 하나둘씩 써내려 가다 보면 세상을 한 번 더 사랑할 용기를 얻게 됩니다.

저는 한 살, 한 살 나이를 먹을수록 아빠를 미워하는 마음을 내려놓고 싶어 아빠의 입장이 되어 편지를 써보았습니다. 사실 제 책에 이런 글을 실어도 되나 꽤 망설였습니다. 혹여나 아빠가 보시고 마음 아파하지 않을까 싶어서 말입니다. 그러나 이 책을 통해 세상을 새롭게 바라보는 방법을 공유하겠다는 초심을 되새기며 용기 내어 공개합니다.

미안하다, 우리 딸.

내 딸은 좋은 곳만 보게 해주고 싶었는데, 좋은 것만 해주고 싶었는데 못난 아비 때문에 이 추운 겨울날. 차디찬 구치소에 너까지 발을 딛게 하다니 네 눈을 차마 쳐다볼 수가 없었다.
엉엉 우는 네 앞에서 아비가 해줄 수 있는 것은 머쓱한 웃음뿐이었다.
괜히 걱정할까 봐, 잠깐 쉬러온 셈이라며 너털웃음을 지어 보였지만 썩

어들어가는 내 가슴을 혹여나 네가 느끼지는 않을까 조마조마했었단다. 자동차 범칙금을 제때 내지 못하는 아빠 때문에, 고등학교 3년 내내 급식도 제대로 신청하지 못한 우리 딸의 가슴에 내가 또 하나의 상처를 남겼구나. (…) 그래도 이 못난 애비 보려고 없는 용돈까지 쪼개 이곳까지 온 내 딸. 참 많이 보고 싶었는데, 보고 싶었다는 말, 사랑한다는 말, 미안하다는 말도 내게는 수치스럽게 느껴진단다.

오직 아비로서 네게 해줄 수 있는 것은, 네 삶에 짐이 되지 않는 것이라 생각했다. 그래서 그 독한 약을 먹으면서도 단돈 백만 원이라도 벌어보려 그리 애쓴 것인데 삶이 내 뜻대로 풀리지 않는구나. 넌 나를 원망의 눈초리로 째려보지만, 아빠의 눈에는 처음 '아빠'라 불러주던 어린 날 소정이의 눈동자가 보인단다. (…) 잘 살아야 한다. 우리 딸.

- 네게 생애 가장 큰 상처를 안겨준 아빠가

트레이닝 방법

1. 나에게 상처를 준 사람과의 가장 기억나는 하루를 떠올리세요.

2. 홀로 눈물 흘릴 수 있는 곳에서, 감정을 잡을 수 있는 음악을 틉니다.

    [추천음악]
    – 인생의 회전목마(〈하울의 움직이는 성〉 OST)
    – 아주 짧지만 인연에 대한 예의(레닌)

3. 상대의 입장에서 내게 해주고 싶은 말을 자유롭게 적어봅니다.

4. 눈물이 나면 실컷 울고, 화가 나면 실컷 소리쳐봅니다(마음이 풀릴 때까지, 원망이 가라앉을 때까지 이를 반복해도 좋습니다).

5. 편지를 촛불에 태워 멀리멀리 원망의 마음과 함께 보내줍니다.

트레이닝 후기

K양이 트레이닝을 직접 행하면서 편지를 태운 흔적.

K양 : 저는 눈물을 쏟았습니다. 마음이 개운하면서도 미안해지네요. 그 사람은 얼마나 외로웠을까 싶어서요. 꼭 안아주고 싶어졌어요. 너무 미웠고, 이해되지도 않았는데 앞으로 이 관계에서 필요한 건 무엇일지 생각해보게 되었어요. 상대도 자신만의 입장과 생각이 있었을 텐데, 그 사람도 나만큼 아팠을 것 같더라고요. '오죽하면 나한테 그랬을까?'를 생각하니 그 사람이 굉장히 그리워지네요. 마음이 후련해졌어요.

사실과 생각 구분하기

이런 친구가 하면 좋아요!

- 주변의 시선 때문에 괴로워하는 친구
- 애인과 다툼이 잦아 고민이 많은 친구
- 직장 상사와의 관계로 괴로워하는 친구

얼마 전 상사 때문에 회사를 그만두고 싶다는 A와 상담을 했습니다. 아무래도 상사가 자신의 좋지 않은 학벌 때문에 무시하는 것 같다고 합니다. 왜 그런 생각을 하게 되었냐고 물으니 한 달간 열심히 준비해서 보고서를 써갔는데 고작 "이것이 최선인가?"라는 피드백을 받았다는 것입니다. 그날 이후로 스트레스 때문에 환청까지 들린다고 고백하였습니다.

그녀는 저와 함께 '사실'과 '생각'을 구분하는 습관을 길러보기로 했습니다. 이 사건의 사실, 즉 팩트는 상사가 "이것이 최선인가?"라고 말한 것뿐입니다. 상사는 단 한 번도 내 학벌에 대해 언급하거나, 인격을 모욕하는 말을 하지 않았습니다. 상사의 부정적인 피드백을 받고 '이건 내 학벌 때문에 나를 무시한 거야.'라고 생각해서 스트레스를 받은 것이죠.

원인: 사실과 생각을 혼동하고 있다

저는 우연히 만난 한 도인으로부터 재미있는 공부법을 전수받았습니다. 그분은 제게 최근에 화가 났던 에피소드를 떠올려보라고 하시더군요. 그래서 저는 얼마 전 남편이 친구들과 술을 먹다가 밤 12시까지 들어오겠다던 약속을 어겨

화가 났던 일화를 주저리주저리 털어놓았습니다. 그러자 그분이 제 말을 딱 자르며 이렇게 묻더군요.

"남편이 술을 먹고 12시까지 집에 들어오지 않은 게 화가 날 일입니까?"

그분은 만약 제가 지혜로운 사람이었다면 이 문제에서 사실과 생각을 분리시켰을 거라고 하시더군요. '남편이 술을 먹고 12시까지 들어오지 않았다'는 것은 사실이지만, 결국엔 '남편은 술을 먹어도 12시까지 꼭 들어와야 해.'라고 제멋대로 생각했기 때문에 본인이 힘든 거라고요. 어차피 사실은 변하지 않습니다. 따라서 나의 생각을 바꾸는 게 현명합니다. 만약 '오랜만에 친구들과 만났으니 마음껏 놀아야겠지.'라고 생각했다면, 제 마음이 평화로웠을 것이라는 게 그분의 지혜였습니다.

습관 처방전: 사실과 생각 구분

인간관계에 어려움을 겪는 분들이 있다면 전 '사실'과 '생각'을 구분하는 습관을 꼭 키웠으면 합니다. 연애에서도 마찬가지! 얼마 전 M양은 헤어진 남자친구 때문에 한숨도 못 잤다고 합니다. M양이 이렇게 고백하더군요.

"헤어진 남자친구가 자꾸 내 친구들을 만나는 거예요."

이때도 사실과 생각을 구분해봅시다.

사실(팩트)은 무엇인가?
헤어진 남자친구가 내 친구들을 만났다

나를 화나게 한 생각은 무엇인가?
헤어진 남자친구는 내 친구들을 만나면 안 된다고 생각했다

생각을 바꿔보면?
헤어진 남자친구도 내 친구들을 만날 수 있다

이렇게 나를 망치는 생각들을 하나둘씩 제거하다 보면 새로운 세상이 보입니다. 사실은 사실일 뿐, 오직 날 힘들게 하는 것은 '내 생각'임을 가슴으로 받아들이는 순간, 세상의 그 어떤 일도 나를 괴롭힐 수 없다는 것을 알게 됩니다. 혹시나 오늘도 감정 노동에 시달려 괴로운 분이 있다면 이 '생각 트레이닝'을 강력히 추천합니다.

트레이닝 방법

1. 스트레스 받는 날, 내가 왜 화가 났는지를 적어봅니다.

2. 그중 '사실'이 무엇인지 적어봅니다.

3. 사실을 바라보는 내 생각은 어떠한지를 적어봅니다.

4. 나를 자유롭게 하려면 생각을 어떻게 바꿔야 하는지 적어봅니다.

  사실과 생각 구분하기는 취업준비생들에게 최고의 멘탈 훈련이 됩니다. 인큐의 취업연수 프로그램을 듣고 있던 J양은 1년 넘게 취업 준비를 하고 있었습니다. 취업 준비 기간이 길어질수록 그녀는 친구들의 안부 문자가 무서웠다고 합니다. "요즘 뭐해?", "취업 준비하느라 힘들지?", "취업 준비는 잘돼가?"라는 문자가 자신을 비웃는 것처럼 느껴졌다고 하네요. 그러다 보니 저절로 친구들과도 멀어졌고요.

  그래서 저와 함께 사실과 생각을 구분해보았습니다.

사실(팩트)은 무엇인가?

친구들이 나의 안부를 물었다

나를 화나게 한 생각은 무엇인가?

친구들의 인사가 오랜 기간 취업 준비를 하고 있는 나를 비웃는 것 같다고 생각했다

생각을 바꿔보면?

친구들은 그저 별생각 없이 내 안부를 묻는 것이다

  이렇게 J양은 사실과 생각을 구분함으로써 상대의 생각을 내 멋대로 해석하지 말고 친구들에게 있는 그대로의 나를 보여주자고 결심합니다.

  그리고 여기에 이어 '장사 프로젝트'에 도전했는데요. 이 프로젝트를 하려면 지인들에게 SNS를 통해 홍보를 하는 미션을 수행해야 합니다. 결국, 친구들이 자신을 비웃는 것 같아서 연락조차 하지 않았던 J양은 용기를 내어 친구들을

몽땅 태그하고, 15년 동안 살았던 동네에 자신의 모습을 드러내며 꽃 장사에 도전하였습니다.

결과는 어떻게 되었을까요? 그녀는 크게 감동하였습니다. J양의 생각과는 달리 친구들의 수많은 응원 댓글이 달렸기 때문입니다. 그리고 2시간 만에 꽃을 '완판'하였답니다.

J양이 장사 프로젝트를 수행하며
SNS에 올린 사진들.

물론 생각과 사실을 구분하는 과정에서 오류가 생길 가능성도 있습니다. 그러나 그건 크게 중요하지 않습니다. 일상에서 벌어지는 일들을 내 마음대로 해석해서 타인과의 관계를 망치는 생각 습관들을 고쳐나가는 것이 핵심이죠. 혹시라도 아직도 혼자 생각하고 혼자 판단하며 괴로워하고 있다면 이제 그만 그 고리를 끊어버리시길 권합니다.

2부

인문학은
물음표다

• 질문으로 나만의 전공을 만들어간다 •

3장

삶을 변화시키는
질문을 던진다

질문 습관

질문으로 파고든 사람은
이미 그 문제의 해답을 반쯤 얻은 것과 같다.
- 프랜시스 베이컨

고수는 욕을 먹을 때도 질문을 던진다

"선배, 경영학과 복수전공 할까요, 말까요?"

"엄마, 이 남자 만날까, 만나지 말까?"

"교수님, 성공하려면 제가 지금 뭘 해야 할까요?"

우유부단해서 그런 걸까요, 기준이 없어서 그런 걸까요? 저 또한 뭘 해야 할지 몰라 막막해지는 날, 멘토나 주변 선생님께 무작정 질문을 하곤 했습니다. 그러나 돌이켜보면 전 질문을 한 게 아니라, 제가 해결해야 하는 문제들을 상대에게 떠밀었던 것이죠. 스스로 답을 찾아가는 과정이 힘들어 그들로부터 '답'을 구했던 것이니까요.

현재 피와이에이치 대표이사이자 『관점을 디자인하라』(프롬북스)의 저자이신 박용후 대표님과의 첫 만남에서도 부끄럽게 이런 질문을 해버리고 말았습니다.

"누군가가 뒤에서 내 욕을 할 때, 어떻게 대처하셨나요?"

당시 저는 활동 범위가 넓어질수록 나를 좋아하는 사람만큼 싫어하는 사람도 늘어날 수밖에 없다는 사실을 머리로는 알고 있었지만, 이를 해결하지는 못하고 있었던 것입니다. 하지만 그런 어리석은 제 질문에도 대표님은 명쾌하게 답하셨습니다.

"전 그 사람을 지구 끝까지 쫓아갑니다. 실제로 후배 기자 열 명이 뒤에서 제 욕을 한 사실을 알게 된 적이 있습니다. 그래서 그 자리에서 전부 찾아갔습니다. 그리고 물었죠. 왜 내 욕을 하냐고 말입니다. 그렇게 하나둘씩 다 찾아가서 오해를 하고 있는 것이 있으면 해결하고, 잘못한 것이 있다면 사과했습니다. 지금은 그때 절 욕했던 기자들과 호형호제하며 지낸답니다."

순간 뒤통수가 뜨거워졌습니다. 진짜 문제는 '끝까지 해결하려는 배짱'이 부족한 것임을 깨달았기 때문입니다. 박용후 대표님이 두 시간 동안 한결같이 말씀하신 메시지는 결국 이것이었습니다.

'문제가 생기면 끝까지 해결한다.'

심지어 누군가 그에게 "야, 이 씨발놈아!"라고 욕을 해도 절대 당황하지 않는다고 합니다. 대신 스스로에게 질문을 한다고 하네요.

'씨발이라는 말은 어떻게 만들어졌을까?'
'왜 씨발놈이라는 말을 들으면 기분이 나빠지는 걸까?'

그리고 이 질문에 대한 답을 끝까지 찾습니다. 실제 '씨발'은 '씨팔의 여린말'로, 흔히 하는 욕인 '씨팔놈'은 '씨를 팔 놈'이라는 뜻이며, 농경사회에서는 자신의 집 종자까지 다 팔아먹는 희대의 나쁜 놈이라는 의미로 쓰였다고 하시더군요. 박 대표님은 일상에서 벌어지는 모든 문제에 대해 불평하는 대신, 문제를 끝까지 해결하는 습관을 몸에 새기고 있었습니다. 그러나 전 문제를 해결하려는 대신, 그저 바라만 보고 있었더라고요.

제 스승님 중에 3D 프린터 생산업체 로킷ROKIT의 유석환 대표님이 계십니다. 20년간 대우 그룹의 임원뿐 아니라, 셀트리온, 타이코라는 다국적기업의 CEO를 역임하신 진정한 고수죠. 실제 셀트리온의 기업가치를 0조 원에서 4조 원으로 한 번에 끌어올린 숨은 주역이기도 합니다. 현재는 3D 프린터의 새로운 신화를 만들어가고 계시는데요. 언제나 만나 뵐 때마다 새로운 인사이트를 안겨주시는 스승님의 생각에 반해 그런 생각은 도대체 어떻게 하면 할 수 있냐고 여쭤본 적이 있습니다. 그때 이런 답변을 해주시더군요.

"생각은 퍼즐과 닮았습니다. 가령 다람쥐 모양의 퍼즐을 맞춘다고 했을 때, 100개의 퍼즐 중 5개의 조각만 갖고 있는 것과 80개의 조각을 갖고 있는 것, 어느 쪽이 더 수월할까요? 당연히 조각이 많으면 많을수록 완성된 그림에 더 가까워지겠죠?

마찬가지로 질문이 많고 그에 대한 데이터가 많을수록 원하는 것에 가까이 다가갈 수 있습니다. 즉, 평소에 그림을 볼 때는 '이 화가는 왜 이런 그림을 그렸을까?', 렌즈를 착용할 때는 '콘택트렌즈의 원리는 무엇일까?', 연꽃을 볼 때는 '연꽃잎은 어떻게 물에 뜨는 걸까?' 등 내가 궁금했던 것들을 하나둘씩 해결해두면, 결국 그것들이 문제를 풀어나가는 퍼즐 조각이 됩니다. 데이터가 많아지면 분석력이 생기고, 분석력이 깊어지면 미래 시장을 예측하고 대비하거나 기회를 움켜쥘 수 있죠."

유석환 대표님과 박용후 대표님의 공통점이 보이시나요? 바로 욕을 먹는 상황에서도 질문을 하고, 렌즈를 끼는 일상적인 일에서도 자신만의 답을 찾아 축적해두는 습관을 갖고 있다는 것입니다. 이처럼 문제를 끝까지 해결하는 습관은 세상을 바라보는 스펙트럼의 폭을 넓혀줍니다.

한순간에 고수의 반열에 오르는 이는 아무도 없습니다. 그들이 이룬 업적은 아주 작은 질문이라도 그에 대한 답을 끝까지 찾으려 했던 습관의 결과물이었던 것입니다. 고수들은 이처럼 모두 좋은 '생각 습관'을 가지고 있습니다. 그리고 그 습관들이 연결되어 늘 건강한 생각으로 자신의 삶을 컨트롤할 수 있는 힘이 되죠. 따라서 저 역시 삶의 주인이 되려면 무작정 누군가에게 답을 구하려는 질문부터 끊어내야 했습니다.

'왜 내 인생만 이렇게 풀리지 않는 거야?' 하는 불평불만으로 가득했던 시절들……. 하지만 돌아보니, 삶의 문제들을 끝까지 풀어본 적도 없으면서 불평만 하고 있었더라고요. 돈이 없어 유학을 가지 못한다며 슬퍼했지만, 정작 돈 문제를 해결하기 위해 얼마나 노력했는지 생각해보니 스스로가 참 한심하게 느껴지더군요. 작은 문제도 풀어내지 못했으면서 인생 전체가 잘 풀리길 바랐으니 답답해질 수밖에요. 이때부터 제게 있어 인문학을 한다는 것은 곧 인생의 질문을 해결하는 거대한 과정 속에 존재하겠다는 스스로와의 약속이 되었습니다.

좋은 질문이 좋은 답을 이긴다

아인슈타인Einstein, 프로이트Freud, 윤소정, 이 세 사람의 공통점은 무엇일까요?

왼쪽부터 차례로 아인슈타인, 프로이트, 이 책의 필자 윤소정.

이 세 사람의 가슴속에는 '답'이 아니라 '질문'이 있었습니다. 아인슈타인은 궁금해했습니다. '뉴턴의 물리학이 있다면, 아인슈타인의 물리학은 무엇일까?' 그 결과 자신만의 물리학을 만들 수 있었죠. 프로이트도 스스로에게 질문했습니다. '꿈이란 무엇일까? 인간의 무의식이라는 것은 무엇일까?' 그리하여 자신만의 무의식 이론을 확립할 수 있었습니다.

그렇다면 윤소정은요? 처음부터 대한민국 교육문화를 바꿔보겠다는 목표부터 정하고 이 일을 시작하지는 않았습니다. 그저 다음과 같은 것을 궁금해했죠.

'어떻게 하면 가난한 우리 집에서 벗어날 수 있을까?'
'나는 어떤 순간에 변화할까?'
'저 사람은 어떻게 하면 변화할까?'
'인생의 문제를 교육으로 해결할 수 있을까?'

그렇게 가슴속 질문을 끝까지 해결해가는 과정에서 수백 개의 교육 프로젝트를 시도하게 되었습니다. 그리고 그 점들이 모여 자연스럽게 지금의 길이 되었네요. 전 꿈을 꾸기 전에 인간을 향한 질문부터 찾았습니다. 인간에 관한 질문이 풀리면, 인생의 문제도 함께 풀렸던 경험을 많이 했거든요. 따라서 이제는 더 이상 풀리지 않는 문제로 마음 아파 하지 않습니다. 여러분은 가슴속에 품어둔 질문이 있나요?

일주일에도 수십 명의 친구들이 제게 찾아와 질문합니다.

"저는 왜 이렇게 자신감이 없을까요?"

"저는 왜 이렇게 취업이 안 될까요?"

과연 이것은 정말 궁금해서 하는 질문일까요, 누군가에게 답을 얻기 위해서 하는 질문일까요? 전 그때마다 과거의 제 모습을 떠올리며 이렇게 말해줍니다.

"당신이 왜 자신감이 없는지 제가 어떻게 아나요, 무당도 아닌데요. 우리 솔직해집시다. 지금 그대는 질문을 한 건가요, 제게 답을 구한 건가요? 이제는 나를 깎아먹는 질문을 앞으로 나아갈 수 있는 질문으로 바꿔봅시다. 자신감이란 무엇인가요? 그리고 자신감이 있는 친구들은 어떤 특징을 갖고 있나요?"

하수들은 자책하는 질문을 합니다. 그러나 고수들은 '어떻게 하면'으로 시작하는 질문을 던지며 일을 되는 방향으로 끌고 가려 하지요. 그 예시로 총각네 야채가게 이영석 대표님의 이야기를 들려드릴게요.

장사에 도가 튼 이영석 대표님에게는 늘 전국에서 장사 컨설팅을 받겠다는 사람들이 찾아온다고 합니다. 그중에 가장 많은 비율을 차지하는 분들이 바로 퇴직한 50대 아버님들! 퇴직금을 받아 치킨집을 차렸지만 골목에 너도나도 치킨집을 차리니 장사가 어려워져 대표님께 이렇게 묻습니다.

"우리 집은 왜 이렇게 장사가 안 될까요?"

이때, 장사의 고수는 문제를 진단을 하기 전에 질문을 바꿔줍니다.

고수: 사람들이 치킨을 언제 가장 많이 먹습니까?
고객: 밤에요.
고수: 그럼, 밤에 치킨 네 마리 정도를 아주 바싹 튀기세요. 냄새가 온 동네에 진동할 정도로요. 그리고 밤마다 치킨을 들고 아파트 엘리베이터에 타서 오르락내리락하고, 아파트 곳곳에 가게 스티커를 딱 붙여둡시다. 그럼, 아빠들의 퇴근 시간에 온 아파트에 치킨 냄새가 진동하겠죠. 사람들이 사 먹겠어요, 안 사 먹겠어요?

여기서 우리가 주목해야 하는 것은 고수들의 질문입니다. 그들의 질문은 자책이 아니라 오직 해결을 위한 방향으로 흘러갑니다. 한 가지 케이스를 더 보여드리죠. 한번은 커피에 대한 자부심에 도취된 나머지 입지분석을 제대로 하지 못한, 한 커피숍 사장님이 찾아왔습니다. 산 중턱에 커피숍을 차린 그분은 이렇게 질문을 했습니다.

"저희 가게는 왜 이렇게 장사가 안 되죠? 가격을 낮출까요?"

장사의 고수는 또다시 이렇게 질문을 바꿔줍니다.

고수: 산중턱에 누가 가장 커피를 많이 마시러 오나요?

고객: 글쎄요. 등산객?

고수: 그보다 불륜 커플이 아닐까요? 커피값을 내릴 게 아니라 엄청 올리는 건 어떨까요? 그리고 그들이 원하는 게 뭐죠?

고객: 음… 독립된 공간이요?

고수: 네, 그렇죠. 칸막이를 저 끝까지 쳐줘야겠죠. 사람들이 몰려들어오지 않겠어요?

지금 그 카페는 대박이 났다고 하네요. 놀라운 질문 전환의 힘입니다. 그런데 이것은 장사의 고수뿐 아니라 각 분야의 고수라고 하는 분들이 지닌 공통점이기도 합니다.

"뭘 해야 할지 모르겠어요."

"어떤 일이 제게 맞는 건지 모르겠어요."

수많은 청년들이 던진 적성에 대한 질문을 해결하기 위해 저는 5

년간 수백 개의 프로젝트에 도전했습니다. 그리고 적성은 찾는 것이 아니라 '만들어가는 것'임을 알게 되었습니다.

"제 적성이 뭔가요?"라는 질문은 결국 누군가로부터 답을 찾고자 하는, 좋지 못한 질문입니다. MBTI 검사가 아무리 뛰어나다 할지언정, 검사지가 삶의 답이 되어주지는 못합니다. 스스로 풀어낸 답이 아니기 때문이죠. 그 누구도 "이 길이 네 길이야."라고 말해줄 수는 없습니다. 말 그대로 나의 길이니까요. 따라서 저 역시 "당신의 적성은 ○○입니다!"라고 답을 드릴 수는 없습니다.

그러나 나의 적성에 맞는 업을 만들어가는 습관은 분명 존재합니다. 앞으로는 이렇게 질문을 바꿔봅시다.

"어떻게 하면 나의 적성에 맞는 길을 만들 수 있을까요?"

자신감이 없어 고민인 친구들도 '나는 왜 자신감이 없을까?'라는 질문 대신 다음과 같은 질문을 던져봅시다.

'왜 나는 자신감이 없을까?'
⇒ '자신감이라는 것은 무엇일까?'
⇒ '자신감이 있는 사람들의 공통점은 무엇일까?'
⇒ '어제보다 오늘 더 자신감이 있으려면 무엇을 해야 할까?'

이렇게 끊임없이 질문하고 답을 찾아가는 과정을 반복하다 보면
스스로에 대한 확신도, 믿음도 커질 수밖에 없습니다.

물음표 안에 질문의 본질이 숨어 있다

나의 적성을 만들어가는 모든 과정은 답이 아니라 질문으로 만들
어져 있습니다. 질문에 대한 비밀을 공유하기 전에 흰 종이에 물음표
하나를 그려보지 않겠습니까? 질문의 힘은 물음표라는 문장부호 안
에 숨겨져 있거든요. 물음표가 어떻게 만들어져 있는지를 충분히 생
각하면서 한번 그려보세요.

물음표를 찍기 위해 제일 먼저 해야 하는 일은 흰 종이에 점을 찍
는 것입니다. 그리고 점들을 쭉 연결해 선을 그려내죠. 그리고 잠시
쉬었다가 동그란 점을 찍으면 물음표가 완성됩니다.

이처럼 물음표는 처음에 찍은 한 점이 바로 직선의 길을 만들어내지 않습니다. 먼저 지구 반 바퀴를 돌 듯이 둥근 선으로 이어지죠. 실제로 질문이 생겼을 때 답이 바로 나오는 경우는 드뭅니다. 답을 얻기 위해서는 나의 질문에 대해 세상 사람들은 어떻게 생각하는지를 고민해야 합니다. 그리고 그 과정에서 생각이 확장되죠. 그리고 나서 어느 정도 자신의 생각이 정리가 되면 한 부분을 집중적으로 파고들어 사고해야 합니다.

예를 들어 '인문학을 어떻게 공부해야 할까?'를 질문으로 품었다면, 바로 '어떻게'를 생각하기보다 둥글게 원을 그리듯 다른 사람들은 어떻게 공부하는지 찾아봐야 하죠. 어느 정도 감이 잡히면 '일상 인문학'이라는 한 분야만 파볼 수 있을 것입니다. 이처럼 저는 질문은 하나의 '과정'이라 생각합니다. 실제로 고수들의 공부법 또한 물음표의 원리와 비슷합니다. 내 머릿속에 들어온 한 가지 생각을 질문으로 바꿔서 그 궁금증이 풀릴 때까지 세상 모든 지식과 연결하는 것, 그리고 잠시 사유의 시간을 보낸 뒤 행동으로 나만의 답을 만들어 마침표를 찍어내는 과정, 이것이 진짜 고수들의 생각법입니다.

거북이도 토끼를 이길 수 있는 방법이 있다

'토끼와 거북이'라는 우화 속에서는 결국 거북이가 토끼를 이깁니다. 꾀 많은 토끼가 잠시 잠에 빠졌기 때문이죠. 그러나 우리 솔직해져봅시다. 현실에서는 거북이가 재빠른 토끼를 이길 수 있던가요?

거북이를 키워보신 분이면 거북이가 얼마나 느린지 아실 거예요. 한번은 동생이 한 달 동안 아르바이트를 해서 몸값이 100만 원에 달하는 거북이를 사온 적이 있습니다. 육지 거북이었는데 동네 문방구에서 팔던 녀석이랑은 차원이 다른 귀한 놈이었죠. 몸값이 몸값이니만큼 관리해줘야 하는 부분도 많았습니다.

한번은 동생이 장기간 외출을 해야 한다며 제게 거북이가 똥을 쌀 수 있게 도와달라고 하더라고요. 정말 하기 싫었습니다. 가뜩이나 싫어하는 거북이의 용변까지 도와야 한다니! 그러나 거북이가 똥을 못 싸면 항문이 막혀서 죽을 수도 있다네요. 울며 겨자 먹기로 저는 거북이의 용변을 도와주었습니다. 이 친구는 귀한 아이라서 따뜻한 물에 넣고 배를 살살 문질러줘야만 똥을 쌉니다. 그런데 아무리 배를 문질러도 이놈의 거북이 똥이 끊이질 않더군요. 용변까지 느려터진 거북이라니……. 너무 답답해서 절대 이런 거북이가 토끼를 이길 수는 없다고 씩씩거릴 때쯤, 머리에 번쩍이는 생각이 스칩니다. 유레카!

'거북이가 토끼를 이기려면 바다로 가면 되는구나!'

그렇습니다. 내가 거북이라면 바다로 가서 토끼와 싸워야 하고, 토끼라면 산으로 가야겠죠. 우화 속 경주는 애초부터 한쪽에게만 유리

한 '불공정 게임'이었더라고요(물론 결과는 예상을 뒤엎었지만 말입니다).

저는 100만 원짜리 거북이로부터 수천만 원 이상의 지혜를 얻게 되었습니다. 이것이야말로 진짜 '적성'을 찾아가는 데 있어 중요한 핵심 원리였으니까요. 방황하는 우리가 해야 하는 질문은 바로 '뭘 해야 할까?'가 아니라, '어디로 가야 하는가?'였던 것입니다.

인문학은 인간을 공부하는 학문이죠. 그런데, 인간의 시작은 결국 '나 자신'이 아니던가요! 진짜 인문학은 바로 이 지점에서부터 시작해야 했습니다.

'뭘 해야 할까?'

⇒ '나는 누구인가?'

('나는 토끼인가, 거북이인가?')

⇒ '나에게는 어떤 환경이 적합한가?'

('나는 바다로 가야 하는가, 산으로 가야 하는가?')

그러나 지금까지 우리는 학교와 사회에서 시키는 대로 산으로 가라면 산으로 가고, 앞사람이 바다로 가면 나도 바다로 가면서 되는 대로 살아왔던 것입니다. 대학을 가라면 대학을 가고, 대기업에 취업을 하라고 하면 대기업 채용공고가 뜨기만을 기다리면서 말입니다.

하지만 정답 없는 사회에서 나만의 답을 만들어가기 위해서는 인간의 시작, 즉 나 자신이 토끼인지 거북이인지부터 공부해야 했습니다. 그래야 어디로 가야 할지, 그 방향이 나오지 않겠습니까? 그렇다면 여러분이 있어야 하는 곳은 산인가요, 바다인가요?

저는 취업을 앞둔 시점에 한 권의 책을 만났습니다. 그리고 거기서 우연히 마주한 이 질문에 아무런 대답을 할 수 없었습니다.

"당신이 좋아하는 것은 무엇입니까?"

대학교까지 다녔음에도 불구하고 내가 좋아하는 것 하나 제대로 모른다니, 엄청난 충격으로 다가왔죠. 그리고 이 질문 뒤에는 다음과 같은 구절이 있었습니다.

"내가 좋아하는 것이 무엇인지도 모르고 취직전선에 뛰어들면 평생 남이 좋아하는 일만 해주다 끝난다."

돌아보면 정말 그렇습니다. 아빠도, 삼촌도, 대다수의 사람들이 자신이 좋아하는 것을 위해서가 아니라, 가족들의 행복을 위해 혹은 어떤 기업의 이익을 위해 일하며 살아가고 있습니다. 정작 자신이 좋아하는 것이 무엇인지도 모른 채 말이죠.

그날 저는 한숨도 제대로 자지 못했습니다. 결판을 내야 할 것 같았거든요. 내가 좋아하는 것이 뭔지도 모르는 상태에서 졸업을 한다는 게 너무나 억울했습니다.

그다음 날, 엄마에게 목욕탕 데이트 신청을 했습니다. 실오라기 하나 걸치지 않은 상태에서 진솔한 대화를 나누고 싶었거든요.

"엄마 있잖아… 내가 취업준비를 해야 하는 건 아는데… 나… 내가 좋아하는 것이 뭔지도 모르고 있었더라고. 나도 내가 진짜 좋아하는 거 하면서 살고 싶은데 솔직히 정말 겁이 나. 어떡하지?"

정말 용기를 내서 꺼낸 이야기였는데요. 집안 형편도 모르고 다 큰 애가 사춘기 소녀처럼 방황한다고 나무랄 것 같던 엄마는 예상 외의 반응을 보냈습니다.

"소정아, 너 살면서 통째로 온전히 기억나는 1년이 있니?"

"통째로?"

"응. 엄마가 살아보니 그렇더라. 지금은 20대의 1년이 엄청 귀하고 소중한 것처럼 느껴지지? 이때 꼭 무언가 해야 할 것 같고 말야. 그러나 나이 들고 나면 기억조차 남지 않는 1년이더라. 엄마가 반평생 살아보니까, 인생이 너무 지루하다 못해 지겨울 정도로 길어. 1년만 눈 딱 감고 네가 살고 싶은 대로 마음껏 살아봐. 좋아하는 일만 찾아보는 한 해를 겪어보는 것도 나쁘진 않잖아?"

"정말, 나 그렇게 살아도 돼?"

"야, 니 인생인데 왜 나한테 허락을 받냐?"

그러더니 엄마는 열탕을 나가버렸습니다. 엄마의 출렁이는 뱃살이 세상에서 가장 위대해 보이는 순간이었죠. 저는 그때 마치 엄마의 뱃속에서 다시 태어난 기분을 느꼈습니다.

그리고 전 바로 학교로 뛰어가 휴학계를 냈습니다(그때 휴학을 한 이후로 결국 학교로 돌아가진 못했습니다. 자퇴를 하고 저만의 길을 만들어가는 것을 택했으니까요). 그리고 진짜 '인생 학교'에 입학했습니다. 아무것도 하지 않고 나 홀로 방황할 수 있는 기회를 얻게 된 거죠.

"당신이 좋아하는 것은 무엇입니까?"라는, 내 가슴에 생긴 이 질문을 풀기 위해 그때부터 세상을 도구 삼아 나만의 답을 만들어가는 진정한 인문학을 시작하게 되었습니다. 세상의 속도에 의해 내 삶을 바라보지 않고, 오직 나에게만 집중하며 '나는 누구인지'를 연구하게 된 첫날, 저는 그날을 설렘을 잊을 수 없습니다.

당시 저는 다음과 같은 생각의 스텝을 밟으며, 내가 무엇을 해야 잘될 수 있을지를 탐구하기 시작했습니다.

Step1. 좋아하는 일을 하면 잘될까?

막상 내가 좋아하는 것을 찾아 나서겠다고 큰소리치며 모든 것에 쉼표를 찍었지만 평생 처음 해보는 일인지라 온전히 내가 좋아하는 것을 찾기란 쉽지 않았습니다. 기껏 찾은 게 스타벅스 바닐라 라테를 마시며 '된장녀'처럼 셀카를 찍는 것?

좋아하는 일만 해보고 살기로 결심한 1년, 처음에는 매일 아침 스타벅스 바닐라 라테 한잔으로 시작하는 하루가 너무나 행복하더군요. 그러나 한 달쯤 되니 엄청난 깨달음이 찾아왔습니다. 바닐라 라테가 점점 질리는 게 아니겠습니까. 어느 순간, 좋아서가 아니라 의무감에 먹고 있더라고요.

그때 결심합니다. '좋아하는 일'만 하지 않겠다고요. 분명 처음에는 좋아서 시작한 일도 시간이 지나면 바닐라 라테처럼 질리고 익숙해질 게 뻔하니까요. 엄마도 남자친구도 매일 좋을 수는 없는 것처럼요. 한때는 좋아했던 것도 언젠가 싫어질 수도 있다는 사실을 깨닫고 나니 마음이 홀가분해졌습니다. 따라서 '좋아하는 일'을 하며 평생 살겠다는 마음은 내려놓기로 합니다.

Step2. 잘하는 일을 하면 잘될까?

그럼 어떤 일을 해야 할지 또 질문이 시작됩니다. 누군가 '잘하는 일'을 해야 행복하다고 하더군요. 그런데 중요한 건 전 20년 넘게 살면서 크게 두각을 드러낸 것도, 재능이 있던 분야도 없었다는 점입니다. 만약 잘하는 것으로 먹고살 수 있었다면, 이미 〈슈퍼스타K〉에 나갔든가, 카이스트에 입학을 하든가 했겠죠.

'잘하는 것이 무엇이지?'라고 고민하고 있다는 것 자체가 태생적으로 잘하는 것이 없다는 뜻이더라고요. 이를 빨리 받아들이게 된 데는 J라는 친구의 영향이 컸습니다. 그 친구는 끄적끄적 한두 달 공부해서 남들은 수년간 매달려도 될까 말까인 회계사 시험에 단번에 붙고, 다음엔 변호사 시험에까지 합격했거든요.

하지만 저는요? 아무리 노력해도 될까 말까 한 일입니다. 그 두뇌를 따라잡느니, 다른 능력을 발달시키는 게 빠르겠다는 생각이 들었습니다.

어렸을 때부터 특별히 잘하는 것이 없는 저 같은 평범한 친구들에게는 '시간'이 절대적으로 필요합니다. 어떤 분야든 시작은 '0'일 수 있지만 시간을 들여 노력한다면 '100'까지 올리는 게 가능하죠. 그래서 저는 잘하는 일을 빨리 찾는 데 집착하지 않겠다고 결심하였고, 이러한 깨달음은 용기를 갖고 시간을 들여 천천히 저만의 길을 만들어가는 데 큰 힘이 되었습니다.

지금은 교육을 업으로 삼고 전문가로서 커가고 있지만, 저의 첫 강의 성적표는 꼴등에서 두 번째였습니다. 정말로 창피했죠(게다가 교무실 안 학생들이 다 보는 곳에 성적표가 걸려 있었거든요). 그럼에도 불구하고 8년간 꾸준히 하니 이제는 제법 잘하는 일이 되었네요.

남들보다 두 배 이상 열심히 했습니다. 수만 시간 강의를 계획하고 준비했으니까요. 실력도 시간이 걸리는 문제라는 것을 알게 되면 '이게 내가 잘하는 일인가?'와 같은 어리숙한 질문으로 더 이상 스스로를 괴롭히는 일은 없어집니다.

Step3. 가슴 뛰는 일을 하면 잘될까?

이처럼 제가 해야 할 일은 좋아하는 일, 잘하는 일도 아니었습니다. 그럼 어떤 일을 해야 할까요? 한때 '가슴 뛰는 일'을 해야 한다며 여기저기서 난리가 났습니다. 그럼 '가슴 뛰는 일'을 찾으면 될까요?

제 기억에는 탐험가 한비야 씨가 제일 먼저 이 말을 꺼낸 주인공입니다. 그녀가 케냐에 갔을 때 목숨을 걸고 일하는 젊은 의사에게 이렇게 물었다고 합니다.

"왜 이 일을 하시는 건가요?"

"이 일이 제 가슴을 뛰게 하니까요."

참 멋진 대답입니다. 그러나 곰곰이 생각해보면, 사람이 죽어가는데 심장이 뛰지 않을 수가 있을까요? 무엇을 하는 데 심장이 뛴다는 것은 그 일이 굉장히 '긴장되는 일'이라는 뜻입니다. 사람은 익숙한 환경에서는 콩닥콩닥 가슴이 뛰지 않거든요.

저도 익숙한 인큐 캠퍼스에서 강의를 할 때는 가슴이 뛰지 않습니다. 그러나 낯선 환경에서 강의를 하려고 하면 심장이 미친 듯이 반응합니다. 한번은 제가 데리고 있던 팀원 중에 저희가 하는 일이 너무 '가슴 뛰는 일'이라 그만둔 친구가 있습니다. 평소에 심장이 약한 친구가 매일 수업을 하려다 보니 긴장이 되어 심장에 무리가 간 것이죠. 결국 심장판막증이라는 질환을 얻어 수술까지 했습니다.

그때 깨달았습니다. 심장이 뛰는 일, 가슴 뛰는 일은 강심장인 친구들에게 잘 맞다는 것을요. 긴장하면 할수록 더 잘하는 친구들이 꼭 있거든요. 일을 하면서 늘 가슴이 뛴다면 그건 심장병 초기 증세랍니다. 그래서 '이 일이 내 가슴을 뛰게 하는가?'를 매일 물어보는 것 또한 적성을 찾는 질문으로는 적합하지 않다고 판단을 내렸습니다.

Step4. 그럼, 어떻게 해야 할까?

그렇다면 결국 내가 할 수 있는 일은 어떻게 찾아야 하는 것일까요? 좋아하는 일을 찾겠다며 시작했던 저의 방황에 종지부를 찍게 만들어준 스승은 놀랍게도 화가, 빈센트 반 고흐Vincent van Gogh였습니다. 고흐 역시 우리처럼 매일 일을 하기 전에 자신을 의심했다고 합니다.

'이 일이 내게 맞는 일인가?'

'내가 이 일에 재능이 있을까?'

그림을 잘 그리는 일은 천재 화가에게도 고통 그 자체였던 것입니다. 그러나 아무리 힘들어도 붓을 잡으면 늘 몰입하고 있는 자신을 발견하였기 때문에 그 일을 쭉 할 수 있었다고 하더군요. 그가 평생 그림을 그린 이유는 그것이 '좋아하는 일, 잘하는 일, 가슴 뛰는 일'이기 때문이 아니라 '몰입하는 일'이었기 때문입니다. 반 고흐가 일을 선택한 방법을 알게 된 순간 전 더 이상 방황하지 않을 수 있었습니다. 결국 제가 찾아야 하는 것은 저의 '몰입지점'이었으니까요.

적성을 찾기 위한 인문학 트레이닝

몰입지점 발견

> 이런 친구가 하면 좋아요!
> - 뭘 해야 할지 몰라서 늘 방황하는 친구
> - 내가 무엇을 좋아하는지 모르는 취업준비생 및 직장인
> - 나 자신을 공부하고 싶은 친구

　내 적성이 무엇인지 정확히 알고 시작하는 사람은 거의 없습니다. 하지만 많은 친구들이 적성을 정하고 일을 시작하고 싶어 합니다. 사실 적성이란 것은 그렇게 한순간에 알 수 있는 것이 아니라, 끊임없는 관찰을 통해 발견해나가는 것입니다. 나를 공부하는 시간을 갖기 위해서는 제일 먼저 빅데이터를 수집하듯 나에 대한 자료를 모으고 스스로의 몰입지점을 발견하는 게 중요합니다.

　심리학 용어 중에 '칵테일 파티 효과Cocktail Party Effect'라는 게 있습니다. 시끄러운 파티장에서도 본인의 이름을 부르는 소리는 잘 들린다는 뜻이죠. 즉, 엄청난 소음 속에서도 인간은 자신에게 의미 있는 정보는 선택적으로 받아들입니다. 소리뿐 아니라 수많은 정보 속에서도 인간은 자신의 관심 분야에 관한 것, 자신에게 필요한 것만 기억하려 하는 습성이 있습니다.

습관 처방전: 몰입지점을 발견하는 적성 공부

저는 장기적으로 제가 어떤 부분에 유난히 집중하고 관심을 보이는지 발견하는 적성 공부 프로젝트를 진행했습니다. 그러면서 알게 된 사실은 사람은 모두 장단점이 있기 때문에 최고의 인재는 훌륭한 사람이 아니라, 그 자리에 적합한 사람이라는 것이었습니다. 따라서 '내가 어떤 일을 잘할 수 있을까?'를 고민하기 전에 내가 어떤 성향을 갖고 있으며, '그런 성향을 가진 나를 어디에 배치해야 할까?'를 고민해야 합니다.

저는 저라는 사람을 연구해본 결과, 유난히 '틀을 깨는 혁신적인 아이디어'와 관련된 글에 밑줄을 많이 긋는다는 것을 알게 되었습니다. 그리고 수많은 강연을 들어도 제 눈에 띄는 사람은 그 분야에서 새로운 판로를 개척한 분이었고요. 따라서 저는 제 스스로가 '아웃사이더', 'B급'이라 불리더라도, 새로운 판로를 개척하는 분야에 배치되어야 함을 깨달았답니다.

반면에 남편은 시스템적 사고를 하는 경영인들을 좋아하고, 한 친구는 한 분야를 30년 이상 깊이 파며 지속하는 장인을 좋아하고, 어떤 친구는 쇼맨십이

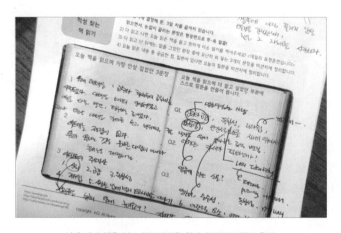

실제 내가 책을 읽고 몰입지점을 찾기 위해 정리했던 흔적.

있는 사람과 화려한 이야기를 좋아하더군요. 모두 이렇게 자신이 끌리는 것이 무엇인지 연구하는 시간을 장기간 갖다 보면 본인의 적성을 발견하게 됩니다.

1) 책으로 하는 적성 공부

책을 읽고 모든 것을 다 기억한다면 이 또한 정신병일 것입니다. 그러나 '형광펜'만 잘 사용한다면 내 마음을 진단할 수 있습니다. 동시에 나의 관심 분야를 알기 위해 어떤 것을 공부해야 할지 감이 잡히기 시작하죠. 저는 책을 읽고 나면 꼭 형광펜으로 밑줄을 친 부분을 다시 한 번 타이핑하거나 적습니다. 그러고 나서 자가 분석에 들어갑니다.

'왜 내가 이 부분에 관심을 가졌을까?'

100일 동안 적성 찾는 '백마적 프로젝트'를 완수하고 올린 김소은 양의 블로그 후기.

이런 질문을 던지며 밑줄을 쳤던 문장들을 분석해보면 현재 나에게 필요한 것이 무엇인지를 발견할 수 있습니다.

많은 친구들이 어떤 책을 읽어야 하냐고 물어봅니다. 하지만 사실 가장 좋은 책은 베스트셀러나 유명 작가의 책이 아니라 내 인생의 질문을 해결해줄 수 있는 책이라 생각합니다. 물음이 생기면 그것에 대한 힌트를 줄 수 있는 책을 한 번 찾아보세요. 그 후에도 자연스럽게 계속 이어지는 질문에 대한 답을 찾아가면서 꾸준히 공부하다 보면 나만의 분야를 만들어가는 공부가 몸에 배게 됩니다. 다산 정약용 선생도 늘 주제를 바꿔가며 자신의 관심 분야에 맞는 공부로 확대해나갔다고 합니다. 이는 자신의 분야를 만들어가는 이들이라면 누구나 갖고 있는 공부 습관입니다.

1. 서점 혹은 도서관에 가서 무의식적으로 끌리는 책을 선택합니다.

2. 일주일에 한 권씩 책을 읽으며, 가장 와 닿는 부분에 밑줄을 칩니다.

3. 매일매일 밑줄 친 문장들을 다 적어둡니다.

4. 왜 내가 이 문장에 관심이 생겼는지, 더 알고 싶은 것은 없는지 질문을 던지고, 그에 대한 답을 정리해봅니다.

5. 책을 다 읽고 나면, 밑줄 친 구절들의 공통적인 특징을 키워드로 정리합니다.

6. 이를 통해 내가 무엇에 관심이 있는지, 내가 공부하고 싶은 분야가 무엇인지를 연구하고, 이를 기록합니다.

2) 영화로 하는 적성 공부

아이들을 가르치다 보면 늘 재미있는 사실을 발견합니다. 무조건 아이는 만화 영화라면 다 좋아할 것 같지만, 같은 또래라도 각자가 몰입하고 흥미 있어 하는 스토리나 주인공은 다 다르더군요.

어릴 때 전 애니메이션 〈빨강머리 앤〉과 영화 〈사운드 오브 뮤직The sound of music〉을 정말 좋아했습니다. 그래서 성인이 된 후에도 약 1년간 〈빨강머리 앤〉의 전편을 다 모아 1편부터 마지막 편까지 다시 돌려봤죠. 그리고 그중에서도 유난히 기억에 남는 장면들은 따로 분류해두었습니다. 뿐만 아니라 어렸을 때

수천 번 돌려봤던 〈사운드 오브 뮤직〉도 다시 보면서 내가 어떤 장면에 눈물을 흘리는지 체크해두었습니다. 그리고 힘들 때마다 그 영화에 나오는 배경음악을 틀고 어린 시절의 나에게 질문을 했죠.

'그때 넌 왜 이 영화를 좋아했니?'

인문학을 한다는 것은 인간을 공부하겠다는 의지를 보이는 것입니다. 그리고 제일 먼저 공부해야 하는 대상은 바로 '나'여야 합니다. 어린 시절 당신은 무엇을 꿈꾸었으며, 어떤 이야기를 좋아했습니까?

트레이닝 방법

1. 좋아했던 영화, 만화, 동화 등의 제목을 쭉 적어봅니다.

2. 영화나 이야기들을 다시 보며, 어린 시절의 나와 대화해봅니다.

   – 나는 어떤 이야기에 '끌림'을 느꼈나요?
   – 왜 어린 시절의 나는 그것을 좋아했을까요?
   – 내가 좋아했던 인물 혹은 캐릭터는 무엇이며, 왜 좋아했을까요?

3. 이에 대해 연구한 내용을 꼭 기록으로 남기세요. 글을 쓰는 과정에서 사색이 일어나며, 진짜 내 마음에 가까이 다가갈 수 있습니다.

3) 인물로 하는 적성 공부

대학교 시절에는 저 또한 "무엇이 되고 싶나요?"라는 질문에 솔직하게 답변하지 못했습니다. 그때는 "요즘은 되고 싶은 사람이 없어서 문제예요."라며 고민하는 척을 하기도 했죠. 그러나 아이들을 관찰해보니 아이들은 늘 되고 싶은 게 있더라고요. 어떤 친구는 슈퍼맨이 되고 싶다고 하고, 어떤 친구는 타요 버스가 되고 싶대요. 이유를 물으니 '많은 친구들 태워주고 싶어서'라고 하더군요. 부끄러웠습니다. 나이를 헛먹었다는 생각이 들더라고요. 나이가 들수록 '할 수 있다'는 마음을 키웠어야 했는데 '안 된다'는 생각부터 앞서도록 스스로를 만들어왔으니 말이죠.

저는 그래서 제가 가장 닮고 싶은 사람으로 〈사운드 오브 뮤직〉의 마리아를 꼽았고, 매일 아침 "나는 마리아다!" 하며 스스로에게 주문을 걸었습니다. 그리고 마리아의 수많은 특징 중에서도 특히 제가 닮고 싶은 특징들을 연구했죠. 그리고 내가 실천할 수 있는 행동 지침을 구체화하여 적어두고, 책상 옆에 붙인 후 의식적으로 따라 했습니다.

> 1. 마리아는 힘들 때마다 자신을 기분 좋게 하는 노래를 부른다
> 2. 마리아는 두려움이 생기면 기분 좋은 상상을 한다
> 3. 마리아는 혼자가 아니라 늘 함께하려 한다

그래서 전 오늘도 노래를 부르며 하루를 시작합니다. 기분이 안 좋은 날에는 기분이 좋아지는 상상을 하고요. 늘 유쾌한 팀원들과 함께할 수 있는 선택을 합니다. 그러다 보니 어느덧 꽉 막힌 윤소정은 사라지고, 마리아같이 밝고 유쾌한 선생이 되어 있었죠. 단 일주일도 좋습니다. 이렇게 열심히 따라 하다 보면 어느 날 닮고 싶은 그 사람처럼 행동하는 자신을 발견하게 될 것입니다.

트레이닝 방법

1. 다시 태어난다면 어떤 사람으로 태어나고 싶나요?

2. 그 사람의 삶의 방식 중에서도 어떤 부분을 닮고 싶은지, 구체적으로 한 가지만 적어봅니다.

3. 내가 가장 잘 볼 수 있는 곳에 붙입니다.

4. 마치 내가 그 사람이 된 것처럼 의식적으로 행동합니다. 힘든 상황이 생겼을 때도 그 사람이라면 어떻게 행동했을지를 생각해봅니다.

5. 자기 전, 그 사람의 입장이 되어 나의 성장에 대해 칭찬해주는 일기를 써 봅니다.

6. 이를 30일간 반복합니다.

50일 혹은 100일간 적성 찾는 프로젝트에 도전하고 싶다면 네이버 인큐 카페에서 '50일 프로젝트 마이북' 혹은 '100일 프로젝트 백마적' 미션지를 무료로 다운받아 사용하세요.
http://cafe.naver.com/dreaming1095/29803

4장

본질에
집중한다

●

선택과 집중 습관

인생에서 원하는 것을 얻기 위한 첫 번째 단계는
내가 무엇을 원하는지 결정하는 것이다.

– 벤 스타인

내가 선택한 것을 최고의 경험으로 만들어본다

제가 받은 최고의 결혼 선물은 시어머니께서 말씀해주신 '지혜'였습니다.

"세상 그 어디에도 잘한 결혼은 없단다. 오직 잘해가는 결혼만 있을 뿐."

살다 보면 남편이 미워지는 날, '괜히 일찍 결혼했나?' 싶어 후회가 되는 날도 있기 마련입니다. 그러나 그때마다 시어머니의 지혜를 꺼내보면 마음에 치던 요동이 잔잔해지더라고요. 세상 그 어디에도 잘한 결혼은 없으니까요.

이는 결혼 생활뿐만이 아닙니다. '결혼'을 '선택'으로 바꿔보면 인생의 지혜로 바뀐답니다.

'세상 그 어디에도 잘한 선택은 없다. 오직 잘해가는 선택만 있을 뿐.'

선택 앞에서 '이걸 해야 할까, 저걸 해야 할까?' 고민이 되는 날이면 전 또 이 지혜를 꺼내봅니다. 선택을 앞에 두고 어쩔 줄 몰랐던 때를 돌이켜보면, A나 B, 둘 중 하나를 선택하면 내 삶이 엄청나게 변화할 것 같다는 착각을 하기 때문이더군요.

'이걸 택해서 내 인생이 망하면 어떡하지?'

'이걸 해서 꼭 성공해야 할 텐데……'

한마디로 최고의 선택을 하고 싶다는 압박이 고통을 안겨주더라고요. 그러나 '최고의 선택은 없다'는 전제를 깔면 어떻게 될까요? 아무거나 선택해도 결국엔 그 선택을 내가 최고로 만들어내면 그만이니, 오히려 용기가 솟아나지 않을까요?

주변에서 남편과의 결혼을 결심한 계기를 많이들 물어보십니다. 상대의 어떤 점에 확신이 생겼는지 묻는 것이죠. 그걸 말씀드리기 전에 사람 인 자, '人'의 모양을 한번 살펴볼까요? 두 사람이 기대 있는 것 같은 모양이지만, 두 개의 변 중 하나가 다른 쪽에 심하게 기대면 바로 쓰러지는 꼴을 하고 있습니다. 서로 균등하게 기대야만 저 상태가 유지되는 것이죠. 즉, 상대도 나를 견뎌내야 하지만, 나도 그만큼 상대를 견뎌낼 수 있어야 그 관계가 지속되는 것입니다.

제가 결혼을 결심했을 때는 상대에 대한 확신이 생겼을 때가 아니라, 제가 그 어떤 남자와 결혼을 하더라도 잘해낼 자신이 생겼을 때였습니다. 또 그가 내게 잘해줬을 때 결혼을 결심한 것이 아니라, 나에게 가장 최악의 모습을 보여줬을 때 내가 그 상처까지 극복할 수 있는 사람이라는 확신이 생겨 그를 택했답니다.

결혼을 앞두고, 취직을 앞두고 적성에 맞는 공부를 선택할 때 망설여지는 이유의 대부분은 선택의 주체를 상대에게 넘겨버리기 때문입니다. 만나기 전부터 상대의 조건을 따지고, 취직하기 전부터 저 회사에서 내가 성장할 수 있을지를 판단하고, 전공을 택하기 전부터 이 공부가 내게 효과적일지 따져보고……. 그러다 보면 평생 최고의 선택을 하지 못할 수도 있습니다.

따라서 최고의 선택을 하기보다 어떤 것을 하든 그 선택을 최고로 만들 수 있다는 믿음을 갖는 게 더 중요합니다. 그것이 진짜 나를 인문학하는 자세죠. 매일매일 '내가 한 선택을 최고로 만드는 공부'를 시도하는 것이 곧 나를 공부하는 방법입니다. 내가 자신감이 없는 이유, 만사가 귀찮고 무기력해지는 이유는 살면서 나의 선택을 최고로 만들어본 경험이 없기 때문이기도 합니다.

인큐 가족, 예지의 이야기를 들려드릴게요. 예지의 별명은 '쓰레기 수집 강박증'이었습니다. 욕심이 많아 하고 싶은 것도 너무 많았고, 생각도 많았죠. 그러다 보니 이것저것 한 것은 정말 많은데 취업을 앞두고 선뜻 결단을 내리지 못해 불안함에 매일 울어야 했답니다. 그때 무기력한 그녀에게 인큐 선생님들은 이야기했습니다.

"네가 지금 불안한 이유는 네 선택을 최고로 만들어본 경험이 없기 때문이야."

순간 예지는 망치로 머리를 얻어맞은 기분이 들었다고 합니다. 돌이켜보면 대외활동은 정말 많이 했습니다. 그러나 정작 최고의 선택으로 만들어본 경험은 한 번도 해보지 못했던 것이죠. 그날로 그녀는 결심합니다. '내 선택을 최고로 만드는 한 번의 경험'부터 해내겠다고 말입니다.

사실 그녀는 사흘 뒤 모 회사에 인턴으로 출근할 예정이었습니다. 그러나 그녀는 선택했습니다. 출근하지 않고, 대신 스페인 산티아고 순례길을 걷고 돌아오기로요. 목표는 단 하나, '나의 선택을 최고로 만드는 것!' 물론 쉽지 않은 일이었습니다.

출국하는 비행기에서부터 '취준생이 미친 것 아니야?' 하며 끊임없이 자신의 선택을 의심했다고 합니다. 산티아고에 가면 한국으로부터 벗어날 줄 알았는데 배낭여행을 온 한국 대학생들로 가득했고요. 그러다 보니, 그들과 나누는 대화 주제 역시 토익과 자격증이었고, 외국에서까지 취업의 압박으로부터 쉽게 벗어날 수가 없었다고 합니다. 순례길을 걸을 때도 그들과 속도를 맞추려 하다 보니 가랑이가 찢어지는 줄 알았다고 하더군요. 그렇게 허덕이며 며칠을 걷는데 그 모습을 지켜보고 있던 한 외국인이 와서 이렇게 이야기를 했다고 합니다.

"It's your camino, don't follow them."
(이건 너의 길이야. 남들을 따라가지 마.)

그 자리에 앉아 펑펑 울어버린 예지. 그녀는 그 자리에서 멈춰 섰습니다. 더 이상 앞사람의 모습이 보이지 않을 때까지요. 그리고 본인의 속도대로 걷고 또 걸으며 그 과정을 글로 쓰고 그림으로 담았죠. 이에 그치지 않고 그녀는 자신의 선택을 최고로 만들기 위해 귀국 후

여행 에세이 『의외로 간단한』(프로젝트A)을 출간해 이제는 어엿한 여행작가가 되었답니다. 여행에서 돌아와 함께 밥을 먹는데 하얀 이를 드러내고 이렇게 외치더군요.

"선생님, 정말 멈춰야 비로소 보이는 것이더라고요! 책으로 읽는 것은 아는 것이 아니었어요! 진짜 멈추니까 보이더라고요!"

그녀가 흥분하며 외치던 모습이 지금도 생생히 떠오르네요. 자신의 선택을 최고로 만들고 돌아온 예지는 더 이상 쓰레기 수집을 하려 하지 않습니다. 세상 그 어떤 쓰레기도 예지의 눈이 닿으면 최고의 글이 되고, 최고의 작품이 되니까요. 이제 그녀는 제가 아는 최고의 작가이자 일상 예술가입니다.

그렇다면 선택을 잘하려면 어떻게 해야 할까요? 예지가 다른 사람의 속도를 더 이상 신경 쓰지 않았듯이 나에게 불필요한 것을 먼저 제거하면 됩니다.

"불필요한 일에 신경을 써서는 안 된다."

– 마키아벨리, 『군주론』 중

『군주론』에서 제게 가장 큰 깨달음을 안겨준 문장입니다. 하지만 우리는 늘 쓸데없는 생각에 빠져서 소중한 하루를 날려버리곤 하죠. 자신에게 쓸모가 없는 생각은 과감히 내려놓으세요. 그렇게 불필요한 것들을 하나씩 제거해나가다 보면 나를 최고로 만드는 선택이 무엇인지 서서히 보이기 시작할 것입니다.

세상 그 어디에도 최고의 공부는 없습니다. 어떤 공부건 그것을 최고로 만드는 나만이 존재할 뿐이지요. 저도 초등학교부터 대학까지 16년을 학교에서 배웠지만, 내가 좋아하는 것이 무엇인지도 제대로 이야기할 수 없었던 한 사람이었습니다. 그러나 이제는 하늘을 학교 삼고 땅을 스승 삼아 공부하고 있지요. 오늘을 전공 삼고, 제 주변 사람들을 과제 삼아 오늘을 최고로 만들어내는 과정, 이것이 제 성장의 원동력이었습니다.

여러분은 자신의 선택을 최고로 만들어본 경험이 있나요?

관심을 가져야 질문이 생긴다

어느 날 '질문 습관'이 중요하다는 말을 들은 한 친구가 아주 슬픈 얼굴을 하고 이렇게 물었습니다.

"질문은 어떻게 해야 하는 건가요? 전 어떤 책을 읽든, 사물을 보든 궁금한 게 생기지 않는걸요."

전 바로 자리에서 일어났습니다. 그리고 책상 위에 탁상시계 하나를 올려놓았죠. 그리고 그 자리에 있는 모두를 향해 외쳤습니다.

"지금부터 이 평범한 시계를 가장 아름답게 찍어주세요. 제한 시간은 2분 드립니다!"

처음에는 얼떨떨해하던 친구들이 곧 모두 엉덩이를 떼고 이렇게 찍어보려 하고, 저렇게 찍어보려 하면서 여러 가지 시도를 하기 시작합니다. 질문하는 방법을 잊어버렸다는 그녀도 이리저리 움직이며 시계를 찍더군요. 시간이 다 되자 한 사람, 한 사람에게 물었습니다.

"왜 이 사진이 가장 멋진 사진이죠?"

어떤 친구는 초침과 시침을 정확하게 찍고는 시계의 본질을 찍었다고 말합니다. 또 한 친구는 자신의 자리에서 시계를 찍고 세상의 중심은 나이기 때문에 이 사진이 가장 올바르다고 말합니다. 또 어떤 친구는 사진을 찍고 있는 친구들의 모습을 사진으로 담고는 모든 사람들의 관심이 한 곳으로 향했을 때가 가장 멋진 순간이라고 하더군요. 불과 2분 전만 해도 아무도 거들떠보지 않았던 시계였습니다. 그러나 세상에서 가장 귀한 시계를 만들어내는 과정에서 질문하는 방법을 모른다던 그녀도 자연스럽게 질문을 던질 수 있었다고 합니다.

'어떻게 찍으면 가장 멋지게 찍을 수 있을까?'

그녀는 질문을 못 하는 게 아니었습니다. 관심이 없었던 것이죠.

한번은 예쁜 커피숍에 앉아 친구들에게 사진을 찍어달라고 부탁을 하였는데요. 평소 세상에 대한 불평불만이 많았던 친구A는 대충 아무 각도에서나 사진을 찍더니 휙 던져줍니다. 그러나 늘 열정적으로 삶을 사는 친구B는 이 각도, 저 각도에서 셔터를 눌러봅니다. "이 사진이 마음에 드려나? 아니다, 이게 더 마음에 드려나?"하며 한 장의 사진을 위해 수십 번의 셔터를 눌러주더군요. 어떤 각도에서 찍어야 제가 가장 예쁘게 나올 수 있을지, 그 짧은 순간에도 연구하고 또 연구하는 모습에 반할 수밖에 없었습니다.

좋은 사진을 찍기 위해서는 관심이 필요합니다. 그리고 끊임없이 질문해야 합니다. 그렇다면 지금 당신은 무엇에 관심을 기울이고 있으며, 어떤 질문을 던지고 있나요?

흔히 남자는 결혼 후에 변한다고들 합니다. 저 또한 결혼 후 내 남자가 변했다고 느낀 적이 있습니다. 언젠가부터 이 사람이 날 사랑하긴 하는 건가 의심이 들 만큼 외로움을 느끼게 하더군요. 돌아보면 연애 초 내 남자는 '질문맨'이었습니다. 밥은 먹었는지, 누구랑 있는지, 갖고 싶은 것은 없는지, 심지어 나의 장 건강까지 걱정하며 질문을 해대던 그였죠. 그러나 시간이 지나면서 점점 질문이 사라지더니 "밥 먹었어?"라고 묻는 대신 '먹었겠지.' 하며 혼자 판단해버립니다. "뭐 갖고 싶은 거 있어?"가 "저거 사 봤자, 애물단지야."로 바뀌었고요. 제게 물어보지 않고 혼자 생각하고 판단해서 결정하는 횟수가 늘어날수록 다툼도 잦아졌습니다. 그런 저희에게 엄마는 옛날이야기 하나를 들려주셨습니다.

"옛날 아주 먼 옛날에 호랑이와 소가 살고 있었어. 둘은 너희처럼 뜨겁게 연애했고, 결혼을 했지. 서로를 너무 사랑한 나머지 호랑이는 소를 위해 매일같이 신선한 고기를 선물했단다. 소도 호랑이를 위해 최선을 다해 매일 신선한 풀들을 선물했어. 그러다 결국은 헤어지고 말았단다. 소가 고기만 먹고, 호랑이는 풀만 먹다가 굶어죽을 순 없잖니. 그런데 마지막에 둘 다 이렇게 말했대. '난 최선을 다했어!'"

딱 저희와 같은 상황이더군요. 우리 둘은 소와 호랑이처럼, 어느 순간부터 서로에게 무엇이 필요한지를 묻지 않았습니다. 즉, 관심이 사라진 것이죠. 그러고는 둘 다 각자가 원했던 것을 상대에게 가져다 주었습니다. 묵묵한 사랑을 하길 원하는 남편은 집안일을 묵묵히 도와주고, 매번 제가 가는 곳마다 운전을 해주는 것이 사랑 표현이라 생각했습니다. 그러나 늘 표현하길 원하는 전 요란스럽더라도 스킨십을 해주고 사랑한다고 말하면서 상대도 그렇게 해주길 바라고 있었죠. 그러나 우린 서로 "당신이 원하는 사랑은 뭐야? 지금 어떤 도움이 필요해?"라는 질문은 정작 하지 않았습니다. 그저 "난 최선을 다했어! 노력하고 있잖아!" 하며 언성을 높였죠. 인문학을 공부한다면서, 사랑하는 사람이 원하는 사랑이 무엇인지는 알고자 하지도 않았다니, 진짜 헛공부를 했더군요.

사랑도, 인문학도 모두 사람에 관한 것이기 때문에 '답을 내리고 시작하는 순간'부터 통하지 않습니다. 최근 구글의 에릭 슈미트Eric Schmidt 회장은 '앞으로는 답이 아니라 질문을 가지고 회사를 운영하겠다'고 선포를 하였습니다. 에릭 슈미트 회장도 답을 정해두고 일을 하는 게 얼마나 피곤한지 일찍이 깨우쳤나 봅니다.

결국 우리 부부에게 필요한 것은 관심을 기반으로 한 질문이었습니다. 그날 이후로 저희 부부는 서로를 찍어줄 때도 상대에게 최대한 관심을 기울입니다. 예전에는 그냥 아무렇게나 찍고 다 예쁘다고 얼버무리던 우리 남편도 이렇게도 찍어보고 저렇게도 찍어보며 아내를 가장 예쁘게 사진에 담는 법을 훈련하고 있답니다.

인문학 미니 미션

30일간 하루에 세 사람의 인생 샷을 찍어오세요.

1) 하루에 3명씩, 30일간 총 90장의 사진을 찍어주는 훈련입니다.

2) 어떤 각도로, 어떤 배경을 뒤에 두고 찍어야 상대가 좋아하는지 끊임없이 연구하며 사진을 찍습니다. 상대가 내가 찍어준 사진으로 카톡 프로필 사진을 바꾸는 그날까지!

스스로를 고객 삼아 큐레이션하라

1. 나를 위한 맞춤형 노래 선곡

매일 아침 저는 스스로에게 질문합니다.

'오늘은 어떤 기분을 연출할까?'

그리고 그 기분에 어울리는 노래를 세팅하는 것, 그렇게 나 자신을 춤추게 하는 리듬을 찾는 것이 제가 10년째 간직해온 인문학 습관입니다.

대학 시절 선배가 알려준 비밀이 있는데요. 선배는 일 잘하는 녀석들은 머리가 좋은 게 아니라 오감, 더 나아가서는 육감으로 일을 한다고 하더군요. 그러면서 책만 볼 게 아니라, 센스 있는 음악을 선곡하는 훈련으로 귀를 열고, 잡지를 보며 트렌디한 디자인 감각을 키우라고 조언했습니다. 그 사람이 일을 잘하는지 못하는지는 찍어놓은 사진을 보면 안다고까지 했죠. 각도와 빛을 고려했는지 안 했는지에서 디테일이 드러나니까요. 그래서인지 선배는 늘 미각을 훈련할 수 있도록 최고의 식당만 데려갔고, 촉각을 발달시킬 수 있도록 같이 운동하며 땀 흘리는 시간을 가졌답니다. 그때는 그 말이 무슨 뜻인지 정확하게 이해하지 못했지만, 섹시한 선배의 뇌를 이식받고 싶어서 열심히 따라 했죠.

오감을 깨우기 위해 제가 가장 신경 쓰는 일 중 하나가 음악으로 나뿐 아니라 상대방의 오감까지 열 수 있는 '환경'을 조성하는 것입니다. 음악이야말로 사람들이 가장 빨리 공감하도록 만드는 수단이니까요. 음악은 만국 공용어라는 말도 있지 않나요? 저희 인큐에는 수업하기 전에 사람들의 마음을 열기 위해 트는 음악, 상담을 할 때 트는 음악이 각각 따로 지정되어 있습니다. 어떤 날은 제가 직접 디제이가 되어서 연구실 분위기를 '업'시키기도 합니다. 팀원 전체가 함께 기업 강의를 가는 날이면, 차 안은 콘서트장이 됩니다. 한껏 에너지를 충전시키고 강연장에 입장해야 하므로 그전에 모든 팀원들이 몸을 들썩이며 춤을 출 수 있게 분위기를 띄우는 것이죠. 모두가 춤출 수 있고, 함께 눈물 흘릴 수 있는 분위기를 만들어내는 것 또한 사람의 마음을 연구하는 인문학 훈련이 될 수 있지 않을까요?

저는 일을 시작하기 전 30분간 내 기분에 맞는 음악을 선곡하는 '마음 트레이닝'을 합니다. 음악으로 기분을 업시키고 다운시키다보면 감정 공부가 저절로 된답니다. 인간을 공부하고 싶은 분이 계시다면 귀를 열고 마음을 여는 음악 트레이닝을 강력 추천합니다!

2. 장소에 따른 향수 선별

당신에게는 자신을 표현할 수 있는 향이 있나요? 우리 회사를 표현할 수 있는 향은요? 많은 분들이 인큐 캠퍼스에 오자마자 "와, 진짜 센스가 넘치네요!"라고 이야기합니다. 사실 그건 인테리어 때문이 아니라 곳곳에 퍼지는 인큐만의 향이 있기 때문입니다. 참새가 방앗간을 그냥 지나치지 못하고, 빵 냄새가 나면 저절로 빵집으로 발걸음을 돌리게 되듯이, 사람들이 나를 기억하게 만드는 향을 만들어보는 건 어떨까요?

저는 일할 때 뿌리는 향수, 데이트할 때 뿌리는 향수, 집에 있을 때 바르는 바디로션의 종류가 모두 다릅니다. 그건 상대를 위한 일이기도 하지만, 향으로 제 자신에게 신호를 보내는 행위이기도 합니다.

'지금은 일하는 시간이니까, 조금 더 신뢰감 있게 행동하자.', '지금은 데이트 중이니까 더 사랑스럽게!' 하면서 나 자신과 끊임없이 소통을 해나가는 것이죠. 흔히들 나를 사랑하자고 외치지만 자신만의 분위기를 연출하기 위해 연구하는 시간은 거의 없을 겁니다.

이러한 센스 훈련이야말로 '관심'을 기반으로 시작하는 최고의 질문 훈련법입니다. 인간을 공부하는 인문학, 나 자신을 움직일 수 있는 오감을 훈련시키는 과정에서 나는 스스로와 끊임없이 대화하게 됩니다. 나와 소통이 되어야만 상대방의 마음도 얻을 수 있는 법이죠. 그러니 무엇보다 먼저 나의 감각부터 깨워보세요!

한 가지를 시켜도 열 가지를 읽어낸다

저도 전해 들은 한 부자 선생님의 이야기입니다. 어린 시절 아버지가 "○○야, 담배 좀 가져오너라." 하고 심부름을 시켰는데, 담배만 가져가면 왜 담배만 가져오냐고 하며 된통 혼을 내셨다고 합니다. 하지만 실컷 혼을 낸 다음에도 절대 무엇을 더 가져와야 하는지는 알려주시지 않았다고 하더군요.

그리고 나서 그다음 날에도 어김없이 담배 심부름을 시키셨다고 합니다. 그러자 선생님은 자연스레 아버지의 행동을 관찰하며 스스로에게 질문을 던졌다는군요.

'담배를 피울 때는 무엇이 더 필요할까?'

그리고 다음에는 담배와 함께 라이터와 재떨이도 가져갔다고 합니다. 그런데 이게 웬걸? 또 된통 혼이 났던 것입니다. 주변을 살펴보니 담배 연기가 방에 한가득 차 있었다고 하네요. 그래서 그다음에는 담배, 라이터, 재떨이뿐 아니라 환기가 되도록 창문까지 열었다고 합니다. 그제야 아버지는 칭찬을 해주셨답니다.

선생님은 회상합니다. 이것이야말로 '어떻게 살아야 하는지'를 일깨워준 최고의 인문학 교육이었다고요. 담배를 달라고 했을 때 창문까지 열어둘 줄 아는 센스를 갖춘 직원이 있다면 바로 채용하고 싶어지지 않을까요?

잠깐 우리들의 대학교 시절을 떠올려보겠습니다. 시험 기간, 우리는 교수님께 어떤 질문을 했었나요?

"시험 언제 봐요?"
"이거 나와요, 안 나와요?"
"어려워요, 쉬워요?"

과연 이것이 주체적인 질문이라 할 수 있을까요? 결국 상대에게 정답이 무엇인지를 물어보는 것이죠. 이렇게 학교에서 질문하던 친구들이 사회에 나오면 어떤 질문을 하게 될까요?

"이거 해요, 하지 마요?"

"이거 언제까지 해야 돼요?"

"지금 복사해요, 하지 마요?"

　　이런 수동적인 친구가 내 부하직원으로 입사한다면 진짜 골치 아 픈 일입니다! 사회생활을 잘하고 싶다면 가슴속에는 늘 '질문'이 있어 야 하고, 이를 해결하기 위해 주체적으로 움직이는 것이 몸에 배야만 합니다. 묻기 전에, 시키기 전에 움직일 수 있다는 것은 끊임없이 상 대가 필요로 하는 것이 무엇인지를 궁리하고 관찰했다는 증거입니다. 그래서 사회생활을 잘하고 싶은 초년생이 있다면 저는 무조건 이 트 레이닝을 추천합니다.

　　'하나를 시키면 열을 준비해놓는 트레이닝.'

　　어떤 회의든 행사든 시작 전에 제일 먼저 도착해서 상사와 팀원들 이 필요한 물건을 세팅하는 것, 이런 행동이 곧 인문학 습관의 뿌리가 됩니다.

본질에 집중해야 방법이 보인다

　　세 지인 중에는 그룹 휴먼레이스의 보컬, 윤성기라는 분이 계십니 다. 〈보이스 오브 코리아 2〉에 나와 2등까지 올라갔던 엄청난 실력가죠. 그런데 하루는 이런 말을 하더라고요.

"한참 고민했었어. '왜 떨어졌을까?' 그런데 문제는 아주 본질적인 곳에 있더라고. 그 순간에는 윤성기라는 사람이 아니라, 윤성기의 노래가 멋있어야 했어. 그러나 나는 윤성기라는 사람을 멋있게 보여주는 데에만 집착했더라고. 본질을 잃었던 거지."

순간, 머리가 뺑 열리는 듯했습니다. 돌이켜보니, 일이 안 풀릴 때는 저 또한 엉뚱한 것에 집착을 하고 있었더군요. '본질을 잃어버리는 순간'부터 모든 일은 엉키기 시작합니다.

저는 제가 강의했던 모습을 돌아보았습니다. 그 순간에는 윤소정이라는 사람이 멋있어야 하는 게 아니라, '윤소정의 강의'가 멋있어야 합니다. 그러나 저도 한때는 '윤소정'이라는 사람이 돋보이길 바라는 욕심에 강의의 4분의 1을 제 자랑으로 채웠던 적도 있었습니다. 아주 부끄러운 고백입니다. 교육의 본질에 집중하기 위해서는 강연장이 '내가 아닌 참여자가 성장해야 하는 장'이라는 사실을 잊지 않았어야 합니다.

그때부터 저는 제 소개는 최대한 간략히 하려고 노력합니다. 참여자들이 강연의 주제의 대해 온몸으로 깨우치고 경험할 수 있는 강의를 기획하기 시작했죠. 그랬더니 한 교육 전문가로부터 진정 교육을 한다는 것이 무엇인지 알려줘서 고맙다는 피드백까지 받을 수 있었습니다.

어떻게 살아야 하는지에 관한 고민을 해결하기 위해 던져야 하는 질문 중 하나는 '이 순간 나의 본질이 무엇인가?'였습니다. 그래서 그때부터 전 습관적으로 이 질문을 던졌고, 그러한 습관 덕분에 좋은 콘텐츠를 만드는 기술도, 삶의 만족을 얻는 기술도 얻게 되었답니다.

본질에 대한 이야기가 나왔으니, 강의의 본질을 찾아가는 과정에서 탄생된 1초 만에 마감되는 쇼, 인큐의 '더 퀘스천 쇼^{The question show}'가 완성되기까지의 과정을 보여드릴게요.

'인재 양성가'로 활동하다 보면, 대형 강의를 하게 되는 경우가 꽤 있습니다. 그러나 멋지게 강연을 하고 돌아서면 늘 찝찝한 마음이 한 구석을 차지하고 있었던 것 같습니다. 저는 항상 땀까지 뻘뻘 흘리며 움직이는데, 듣는 이들은 그냥 편하게 앉아 있었거든요. 그때 '과연 나 혼자 열심히 뛰는 강의로 이 사람들이 변할 수 있을까?' 하는 의문이 생겼습니다. 이 강의로 성장하는 사람은 강사인 나 혼자일 수도 있겠다고 생각하니 무서워지기까지 하더군요.

강의의 본질은 '참여자의 성장과 변화'입니다. 그러나 기존의 방법으로는 참여자의 변화를 끌어내기가 어려웠습니다. 그렇다면 어떻게 개선시킬 수 있을까요? 방법은 간단합니다. 기존 강연의 문제를 파악하고, 이를 하나씩 제거해나가면 최고의 강의가 탄생하겠죠.

문제점1. 강연자 중심적인 일방향적 진행

우리나라의 강연은 주입식 교육의 현장과 닮아 있습니다. '한 명의 선생님과 여러 명의 학생들로 이루어진 교실'과 '한 명의 연사와 여러 명의 참여자로 이루어진 강연장', 똑같지 않나요? 그런 상황에서는 강연자는 청중이 무엇을 원하는지 모른 채 자신이 하고 싶은 이야기만 하게 되고, 정작 참여자들은 자신들이 듣고 싶은 이야기를 듣기 어려워지죠. 이를 해결하기 위해서 저는 참여자가 궁금해하는 것을 강연자에게 물어보며 소통하는 장을 마련하기로 했습니다.

문제점2. 준비 없이 온 참여자

강연자는 한 번의 강의를 하기까지 수많은 역경과 고난을 극복해 그 자리에 설 수 있었을 것입니다. 그러나 우리는 아무런 준비 없이, 그저 가만히 앉아서 그 사람이 하는 이야기만 듣죠. 이래서는 참여자가 절대로 성장할 수 없다고 판단했습니다.

그래서 저는 무조건 강연자에게는 아무런 준비 없이 참석해달라고 부탁하였습니다. 대신, 참여자는 강연자의 책을 미리 읽고 그에 대해 탐구하게 했죠(이런 연유로 책을 쓰신 분에 한해서 강연자를 섭외하고 있습니다). 이렇게 다 같이 공부한 상태에서 더 퀘스천 쇼가 진행됩니다.

문제점3. 아웃풋(Output) 없이 인풋(Input)만 존재함

사실 강연은 '들을 때'보다 '끝나고 나서'가 훨씬 더 중요합니다.

대부분 강연을 듣는 순간에는 큰 자극을 받아도, 끝나고 나면 결국 원점으로 돌아가죠. 그걸 방지하기 위해 저희는 '아웃풋 시간'을 만들었습니다. 강연자의 생각을 내 것으로 소화시키는 토론 시간, 그리고 30일 동안 강연자처럼 사고하고 행동하는 실천 미션을 정하는 시간, 팀을 이뤄 그것들을 함께 지켜나가고 이를 체크하는 시간 등 장기적으로 아웃풋을 만드는 시간을 구성하니, 실제로도 삶에 변화가 일어나기 시작했습니다.

문제점4. 성의 없는 섭외

제가 가장 신경 쓴 것은 섭외였습니다. 사실 이것은 크게 보면 '삶의 자세'와도 관련이 있습니다. 인연이란 얼마나 소중한 것인가요. 스승님을 모시는데 전화나 메일로 요청을 드린다는 것은 말이 안 된다는 생각이 들었습니다.

그래서 한 분의 연사를 모시기 전에 '연사님을 향한 마음을 담은 책'을 만들기 시작했습니다. 그리고 이 감동의 선물을 가지고 직접 그분을 찾아갔습니다.

한번은 우리나라 최고의 재정 컨설턴트 배양숙 상무님을 섭외하기로 하였습니다. 매년 사비로 4억 원씩 투자해 '수요포럼 인문의 숲'을 만들어내시는 상무님의 열정에 반했지만, 어떻게 다가가야 할지를 모르겠더라고요. 그때 인큐의 최나라 선생님이 말했습니다.

"배양숙 상무님이 초창기에 보험 파는 아줌마 대우를 받으며 전국을 누빌 때 어떤 심정이었을지 느껴보고 싶습니다. 제가 삼성생명 건물에 잠입해 건물을 다 뒤져서 이 책을 직접 전달하고 오겠습니다."

그때는 건물이 얼마나 큰지 몰랐습니다. 그런데 직접 가보니 강남 삼성생명 사옥은 35층의 어마어마한 규모의 빌딩이더군요. 그래도 니라 선생님은 하이힐을 신은 채 건물 구석구석을 다 돌아다녔고, 끝내 배양숙 상무님께 직접 책을 전달할 수 있었습니다. 그렇게 배양숙 상무님을 더 퀘스천 쇼 연사로 모실 수 있었답니다.

이렇게 연사를 섭외하는 과정에서부터 정성을 기울이다 보면, 참가하는 이들도 엄청난 열정을 가지고 모여듭니다. 그 열정에 반해 배양숙 상무님께서는 세계적인 석학들과의 만남에서도 인류의 더 퀘스천 쇼를 자랑하셨다고 합니다. 이렇게 연사분들이 지인들에게 소문을 내주시면서 이제는 연사 섭외 걱정이 없는 탄탄한 쇼로 자리 잡게 되었답니다. 이처럼 기존 강의의 문제점을 파악하여 이를 개선하고 오직 '참가자들의 성장을 위한 강의'라는 본질을 살리는 과정에서 정말 감동적인 상황이 펼쳐지기도 했습니다.

총각네 야채가게 이영석 대표님이 연사로 오셨을 때 한 친구가 질문을 했습니다.

"좋은 스승은 어떻게 만들 수 있을까요?"

"제게 일회용 관계는 없습니다. 한 번 스승은 끝까지 스승이죠. 지금도 한 달에 한 번씩 꼭 스승님들께 감사를 표현하면서 선물을 보냅니다. 아주 작은 것을 가르쳐주신 분이더라도 제겐 스승입니다. 스승이 다가오길 바라는 게 아니라 제가 먼저 감사함을 표현하는 것이 진짜 인간을 대하는 자세라고 생각합니다."

더 퀘스천 쇼 현장. 청중들이 적극적으로 질문을 하고, 같이 춤을 추는 등
흔히 보는 강연장과는 확연히 다른 모습이다.

그리고 10분 뒤, 한 친구가 그 자리에서 자신의 생활비 50만 원을 인큐에 장학금으로 기부했습니다. 이런 자리를 만들어줘서 고맙다면서 말입니다. 그 친구는 '비록 한 달 동안 교통비가 없어 걸어 다녀야 했지만, 몸으로 배우고 싶었다'고 하더군요. 바로 '고마운 사람들에게 베풀며 살겠다는 신념'을 말입니다.

또 한 친구는 평생 아버지가 무서워 자신이 원하는 삶을 살지 못하고 있었습니다. 그러다 『당신은 도전자입니까』(다산3.0)를 쓴 이동진 님이 연사로 왔고, 그 친구가 질문을 했습니다.

"아버지가 반대를 하셔서 원하는 것을 하기가 너무 힘듭니다. 어떻게 해야 아버지를 설득할 수 있을까요?"

"저 또한 도전을 하겠다고 했을 때, 부모님이 엄청 반대하셨습니다. 그때 한 교수님께서 부모도 설득을 못하는 이가 어떻게 대한민국을 이끄는 리더가 되겠냐고 하시더군요. 그래서 부모님 앞에서 10분간 프레젠테이션을 했습니다. 왜 내가 지금 이 순간 이 어처구니없는 도전을 해야 하는지 말입니다. 10분간의 프레젠테이션 후 아버지가 꼭 안아주시더라고요."

이 이야기를 들은 그 친구는 일주일 뒤, 그토록 무서워했던 아버지 앞에서 프레젠테이션을 했습니다. 끝나고 나서 아버지는 "그래, 열심히 해봐." 하며 어깨를 툭툭 쳐주셨다고 합니다. 그날 밤 어머니를 부여안고 꺼이꺼이 울었다면서 연락이 오더군요. 그리고 한 달 뒤, 미국에서 오페어^{au pair}(외국인 가정에서 일정한 시간 동안 아이들을 돌보며, 그 나라의 문화를 배위가는 프로그램)에 도전했고, 지금은 그 어떤 젊은이보다 행복한 시간을 보내고 있답니다. 저는 이렇게 더 퀘스천 쇼를 기획하고 진행하면서 강연의 본질인 '사람의 성장과 변화'에 점차 다가설 수 있었습니다.

이처럼 자신이 하고자 하는 어떤 것의 본질에 집중한 뒤 기존의 시스템에서 잘못된 문제를 발견하고 이를 해결해나가는 과정을 겪다 보면 자신만의 무기와 필살기가 만들어집니다. '무엇을 만들까?'를 고민하기 전에 그 무엇의 본질이 무엇인지, 그리고 현재 그 무엇이 지닌 문제점이 무엇인지부터 확인해보세요. 문제가 있다는 것은 분명 해결 방법이 있다는 세상의 신호입니다. 그리고 그 해결 방법이 머리에만 머물지 않고 삶의 경험으로 도출되었을 때 진가를 발휘하죠. 어디서부터 어떻게 해야 할지 몰라서 고민이라면, 먼저 그것의 본질이 무엇인지부터 따져보는 건 어떨까요?

관심 분야를 더 깊이 파기 위한
인문학 트레이닝

콘텐츠 큐레이터

다음 두 여성의 공통점은 무엇인가요?

[첫 번째 사례]

평범한 회사원이었던 조아라 씨는 아마존, 페이스북, 벤츠 등 세계 유명 기업들을 고객으로 둔 행사 안내 플랫폼 기업 '가이드북'에서 일하고 있습니다. 평소에 그녀는 사회적 기업에 관심이 많았습니다. 그래서 자신의 집을 여행객들에게 숙소로 제공하는 숙소 공유 소셜 네트워크 '에어비앤비'를 운영하기 시작했죠.

그러던 어느 날 그녀의 집에 가이드북의 최고경영자 제프 루이스가 찾아옵니다. 숙소 제공자와 여행객으로 만난 그들은 곧 직원과 사장의 관계로 바뀝니다. 첫 만남부터 제프 루이스는 느낄 수 있었다고 합니다. 사회적 기업에 대한 그녀의 열정과 사랑을요. 그것만으로도 가이드북에서 일해야 할 조건으로 충분했던 것이죠.

[두 번째 사례]

홍동희 씨는 1억 명이 넘는 사용자를 보유한 메모 앱 '에버노트'의 한국 사업을 맡고 있습니다. 원래 그녀는 건설 분야 대기업과 벤처 기업에서 일하던 회사원이었습니다. 그런데 한국 내 에버노트 사용자 커뮤니티에서 모르는 사람이 없을 정도로 애버노트에 대한 애정이 유별났죠. 그 '팬심'을 보고 에버노트는 그녀에게 일주일간 본사에서 일할 것을 제안합니다. 에버노트 측에서는 그녀의 에버노트에 대한 애정과 신시장 개발에 대한 능력 및 열의를 느낄 수 있었기에 바로 한국 시장을 맡기게 되었다고 합니다.

오르지 못할 나무 같은 미국의 실리콘밸리, 그러나 그녀들이 이곳 IT 기업에 취업할 수 있었던 가장 큰 이유는 특별한 능력이나 스펙이 아닌, 기업에 대한 애정, 나의 관심 분야에 대한 사랑이었습니다. 작은 기업을 운영하는 제 입장에서도 이해가 되는 대목입니다. 그냥 월급을 받기 위해 회사에 오는 사람과 그 일이 좋아서 오는 사람은 표정부터 다르고, 일에 대한 호기심도 남다르기 때문이죠.

습관 처방전: 콘텐츠 큐레이터

내가 관심이 있는 분야를 '업'으로 만들기 위해서는 어떤 습관을 가져야 할까요? 내가 무엇을 좋아하는지는 알았는데 내 길을 어떻게 만들어가야 할지 모르겠다면 전 우선 '큐레이터'가 되라고 조언을 드리고 싶습니다.

'큐레이터' 하면 보통 떠오르는 모습이 미술관 큐레이터들이죠? 그러나 미술관에만 큐레이터가 필요한 게 아닙니다. 내가 좋아하는 분야가 '꽃'이라면 블로그에 꽃에 관한 큐레이팅을 해보고, 내가 좋아하는 것이 '과자'라면 과자에 관한 큐레이팅을 하는 것도 큐레이팅입니다. 이게 뭐가 그렇게 중요하냐고요? 그것이 생각지 못한 기회를 가져다줄 수도 있거든요.

테마파크에 취직하고 싶었던 한 청년이 있었습니다. 그러나 자신이 지닌 조건으로는 테마파크에 취직하는 데에 무리가 있었죠. 그래서 그는 생각을 바꿔 자신의 블로그에 전 세계 테마파크 정보들을 하나둘씩 모아 큐레이팅을 하기 시작합니다. 그렇게 수년 간 작업을 하다 보니 나중에는 테마파크 담당자들이 전 세계 테마파크에 대한 정보를 얻기 위해 그 친구의 블로그에 들어가야만 하는 상황이 연출됩니다. 취직은 어떻게 됐을까요? 당연히 따논 당상이었지요.

그리고 실제 SNS 문화가 사회적으로 확대되면서 채용에도 영향을 주고 있습니다. 한 설문조사에 의하면 기업의 인사 담당자들이 지원자의 SNS를 보고 가산점을 주는 이유로 'SNS에 자신의 이야기가 체계적으로 정리가 되어 있을 경우 전공 분야에 대한 관심과 전문지식을 엿볼 수 있기 때문'이라는 답변을 하였다고 합니다.

인큐의 혜진이는 뷰티 분야에 관심은 있지만 뷰티에 관한 내용을 포스팅하려면 그 분야의 다른 파워블로거들처럼 예쁜 외모가 받쳐줘야 한다는 두려움에 휩싸여 있었습니다. 자신의 관심 분야는 '뷰티'지만 본인에게 적합하지 않다고 생각했죠. 게다가 그녀는 늘 여드름성 피부 때문에 고민이었거든요.

그러나 콘텐츠 큐레이터가 된다면 이런 건 전혀 문제가 되지 않습니다. 오히려 자신의 강점이 되지요. '여드름 피부 개선'을 키워드로 잡으면 되니까요. 그녀는 여드름 피부가 개선되기 위해서 어떻게 해야 하는지에 대해 꾸준히 포스팅을 하기 시작했습니다. 또 자신의 전공 분야인 식품영양학과 결합해 매일 여드름에 음식이 얼마나 영향을 미치는지 본인 몸을 대상으로 실험을 하여 그와 관련된 포스팅도 하기 시작했죠. 꾸준히 식단 일기를 쓰고, 여드름에 대한 정보를 제공하니 어느 순간 그녀를 따라 식단 일기를 쓰는 블로거도 생겼습니다. 그리고 결국 외식업 기업에 소셜 마케터로 취업을 하였답니다.

지금도 꾸준히 포스팅을 올리며
자신만의 분야를 꾸준히 개척하고 있는 혜진이의 블로그 메인 화면.

또, 창순이라는 친구는 원래 편의점 아르바이트생이었습니다. 그는 커리어 개발에 관심이 많았지요. 그래서 그는 '자신의 변화 과정을 담는다'는 콘셉트로 자신의 삶을 스스로 어떻게 개발시키는지에 관해 꾸준히 포스팅을 했습니다.

이걸 본 한 인사 담당자는 편의점 알바를 해도 1일부터 끝나는 70일차까지 꾸준히 포스팅을 해놓으니 실체가 있어서 좋다고 하시더군요. 모두가 자기소개서에 자신이 '끈기 있는 사람'이라고 하지만, 실제로 끈기가 있는지 없는지를 확인할 길은 없잖아요. 창순이는 이렇게 자신의 성장 과정을 모아둔 자료로 신뢰를 얻어 현재 대한상공회의소 인력개발원에 취직해 직원 교육의 꿈을 실현하고 있답니다.

아직도 겁이 나나요? 뭐든 좋습니다. 나의 관심사를 꾸준히 공유해보세요. 언제 어떻게 기회가 올지는 아무도 모르는 일이잖아요?

트레이닝 방법

1. 관심 분야 하나를 선정합니다.

2. 블로그를 이용한다면 관심 분야 키워드가 들어간 폴더를 만듭니다. 그리고 프로필 란에 나의 관심 분야가 무엇인지 기록합니다.

3. 관심 분야와 관계된 사람들을 찾아 '친구 추가'를 합니다.

4. 관심 분야에 대한 정보가 자세히 담긴 기사를 찾아 나의 의견을 첨부해 정리합니다.

5. 관련 책을 읽고 글을 작성합니다.

6. 스크랩이나 공유가 활발히 이뤄지도록 '공개' 설정을 하여 많은 사람과 공유합니다.

황혜진

저는 큐레이팅을 하면서 한 분야에 대한 지식을 직접 알릴 수 있었던 게 가장 좋았어요. 그리고 제가 갖고 있는 지식을 다시 한 번 정리할 수 있었던 것도요. 또, 나만의 차별점이 무엇인지도 찾을 수 있었습니다. '이런 분야를 내가 좋아하는구나'를 알게 되어 늘 그 분야에 도전할 수 있었고, 그 과정에서 기회도 많이 얻었습니다.

▶ 외식업 소셜마케터로 취업

윤창순

이전에는 제가 했던 일들이나 관심사, 앞으로 하려 했던 것들이 제각각 흩어져 있었어요. 그런데 큐레이팅을 하고 포트폴리오를 만들면서 그것들 간에 연결고리가 생겼고, 그걸로 나만의 이야기를 만들 수 있었어요. 포트폴리오는 크게 2권으로 나누어서 가지고 있었어요. 하나는 커리어 포트폴리오고, 하나는 인큐에서 했던 것처럼 제 감정을 기록하고 관리한 감정 포트폴리오예요. 감정 포트폴리오를 쓰면서는 제 자신의 감정을 조절할 줄 알게 되었고, 긍정적으로 바뀔 수 있었어요. 낯을 가리던 것도 많이 좋아졌고요.

▶ 대한상공회의소 전북인력개발원 취업

잡지 만들기

최근 기업의 대표님들이 인재 추천을 해달라고 하면서 꼭 덤으로 가지고 있었으면 했던 능력은 '디자인 감각'이었습니다. 같은 내용의 기획안과 글을 쓰더라도 디자인 감각이 좋은 친구들은 센스 있게 자신의 뜻을 어필할 수 있기 때문이라는군요. 그 말씀을 들으니 앞으로는 어쩌면 '영어 실력'보다 '미적 감각'을 키우는 데 더 많은 시간을 들여야 할 수도 있겠구나 싶었답니다.

기술이 아무리 발전해도 디자인은 개인의 개성이 드러나야 하는 분야라 인간의 힘을 반드시 필요로 하죠. 같은 글을 쓰더라도 가독성이 좋은 배치와 컬러는 무엇인지를 고려하는 것 또한 '배려'를 훈련하는 과정입니다.

습관 처방전: 잡지 만들기

먼저 문서 디자인의 달인들이 작업한 잡지 하나를 설정합니다. 그리고 디자이너들이 사람들이 읽고 싶은 문서를 만들기 위해 제목은 어떻게, 본문은 어떻게 편집하였는지를 연구합니다. 문서 디자인은 작업하는 자보다 그것을 보는 이가 편해야 하는 것이 포인트입니다. 따라서 디자인이 잘된 잡지를 6개월 정

인큐의 건형이가 작업했던 홍보물.
디자인에 아무런 소질이 없었다는 것을 감안하면 정말로 크나큰 발전이다.

도 꾸준히 관찰하고 따라해 보기만 해도 엄청난 변화를 느낄 수 있답니다.

인큐의 건형이는 천상 남자에 디자인에는 영 소질이 없었던, 누가 봐도 감각
이 없는 친구였습니다. 그런데 본인이 직접 잡지를 디자인하고 싶다고 하더라
고요. 그래서 미션을 수행하게 됩니다. 그는 6개월간 꾸준히 잡지를 보면서 가
독성이 좋은 문서의 특징을 연구했습니다. 그리고 잘 만들었다고 생각되는 문

서 콘텐츠를 스마트폰 카메라로 찍어 사진으로 보관하고, 계속 이것들을 들춰 보며 스스로 질문하고 답하는 과정에서 좋은 디자인의 조건을 익혀갔죠. 그리고 틈틈이 파워포인트로 똑같이 만들어보려 했고요. 그 결과, 놀랍게도 6개월 후 자신이 잡지 디렉터가 되어 인큐의 잡지를 발행할 수 있었답니다.

트레이닝 방법

1. 잡지를 펼쳐서 쭉 훑어봅니다(서점, 카페 등 오픈되어 있는 공간에는 잡지가 비치된 곳이 많습니다. 이를 활용해보세요).

2. 가독성이 좋고, 예쁘게 디자인이 되어 있다고 느껴지는 페이지를 선정합니다.

3. 스마트폰 카메라로 그 페이지를 찍어 사진으로 보관합니다.

4. 사진들을 다시 보면서 편집 디자이너의 의도를 파악해보며 다음과 같은 질문을 던집니다.

   - 어떤 색깔을 사용했으며, 왜 사용했을까?
   - 어떤 폰트를 사용했으며, 왜 사용했을까?
   - 어떤 사진을 활용했으며, 왜 그것을 택했을까?
   - 사진과 텍스트를 어디에 배치했으며, 왜 그렇게 했을까?
   - 어떤 구도로 텍스트를 구성했을 때 시선이 잘 가는가?

5. 내가 전달하고자 하는 메시지와 그에 맞는 이미지를 골라 그것들을 활용하여 일주일에 한 번씩 문서 디자인에 도전해봅시다.

이건형

평소엔 아무 생각 없이 보던 것들이었는데 이젠 각각 다 의도를
가지고 배치되고 구성되고 만들어졌다는 것을 알게 되었습니다.
무엇을 보든지 이게 왜 이렇게 만들어졌을지 계속 생각할 수 있
게 됐고, 무엇이든 평소에 어떤 생각을 가지고 보느냐에 따라
더 많은 것을 배울 수 있다는 깨달음도 얻었습니다 ㅎㅎ

 이건형

아 그리고 색에 대해서도 문외한이었는데 계속 보다 보니까 조
금씩 알 것 같아요. 그러면서 뭐든 안 하니까 자신이 못한다고
생각하는 거지, 열심히 하면 다 할 수 있는 거라는 생각도 들었
어요!

인주 쌤

정말 점점 눈을 떠가고 있는 게 느껴지지 않아?
짱이지!

 이건형

쌤 덕분에 정말 새로운 걸 많이 배우고 있습니당ㅎㅎ 정말 감사
합니다!

할 수 있다 달리기

　　인큐의 Y군은 매일 '이렇게 해볼까? 저렇게 해볼까?' 하며 생각만 할 뿐 행동으로는 잘 옮기지 못하는 친구였습니다. 자신감이 없어 '내가 할 수 있을까?'라는 의심부터 하느라 아무것도 할 수 없었던 거죠. 이 친구에게는 그 어떤 솔루션보다 '자신감'을 키우는 미션이 필요했습니다.

　　자신감에 대한 해석은 저마다 다릅니다. 그러나 제게 있어 자신감은 '자기 안에 신이 있다고 믿는 감정'입니다. 이때의 신은 종교적인 의미의 신이 아닙니다. 내 안에 엄청난 잠재력이 있다고 믿는 마음이라 할 수 있지요. 그리고 실제 자신감 있는 친구들을 살펴보면 모두 자신 안에 엄청난 잠재력이 있음을 믿고 있는 경우가 많습니다. 인간은 닥치면 못 할 게 없는 존재라는 것을 알고 있죠. 자신감이 있는 친구들은 극한에 스스로를 몰아넣어봄으로써 잠재력을 느껴본 경험을 갖고 있습니다. 반면 자신감이 없는 친구들은 당연히 '한계경험'이 적은 친구들이죠. 따라서 자신감을 키우기 위해서는 한계에 부딪힘으로써 본인이 뭐든 할 수 있는 사람이라는 것을 느껴봐야 합니다.

습관 처방전: **할 수 있다 달리기**

살다 보면 저 역시 스스로에 대한 확신이 사라지는 날이 있습니다. 그런 날엔 집 근처 공원에 갑니다. 그리고 공원 두 바퀴(약 1시간 코스)를 한 번도 쉬지 않고 달려봅니다. 달리기 전 먼저 스스로와 약속합니다.

'두 바퀴를 쉬지 않고 달릴 수 있다면, 난 뭐든 끝까지 할 수 있는 사람이다.'

그렇게 다 뛰고 나면 가슴이 벅차오릅니다. 아무것도 아닌 일 같아도, 한계를 뛰어넘는 단 한 번의 경험이 나도 뭐든 가능한 사람이라는 것을 깨우치게 해주고 삶의 거름이 되어주죠. 저는 이것을 '할 수 있다 달리기'라고 부릅니다.

저는 Y군에게도 이 트레이닝을 추천하였고, 이렇게 매일 1시간씩 한 번도 쉬지 않고 뛰고 나서 제게 느낌이 어떤지 카톡을 보내게 하였습니다.

할 수 있다 달리기를 한 지 15일이 되던 날, Y군은 한국전력공사에 면접을 보러갔는데요. 이전에는 계속해서 면접에서 떨어지고 자신감도 없었지만, 그때는 달랐다고 합니다. 말을 하는데도 힘이 들어가고, 스스로 될 수 있을 거란 확신이 넘쳤다고 하더라고요. 매일 한계를 극복하는 연습을 한 결과였죠. 그렇게 Y군은 고등학생임에도 불구하고 한국전력에 합격하여 어엿한 직장인이 되었답니다.

트레이닝 방법

1. 본인의 체력에 맞는 달리기 코스를 정합니다(최소 공원 2바퀴, 약 1시간 코스).

2. SNS에 '자신감을 키우기 위해 한 번도 쉬지 않고 달리는 훈련에 도전한다'는 약속을 올립니다. 타인과 약속을 하기 위한 단계입니다.

3. 끊임없이 쉬지 않고 달립니다.

4. 달리기를 끝내고 집으로 가는 길에 본인의 느낌을 SNS에 기록합니다.

'할 수 있다 달리기'는 제가 톡톡히 효과를 본 미션입니다. 그래서 전 남편이 무기력해 보일 때 "오늘은 가서 뛰고 오는 게 어때?" 하며 이 미션을 추천해줍니다. 하루는 운동화 끈을 묵묵히 묶고 밖으로 향했던 남편이 다 뛰고 나서는 페이스북에 땀으로 범벅이 된 사진과 함께 이런 글을 남겼더라고요.

일 년에 한번 있는 사태.
내 몸의 에너지가
완전히 방전되어버렸다.
퇴근하던 길
운전을 멈추고 싶을 만큼.
잠시 낮잠을 자도
충전되지 않는 몸을 끌고
석촌호수로 나갔다.
그리고 내게
미션을 부여한다.

'두 바퀴, 쉬지 말고 뛰어라.'

우울하거나 무기력한 건
내가 실패한 것이 많아질수록 강해진다.
내 마음 속의 나쁜 정신을 제거하는 법은
한 가지 목표를 끝까지 완수해냈을 때 없앨 수 있었다.
0.5킬로를 달리자 옆구리가 아프고,
3킬로를 달리자 그만두고 싶었고,
5킬로를 지날 때 나를 극복해낸다.
내일부터 다시 시작하는 마음으로,
다시 태어나는 마음으로.

가끔 얼마 동안 이 트레이닝을 해야 하냐는 질문을 하는 친구들이 있습니다. 기간 또한 본인이 설정하는 것입니다. 예를 들어 내가 늘 작심삼일하는 타입이라면 일주일만 꾸준히 해도 기적이라 할 수 있습니다. 만약 내가 한 달을 할 수 있는 사람이라 생각되면 한 달에 하루를 더 추가해서 계획을 짤 것을 권합니다. 나의 한계를 뛰어넘어 '할 수 있다'는 마음가짐을 갖게 되는 것이 이 미션의 핵심이니까요.

나는 어떻게 인문학으로 나의 길을 만들어왔나?

지금부터는 제가 전공에도 없던 '실용 인문학'이란 분야를 어떻게 개척하게 되었는지 그 과정을 공유해드리겠습니다. 한 발자국 떨어져 '이 사람은 어떻게 질문을 해결해나가며 자신의 업을 만들어갔는지'를 바라봐주세요.

1단계. 일상에서 생긴 작은 질문도 소홀하게 다루지 않는다

2011년 5월 11일 구글의 부사장은 앞으로 6천 명의 직원을 채용하되 그중 4~5천 명은 인문학도로 채용할 계획이라고 공표했습니다. 당시 한국의 친구들은 너도나도 스펙 쌓기에 열을 올리고 있었을 때였죠. 그때 첫 번째 질문이 떠오릅니다.

'도대체 인문학이 뭐기에 구글까지 새로운 인재상을 제시하는 거지?
그렇다면 이를 곧 한국의 대기업들이 따라 하지 않을까?'

당시 제 스펙으로는 결코 서울대학교 학생과 경쟁하여 살아남을 수 없었습니다. 하지만 인문학적 소양은 그 누구도 제대로 준비하지 않은 영역이었죠. 해볼 만한 게임이었습니다. 경쟁자가 많지 않으니 빠르게 움직이면 제 자신이 가장 먼저 세상이 원하는 인재가 될 가능성이 높아질 테니까요. 그때부터 저는 2015년까지 다음의 질문에 대한 답을 매일매일 연구했습니다.

2단계. 질문이 풀릴 때까지 세상 모든 지식과 연결한다

'왜 삼성이 아니라 국민은행이 인문학적 소양을 중시했을까?'

2011년 구글이 인문학도를 채용할 것이라는 공고를 보자마자 그로부터 2년 뒤인 2013년 상반기부터 한국의 채용 시장에 변화가 올 것이라고 예측하였습니다. 미국에서 이슈가 되던 것들이 한국에 넘어오는 주기를 살펴보면 블로그의 경우 2년, 페이스북은 1.5년, 최근 이슈화되는 인스타그램이 1.2년 정도였거든요. 따라서 저는 2013년쯤 한국의 대기업, 특히 구글의 경쟁자인 삼성이 스펙 외에 '인문학적 소양'을 지닌 인재를 원하게 될 것이라 확신했습니다.

그러나 제가 한발 앞서 예측하지 못한 부분이 있었으니, 실제로 한국에서 인문학도를 찾은 첫 번째 기업이 삼성이 아니라 '국민은행'이라는 것이었습니다. 2012년 하반기에 국민은행은 과감한 인재채용 공고를 발표했습니다. 흔히들 금융권에 입사하기 위해 필요했던 '자격증 3종 세트(펀드 · 증권 · 파생상품투자상담사)'가 아닌, 지금까지 읽었던 인문학 책의 목록을 요구했던 것이죠. 더불어 국민은행은 친절하게도 인문학 필수도서까지 지정해주었습니다.

그러자 금융권 취업준비생들은 미친 듯이 국민은행 지정 도서를 읽기 시작합니다. 마치 수능 전 모의고사를 준비하듯 지정된 책을 읽고 또 읽더군요. 그러나 전 책을 읽기 전에 먼저 발로 뛰어다녔습니다. 진짜 궁금했거든요. 직접 인사 담당자, 관리자분들에게 찾아가 물어보았습니다.

"왜 갑자기 금융권에서 인문학적 소양을 지닌 인재를 뽑으려는 거죠?"

그렇게 금융권 관리자분들을 인터뷰한 결과, 10명 중 8명은 같은 대답을 하셨습니다.

"실적 때문이죠. 흔히 스펙 좋은 친구들 실컷 뽑아서 일 시켜봤더니, 다들 매뉴얼대로만 하려고 하더군요. 행원이라는 게 계속 고객들을 상대로 상품을 판매할 수 있어야 하고, 고객에 맞는 서비스를 제공해야 하잖아요. 그러려면 인간에 대한 기본적 이해와 생각하는 능력이 필요하죠. 요즘 고객들은 더 이상 매뉴얼로는 설명이 불가능할 만큼 다양해졌어요. 다문화가정부터 시작해서 외국인, 십 대 청소년, 퇴직자 등 그분들을 다 어우를 수 있는 인재는 스펙 좋은 사람이 아니라 인간에 대한 이해가 높은 친구들이죠."

그러나 수능 공부를 하듯이 책을 통해서만 인간을 공부하는 한국의 대학생들을 보며 저는 친구들과 재미있는 예측을 하였습니다. 곧 있으면 '한 권으로 끝내는 인문학', '30일 만에 끝내는 인문학' 같은 책들이 생겨날 것 같다고요. 그리고 딱 1주일 후, Y대 화장실에 이런 공고가 붙었습니다.

"4주 코스로 쌈빡하게 끝내는 인문고전읽기 소모임."

와우! 4주 만에 인간에 대한 이해를 끝낼 수 있다니! 우리에게는 제대로 된 인문학 공부가 필요했습니다. 책에 갇혀 단기간에 끝장내는 것이 아니라 왜 인문학을 공부해야 하는지부터 따져야 했습니다. 그리하여 저는 미국 기업들이 왜 인문학 공부를 강조하는지에 대해 찾기 시작합니다.

'픽사에서는 어떻게 동기부여를 하는가?'

그렇게 자료를 서치를 하면서 발견한 사실이 있었습니다. 우리에게는 〈토이스토리〉, 〈몬스터 주식회사〉, 〈라따뚜이〉, 〈업〉 등으로 잘 알려진 애니메이션 제작사 '픽사Pixar'는 직원들에게 동기부여를 하기 위해 '픽사 대학'이라는 것을 운영하고 있습니다. 약 700여 명의 조직원들 모두 필수로 1주일에 최소 4시간은 이곳에서 공부를 해야만 합니다. 그들은 직급과 나이를 떼고 매주 글쓰기, 철학, 회화, 역사 등 100개가 넘는 교육 프로그램을 함께 듣습니다. 의상디자이너, 감독, 요리사, 경비원까지 모두 한자리에 모여 평등하게 함께 의견을 교류

할 수 있는 장이라고 할 수 있죠. 영화감독과 경비원이 함께 받는 교육이라니, 우리나라 기업에서는 아직 상상하기 힘든 일이죠?

그 대화의 장에서 조직원들은 스토리에 대한 영감을 얻습니다. 한국의 인문학 수업과는 매우 다르죠? 우리는 강의실에 일렬로 쭉 앉아서 교수님의 이야기를 듣지만, 이들은 서로의 생각을 교류하면서 누군가의 답을 듣는 것이 아니라 스스로 답을 찾아가고 있었습니다.

픽사 대학의 이러한 도전은 사실 불안정한 영화제작 시스템을 개선하기 위한 노력이었습니다. 픽사가 등장하기 전에는 새 작품을 만들 때마다 작가, 배우, 감독들이 임시로 팀을 꾸려 운영되었기 때문에 작업이 끝나면 모두 흩어져버렸고, 결국 지속적인 가치 창출이 불가능했다고 합니다. 이를 해결하기 위해 만들어진 것이 바로 픽사 대학이었습니다. 인문학적 영감을 교류하는 장을 통해 끊임없이 새로운 이야기를 만들어가게 한 것이죠.

'인텔의 상호작용 실험연구소 소장은 왜 '문화인류학자'일까?'

왜 기술력으로 먹고사는 기업들에서 '인문학적 소양'을 지닌 인재를 채용하려 하는지, 그에 대한 힌트를 얻게 한 곳은 바로 '인텔Intel Corporation'이었습니다. 인텔의 핵심부서, '상호작용 및 실험연구소'의 팀장은 '문화 인류학 박사'입니다. 컴퓨터 관련 기업이면 당연히 엔지니어가 팀장일 거라는 생각에 반하는 것이죠. 게다가 인텔은 팀원들까지도 엔지니어뿐 아니라 SF영화 시나리오 작가, 사회학자, 마케터 등으로 구성하여 기업의 심장 역할을 맡겼습니다.

한 인터뷰에서 인텔은 '더 이상 기술의 발전으로 획기적인 혁신을 이룰 수는 없다'고 발표합니다. 따라서 이제는 기술을 연구하기 이전에 인간이 무엇을 필요로 하는지부터 연구해야 한다는 것이죠. 더 이상 사람들은 새로운 기술이 나왔다고 해서 열광하지 않습니다. 따라서 기술자보다 인간의 본성과 니즈를 예측하는 인문학자들의 사고가 중시될 수밖에 없죠.

그렇다면 지금 우리가 공부해야 하는 것은 책이 아니라 인간의 본성이 아닐까요? 세상 그 어디에도 책벌레만 원하는 곳은 없습니다. 따라서 우리도 픽사처럼 자유롭게 생각을 공유하고 본질에 다가가는 공부를 해야 했습니다.

3단계. 질문에 대한 나만의 답을 만들기 위해 직접 뛰어다닌다

그런데 고민이 생겼습니다. 세상이 원하는 인문학에 대한 감은 잡았는데 도저히 '어떻게 인문학을 공부할 것인가?'에 대한 감은 오지 않더라고요.

그래서 이때부터 저 스스로를 실험실 생쥐 삼아 연구를 하기로 합니다. 단, 이렇게 나의 머릿속에 이런저런 인풋을 주되 단번에 아웃풋을 뽑아내려 하지 않았습니다. 그래서 학교에 휴학을 장기간 신청하고, 공부를 시작하겠다고 선포했습니다. 가슴속에 차 있는 '어떻게 인문학을 공부할 것인가?'라는 질문을 해결하기 위해서는 직접 내 몸으로 부딪치며 연구하는 시간이 절대적으로 필요했으니까요.

장한나처럼 인문학하기

인문학을 공부하고자 방황을 시작했을 때, 처음 발견한 팁이 장한나의 공부법이었습니다. 첼리스트 장한나 씨는 하버드 대학교 출신입니다. 그러나 재밌게도 철학과를 나왔답니다. 이런 재미난 결단을 하게 된 데는 자신의 인생 전체를 바꿔준 한 선생님의 영향이 컸다고 합니다. 중학교 시절, 러시아에 음악 공부를 하러 갔을 때, 한 선생님이 이렇게 말씀하셨다고 합니다.

"도스토예프스키의 책을 읽지 않고는 영혼이 연주를 할 수가 없단다."

그날 이후로 그녀는 도스토예프스키의 책을 쭉 읽어나갔고, 진짜 영혼이 열리는 연주를 했다고 합니다. 이 이야기를 들은 저는 도스토예프스키의 『죄와 벌』을 함께 읽는 독서모임을 구성했습니다. 결과는 어떻게 되었을까요?

영혼이 열리기는커녕 모임은 얼마 못 가 해체되었습니다. 분명 그때 당시 함께 책을 읽었던 친구들은 모두 좋은 대학을 나온 똑똑한 이들이었습니다. 그런데 문제가 생겼죠. '도스토예프스키예프스키예프스키'와 같이 긴 이름을 가진 인물이 15명 이상 나와 뒤엉키기 시작하니까 그때부터 읽기가 싫어진다고 고백하더군요. 또 읽으면서도 줄거리를 요약해야 할 것 같고, 복선을 찾아야만 할 것 같은 강박관념에 결국 독서는 이뤄지지 못했습니다. 그때 깨달았죠.

'한국인이 일상에서 인문학을 하며 살아가려면 한국형 인문교육이 다시 만들어져야 하는구나!'

실제 독서모임을 하다 보면 많은 친구들이 해설서부터 찾아봅니다. 또 '정답'을 찾고 있는 것이죠. 이러한 현상은 자기소개서를 쓰기 전 '합격 자소서'부터 찾아보는 취업준비생과도 많이 닮아 있습니다. 우리는 무의식적으로 문학작품이건 자기소개서건 정답을 따라가야 할 것 같은 압박을 느끼는 것이죠. 이로써 저는 앞으로 제가 해야 하는 역할에 대한 질문을 던질 수 있게 되었습니다.

'타인의 답이 아닌 나만의 답을 만드는 인문학은
어떻게 만들어야 하는가?'

문학작품과 면접의 공통점

문학작품과 면접은 묘하게 닮았습니다. 인문학을 훈련하는 데 문학작품이 좋은 재료가 되는 이유는 정답이 없기 때문입니다. 면접도 마찬가지죠. 면접관은 늘 정답 없는 질문들을 던집니다. 최근 한 친구가 면접장에서 받은 질문은 '이태임과 예원의 싸움, 누가 더 잘못했는가?'였더라고요. 분명 답이 없는 문제입니다. 그럼에도 불구하고 거기서 쫄아버린다면, 얼마나 억울한 일입니까!

그럼에도 아직도 많은 친구들이 회사에 지원도 하기 전에 인터넷 카페에 돌아다니는 무성한 소문에 휩쓸립니다.

"D기업은 자기소개서는 안 보고 스펙만 본대."

"SKY 아래는 아예 들어가지도 못한다던데?"

그런데 재밌는 건 정작 그 기업의 인사 담당자에게 물어보면 그런 기준이 있는지도 몰랐다고 하시더군요.

그러니 이제 그만 휩쓸리세요. 지금 우리한테 필요한 것은 남들이 말하는 정답이 아니라 나만의 생각을 정립하고 그것을 실천하는 것입니다.

저는 '어떤 문제를 해결할 때 사람들로 하여금 어떻게 하면 생각하게 만들까?'를 고민하며 수백 개의 프로젝트를 돌려보았습니다. 그렇게 만들어진 것이 지금의 인큐 커리큘럼입니다.

질문을 인큐의 프로젝트화하기

- 역사를 재미있게 공부하려면 어떻게 해야 할까? → 역사여행
- 끈기를 키우려면 어떻게 해야 할까? → 성장통 프로젝트
- 트렌드를 찾으려면 어떻게 해야 할까? → 거리에서 트렌드 찾기
- 어떻게 해야 예술로 인재를 양성할 수 있을까? → 인큐 콘서트
- 돈을 버는 경험을 하려면 어떻게 해야 할까? → 예술시장 프로젝트
- 용기를 얻으려면 어떻게 해야 할까? → 지하철 프로젝트

많은 사람이 어떻게 하다 이런 일을 하게 되었냐고 저에게 묻습니다. 사실 그 질문에 속 시원하게 답할 수가 없었습니다. 어떻게 하다 이 일을 하게 된 것이 아니라 앞서 쭉 이야기한 것처럼 그때그때 생겨나는 질문을 풀어나가는 과정에서 이 일을 하게 되었기 때문이죠.

당신은 지금 현재 남을 통해 질문을 해결하고 있나요, 나의 질문을 스스로 해결해나가고 있나요? 다시금 강조합니다. 인문학은 삶에 대한 질문을 해결하는 시도에서부터 이루어지는 공부라고 말이죠.

니체의 말처럼 책은 그저 저자가 세상을 바라보는 시선에 불과합니다. 따라서 진정 세상을 공부하려 한다면 저자의 시선은 생각을 넓히는 도구로만 사용하세요. 결국 지금 우리에게 필요한 공부는 '나의 시선으로 세상을 바라보는 것'입니다.

한 여행가가 자신의 삶을 변화시키시겠다며, 작은 배로 태평양을 횡단하고 돌아와 이런 이야기를 남겼습니다.

"여행을 마치고 돌아오는 날, 세상이 바뀌어 있을 줄 알았습니다. 하지만 서운하리만큼 모든 것은 제자리였죠. 그러나 괜찮습니다. 세상을 바라보는 제 자신이 변했기 때문입니다."

이는 여행뿐만이 아닙니다. 책을 읽고 나서, 어떤 강의를 읽고 나서 변하는 것은 세상이 아니라 나의 시각이어야 합니다. 세상을 보는 방법이 바뀌고, 행동이 바뀌어야 진정한 공부라 할 수 있겠죠. 장한나의 영혼을 열어준 것은 책이라는 세상이 아니라, 도스토예프스키와의 대화였을 것입니다. 도스토예프스키의 책은 늘 같은 모습을 하고 있습니다. 그러나 그것을 바라보는 사람의 시선에 따라서 새롭게 재탄생되지요. 나라는 사람을 움직이는 것은 누군가의 정해진 답이 아니라, 내 스스로 질문하고 풀어나가는 과정에 있다는 것을 꼭 잊지 않았으면 합니다. 결국 우리를 움직이는 것은 답이 아니라 '질문'입니다.

3부

인문학은 해석이다

• 주변의 모든 것에 의미를 부여한다 •

5장

예술가처럼 상상한다

·

의미부여 습관

그대의 생활은
그대 자신이 거기에 의미를 부여하려고 노력하는,
그 노력에 따라서 꼭 그만큼의 의미를 갖는다.
– 헤르만 헤세

존재하지 않는 것을 상상하라

충격적이었습니다. 이 그림과 처음 인연이 닿은 것은 대학교 3학년, 그전까지는 '어떻게 살아야 하는가'에 대한 진지한 고민까지는 하지 못했던 것 같습니다. 그러나 르네 마그리트René Magritte의 그림 한 장이 제 생각을 통째로 깨트렸습니다.

당신은 이 그림을 보며 무엇을 느끼나요?

르네 마그리트의 〈자화상〉Clairvoyance, 1936년, 캔버스에 유화

그는 알을 보고 비상하는 새를 그려냅니다. 그리고 이 그림에 '자

화상'이라는 제목을 붙였습니다.

'만약 내게 알을 그리라고 했다면 나는 비상하는 새를 그려낼 수 있었을까? 그리고 이를 나의 자화상이라고 표현할 수 있었을까?'

오만 가지 생각에 빠지게 되더군요. 그리고 주변 친구들을 대상으로 재미있는 실험 한 가지를 해봅니다.

"각자 본인의 자화상 좀 그려줘."

이렇게 부탁하면 대부분의 친구들은 닭살 돋게 왜 그러냐며 도망을 갑니다. 그러나 착한 친구 몇몇은 열심히 자화상을 그려주더군요. 그러나 그 누구도 마그리트처럼 상상하는 이는 없었습니다. 없는 그림 실력으로 그저 '있는 그대로의 자기 자신'만 그려내기 바빴죠. 그 모습을 보니 그게 딱 저의 모습인 것 같아 정신이 번쩍 들었습니다.

르네 마그리트는 이런 말을 했습니다.

"현상에 자신의 시각이 더해지면, 새로운 생명이 될 수 있다."

– 르네 마그리트

내 삶이 죽은 것처럼 느껴졌던 이유가 바로 여기에 있었습니다. 전 매일 현상을 현상으로만 봤을 뿐, 나의 시선을 더하거나 새로운 의미를 찾으려 노력한 적이 거의 없었던 것이죠.

사실 이 그림을 만났을 때 저는 꿈을 포기해야 하는 상황에 놓여 있었습니다. 어렸을 때부터 영화 〈사운드 오브 뮤직〉에 나오는 마리아 같은 선생님이 되고 싶었지만, 제 성적으로는 교육대학교에 가기가 어려웠습니다. 결국 제 성적에 맞는 대학에 들어가 지푸라기라도 잡는 심정으로 교직 이수를 하고는 있었지만, 당시 저는 관광학부 학생이었기에 관광고등학교에 발령이 나야 했는데 전국적으로 관광고등학교는 10년에 한 명 꼴로 자리가 난다고 합니다. 임용고사에 통과하는 것도 하늘의 별 따기였던 상황, 그러나 더 힘들었던 것은 '선생'이라는 직업에 대한 회의감이었습니다.

당시 관광고등학교의 학생들은 매우 반항적이었습니다. 수업시간에 잠을 자는 것은 너무나 당연했고, 선생님을 존경하고 사랑하는 문화는 찾아보기 힘들었죠. 그래서 매일 선생님은 학생들의 무례한 행동에 상처를 입고 힘들어하셨습니다. 또한 제가 꿈꾸던 〈사운드 오브 뮤직〉에 나오는 마리아 같은 선생님도 볼 수는 없었습니다. 현실이 이렇다 보니 선생님을 하기는 어렵겠다는 생각에 사로잡혀, 평생 꿈꾸던 업을 포기하려 했었죠.

그러나 르네 마그리트의 그림은 제 생각을 단번에 깨트려주었습니다. 이는 '선생'이라는 업을 두고 '상상'을 하지 못했던 저의 문제였습니다. 저는 제가 봤었던 선생님의 모습과 상황에만 갇혀 있었던 것입니다. 순간 이런 깨달음이 제 머리를 스치더군요. 흔히 아는 만큼 보인다고들 하지만, 그보다 더 무서운 것은 '보는 만큼 아는 것'이라는 걸요. 전 제가 본 것을 전부라 믿고 살아왔던 것입니다. 하지만 르네 마그리트는 보이지 않는 부분에 자신의 시선과 상상을 더하여 새로운 생명, 즉 새로운 삶을 만들어내지 않았던가요.

> 존재하지 않는 것을
> 상상할 수 없다면
> 새로운 것을 만들어낼 수도 없으며
> 자신만의 세계를 창조하지 못하면
> 다른 사람이 묘사한 세계에 머무를 수밖에 없다.
>
> – 폴 호건

나만의 세계를 만들어내지 못한다면 평생 다른 사람이 만든 세계에 갇히게 될 것이라는, 화가이자 작가였던 폴 호건의 말은 제게 큰 공포로 다가왔습니다. 제가 본 선생님이 되는 길과 선생님의 모습은 그저 현상에 불과합니다. '선생'이라는 업에 제 시각과 의미를 더해 생명력이 있는 업으로 만드는 것이 제가 해야 할 일이었던 것이지요. 그리고 그렇게 만들어진 것이 지금 저의 업입니다.

보이지 않는 나를 발견하라

인큐의 인문학 훈련 중반부쯤 저는 이런 훈련을 진행합니다. 학생들에게 안대를 쓰게 한 채 선인장이나 지렁이, 나뭇잎 등을 만지게 하는 것이죠. 어떤 물체든 좋습니다. 눈을 뜨고 볼 때는 보이지 않는 세계가 열리거든요. 눈을 가린 친구에게 물어봅니다.

"이게 뭐죠?"

대부분의 친구들은 자연스럽게 앞에 있는 물건이 무엇인지 맞히려고 합니다. 그럼 전 제지를 합니다.

"이 물건이 무엇인지 맞히려고 하지 말고 느끼려 해보세요. 오감을 열어, 손으로도 보고, 귀로도 보고, 입으로도 보고, 마음으로도 보려고 해보세요. 무엇이 보이나요?"

순간 위대한 감각이 더 큰 세계를 볼 수 있게 해줍니다. 어떤 친구는 선인장을 손으로 만지며 "아빠 수염 같아요."라고 하며 눈물을 흘리고, 어떤 친구는 차가운 얼음을 만지며 지난주에 가지 못했던 바다에 온 것 같다고 표현합니다.

알을 보고 비상하는 새를 그린 마그리트처럼, 눈에 보이는 것이 전부가 아님을 받아들이는 순간 누군가가 묘사한 세계가 아닌, 나만의 세계가 만들어집니다. 지금 당신은 무엇을 보고 있나요?

이러한 과정을 거친 후 저는 친구들에게 자화상을 그리게 합니다. 르네 마그리트처럼 나를 표현해보라면서 딱 2분이라는 짧은 시간을 주죠.

그러면 한 친구는 자화상을 그리면서 눈물을 흘리기도 하고, 또 어떤 친구는 심장이 터질 것만 같다고 이야기합니다. 태어날 때부터 삐뚤빼뚤한 손가락을 갖고 살아온 희진이는 이 수업을 통해 다시 태어날 수 있었다고 하더군요. 평생 자신의 손을 장애라 생각하고 숨기며 살아온 그녀는 그날 무지개 색의 손을 그렸습니다. 그리고 당당히 이야기하더군요. 나는 다양한 색의 손을 지닌 이희진이라고 말입니다. 그녀의 두 눈엔 눈물이 가득 맺혀 있었고, 우리는 그 용기에 모두 감동을 받았습니다.

자화상을 그린 진짜 이유는 바로 여기에 있습니다. 우리는 자신의 고정 관념과 나의 경험 속에 스스로를 가두려 합니다. 자기 자신을 뭐든 못하는 사람으로 바라본다면 어떻게 될까요? 당연히 평생 자신의 가능성을 재단하고 몸을 사리며 살아가겠죠. 그러나 눈을 감고 내가 누구인지, 어디서 왔는지를 상상하다 보면 내 안에 숨어 있는 수많은 잠재력을 볼 수 있답니다. 기억하세요. 나는 내가 상상하는 만큼 살아낼 수 있는 존재입니다.

인문학 미니 미션

새로운 방식으로 자화상을 그려보세요.

1) 눈을 감고 사물을 만져보면서 오감을 깨웁니다.

2) 르네 마그리트처럼 자유롭게 상상하며 2분간 자화상을 그려봅니다.

3) 다 그린 다음에 다음과 같이 질문해봅니다.

　　– 나는 무엇인가요?

　　– 왜 이렇게 그렸나요?

　　– 지금 느낌은 어떤가요?

의미 부여를 하는 순간, 삶이 심플해진다

조정래 작가는 원고지 한 장을 끝낼 때마다 자신의 이름이 새겨진 도장을 찍는다고 합니다. 스스로를 격려하는 방법이자 더는 고치지 않아도 된다는 품질보증 표시였다고 하네요. 이렇게 프로는 저마다 자신의 일에 대해 어떤 의미를 부여하는 데 능숙합니다. 그렇다면 우리에게도 그런 의미 부여가 필요하지 않을까요?

저는 선생이란 일을 하고 있으니 먼저 '선생'이라는 문자부터 꺼내보았습니다. 내 머릿속에 있는 선생님들의 모습을 다 지워버리고, 단어만 남겨뒀죠. 그리고 한 글자 한 글자 새롭게 의미를 파헤쳐보려 했습니다. 그러자 소름 끼치게 놀라운 일이 펼쳐집니다. 단어 그 어디에도 '임용고사를 통과해야 선생이 된다.'는 말은 없었거든요. 그 어디에도 '가르치는 사람이 선생이다.'라고 적혀 있지 않았습니다. 그건 오로지 제 생각이자 세상이 만든 틀이었을 뿐, 마그리트처럼 상상하면 새로운 길을 만들어낼 수 있겠다는 희망이 생기더군요.

저는 선생이라는 단어를 두고 제 시선을 더해보려 했습니다.

선생[先生] : 먼저 선[先] + 날 생[生]

먼저 선, 날 생? 그렇다면 선생은 '먼저 산 사람'이라는 뜻인데, 과연 먼저 살았다는 것은 어떤 의미일까요? 단순히 나이를 먼저 먹었다는 뜻일까요?

　아니었습니다. 제 주변에도 나이는 먹었지만 철이 들지 않아 아직도 스스로를 책임지지 못하는 어른들이 많이 있습니다. 그렇다면 먼저 살았다고 표현할 수 있는 어른은 어떤 사람일까요? 힘들 때 내가 찾아갈 수 있는 그런 사람이 아닐까요? 그런 분들에게는 사실 공통점이 있습니다. 그들은 저보다 지식이나 나이가 많은 사람이 아니라 더 많은 경험을 해본 분들이죠. 즉, 선생이라는 본질을 지켰다는 것은 자신의 선택에 책임지는 경험을 하며 살아왔다는 것을 의미했습니다.

　따라서 제가 되고 싶은 사람은 '내가 선택한 것에 책임지며 살아가는 선생'이었던 것입니다. 제가 아는 한 친구는 자신의 나이를 더 이상 계산하지 않는다고 하더군요. 진짜 나이는 자신이 선택한 것에 책임진 경험의 양에 의해 계산되는 것이지, 살아온 햇수로 정해지는 게 아니라고 하면서요.

　이렇게 저는 제 꿈 앞에서 제가 본 세계를 뛰어넘어 상상하고 새롭게 의미 부여를 했습니다. 윤소정이 선생이 되고 싶다면 임용고사를 볼 것이 아니라, 내가 선택한 것에 책임지는 삶을 살아내야 함을 깨닫게 된 거죠. 그리고 이는 '제 업에 대한 철학'으로 자리 잡았습니다. 그러다 보니 자연스럽게 교육기업 인큐의 선생님 채용 기준은 이렇게 심플해졌답니다.

　'자신의 선택에 얼마나 책임져본 경험이 있는가?'

그 결과 의대를 그만두고 선생이 되겠다며 찾아온 선생님부터, 모 기업의 아르바이트부터 시작해 최고 직급에 오른 후 선생이 되겠다고 오신 선생님, 기업 연구원을 그만두고 오신 선생님 등 인큐는 '진짜 선생'이 되고 싶다며 자신의 열정을 불태우는 이들이 모여서 만들어 가고 있답니다. '교육만이 나를 변화시키고, 우리를 변화시키고, 세상을 변화시킬 수 있다'는 믿음으로 일하는 이 시대의 진정한 선생님들이시죠. 이 자리를 빌어 그분들께 감사를 드리며, 현상에 새로운 시각을 더하면 생명을 탄생시킬 수 있음을 알려준 화가 르네 마그리트에게도 사랑을 표합니다.

시인의 눈으로 사물을 바라본다

요즘 친구들은 '돈을 많이 벌고 싶다'는 말을 많이 하더군요. 그런데 "돈이란 무엇인가요?"라는 질문에 쉽게 대답하는 이는 없습니다. '행복하고 싶다', '사랑받고 싶다'는 말은 쉽게 하지만, 정작 행복과 사랑에 대한 자신의 관점을 이야기하는 이는 없죠. 그때마다 전 알을 보고 비상하는 새를 상상한 르네 마그리트의 그림을 보여줍니다. 그리고 제가 돈을 벌게 된 것 역시 돈을 바라보는 나만의 시선을 확립한 후부터였음을 알려줍니다.

저에게는 돈에 대한 심플하면서도 확고한 철학이 있습니다. 교육

하는 이는 돈을 벌려고 하면 할수록 일을 그르칩니다. 반대로 매일 '남 잘되는 일'을 생각하고 행동하면, 돈이 자연스레 따라오죠. 따라서 제게 돈이란, '남을 잘되게 하는 것'입니다. 언제나 '어떻게 하면 남이 잘되는 일을 잘할 수 있을까?'를 생각하다 보니 더 이상 돈 걱정하며 살 일은 없어졌답니다.

돈뿐만이 아닙니다. 초등학교 때부터 대학교까지 약 16년, 아니 그 이상을 매일 공부해온 우리들은 정작 '공부란 무엇입니까?'라는 질문을 받으면 명쾌하게 대답하지 못합니다. 하지만 나의 삶이 보다 생명력으로 넘치길 바란다면 무작정 공부를 할 것이 아니라 공부라는 현상에 '나만의 시각'을 더해볼 필요가 있습니다. 신영복 선생님은 마지막 강의에서 자신이 생각하는 공부에 대한 의미를 풀이합니다.

> 공부는 한자로 '工夫'라고 씁니다. 이때 '工'은 천天과 지地를 연결하는 뜻이라고 합니다. 그리고 '夫'는 천과 지를 연결하는 주체가 사람 人이라는 뜻입니다. 공부란 천지를 사람이 연결하는 것입니다.
>
> — 신영복, 「담론」 중

공부는 책으로만 하는 것이 아니라, 살아가는 것 그 자체가 되어야 한다는 신영복 선생님의 시선에 깜짝 놀랐습니다. 그래서 저 역시 공부라는 단어에 생명을 불어넣기 위해 연구에 돌입했습니다.

곰곰이 공부工夫라는 글자를 관찰해보니 재미있는 법칙을 발견하게 됩니다. 한자 '工'이 '나'를 뜻하는 영어 'I'와 모양이 닮아 있더라고요. 와우! '하늘과 땅을 연결하는 주체가 나'라는 비밀이 영어 I에도 숨어 있는 것처럼 느껴지더군요. 그제야 '공부'라는 단어가 생명력을 얻기 시작합니다. 결국 내가 해야 하는 공부는 틀에 갇힌 시험을 위한 공부가 아니라, '나를 살아내는 것' 그 자체였던 것입니다.

'행복하고 싶다', '공부 좀 잘하고 싶다', '사랑받고 싶다', '인정받고 싶다' 등 말은 참 잘하지만 그것들에 제대로 된 의미 부여를 하는 사람은 몇이나 될까요? 연애 초 남편에게 사랑받고 싶다고 투덜거리니 그가 제게 묻더군요. "당신에게 사랑은 뭐야?"라고 말입니다. 뭐라 말했는지도 모를 만큼 추상적이고 장황하게 답했습니다. 그러자 남편이 사랑받는다는 것이 무엇인지 스스로 정리가 되어 있지 않으면서 상대에게 무작정 사랑을 요구하는 것은 폭력을 가하는 것과 같다고 하더군요. 머리를 한 대 맞은 것만 같았습니다.

예전에 한 시인이 이런 얘기를 해주셨습니다. 시인은 세상의 모든 미생물들을 대변하는 사람이라고요. 말 못 하는 개미의 입장이 되어주기도 하고, 간장게장의 입장이 되어주기도 하면서 그들에게 새로운 생명을 불어넣어주는 역할이 시인의 몫이라 말씀하시더군요. 그러나 저는 이것이 꼭 시인만의 역할은 아니라고 생각합니다. 우리 모두의 역할이기도 하죠. 내가 원하는 모든 단어에 생명을 부여하기 위해서는 새로운 시각을 더해야만 합니다. 사랑을 바라보는 나의 시선, 행복을 바라보는 나의 시선, 돈을 바라보는 나의 시선, 직업을 바라보는 나의 시선이 존재한다면 삶은 자동적으로 활력을 되찾게 됩니다.

자연을 관찰하며 삶의 이치를 깨우친다

'사람들이 왜 이것을 좋아할까?'라는 질문을 던지며 조금만 관심을 가져도 대중의 마음을 공부할 수 있습니다. 그러나 가끔은 타인의 마음이 아니라, 내 마음을 돌아보는 공부를 하고 싶은 날이 있는데요. 전 그럴 때마다 자연 속에서 삶의 의미를 찾는 습관이 있습니다. 어렸을 때부터 엄마는 소나기가 오는 날에 "세상 모든 슬픔은 지나가는 소나기와 같단다." 하시며 자연에 늘 의미를 더해 인생을 가르쳐주려 하셨거든요.

'여자의 마음은 갈대'라고들 하지만, 실제로 갈대가 얼마나 강한 식물인지 알려주기 위해 엄마는 집 주변에 갈대를 가득 심어두셨습니다. 바람 따라 이리 흔들, 저리 흔들 방황하는 갈대. 그러나 방황의 시기가 길어질수록 갈대는 더 깊이 뿌리를 내린다고 합니다. 엄마는 그 뿌리 깊은 갈대의 모습이 힘든 어린 시절을 겪는 저와 닮았다고 하시며 제가 스스로를 위로하게 하셨죠.

갈대뿐만이 아닙니다. 나무도 우리에게 삶의 지혜를 알려줍니다. 전 농림수산식품부 장관은 나무의 지혜를 시로 이렇게 표현하기도 했습니다.

나이든 나무는

바람에 너무 많이 흔들려 보아서

덜 흔들린다.

– 정태평, '나이든 나무' 중

나무의 진가는 겨울에 발현되지요. 그 어떤 고난에도 쓰러지지 않을 것 같은 고수들도 한때는 수없이 흔들렸을 겁니다. 하지만 그들은 그럴 때마다 용기를 내어 더 나아갔던 사람들입니다. 나무만 잘 관찰해도 이렇게 삶의 지혜를 깨우칠 수 있습니다.

전 어릴 때부터 책이나 친구에게 받은 위안보다 자연으로 받은 위안이 더 컸답니다. 힘든 날에는 자연 속에서 삶의 의미를 배워보면 어떨까요?

물에게 고민을 털어놓다

신혼 초에 남편과 크게 싸우고 속상한 마음에 엄마에게 전화를 걸었습니다. 울며불며 이런 게 결혼이냐고 한껏 투정을 부리니, 엄마가 이렇게 말씀하셨죠.

"저녁이면 다 지나갈 감정이야. 물은 결코 바위를 뚫으려 하지 않는단다. 사람은 물과 같을 때 가장 아름답지."

엄마의 지혜는 노자의 지혜와 닮아 있었습니다. 물과 같은 인간이 되어야 한다는 노자의 이야기를 책으로 읽었을 때는 '그런가 보다' 싶었지만, 감정이 격해진 상태에서 조용히 시냇물을 떠올려보니 '아!' 하는 깨달음이 옵니다. 오직 어리석은 인간만이 앞을 가로막는 바위를 뚫어버리려고 덤비죠. 엄마는 옳았습니다. 격했던 감정은 저녁이 되니 다 지나가버렸고, 이제는 왜 싸웠는지 기억조차 나지 않습니다.

돌이켜보니 책에서 '물과 같은 사람이 되라'는 텍스트는 참 많이 마주했습니다. 그러나 정작 진짜 물 앞에 서서 답을 구하는 공부는 해본 적이 없었죠. 그런데 신이 인간에게 선물한 최고의 대학은 자연이 아니던가요? 책을 쓰는 저자의 생각은 언제든지 바뀔 수 있습니다. 지식 또한 시대의 변화에 따라 구닥다리가 되기도 합니다. 그러나 자연의 이치는 변하지 않습니다. 그래서 어른들이 '만물에는 이치가 있다'고 이야기했나 봅니다. 삶이 힘겨울수록, 외로움이 커질수록 자연에게 다가가봅시다. 그리고 이렇게 물어봅시다.

'당신은 어떤 존재입니까?'

어렸을 때부터 제가 힘들어하면 엄마는 저를 데리고 바다에 가셨습니다. 그리고 늘 '바다'와 같은 사람이 되라고 말씀하셨습니다.

"소정아, 바다가 왜 바다인 줄 알아? 세상 모든 물을 다 '받아'줬기 때문이야. 모든 물은 흘러 흘러 바다로 온단다. 똥물도 강물도 모두 바다는 받아주지.

엄마는 우리 소정이가 늘 바다 같은 사람이 되었으면 좋겠어. 힘든 일도, 괴로운 일도 모두 받아낼 수 있는 그런 사람 말야. 그런데 말야. 그중에서도 가장 위대한 바다의 가르침은 파도에 있단다. 파도가 크게 이는 날 바다는 확 뒤집어지잖니. 우리가 보기엔 위태위태하지만 그 과정에서 바다는 스스로를 정화시킨단다. 그러니 시련이 널 바닥으로 이끈다고 해서 두려워하지 마. 그 과정에서 떨어져 나가야 하는 것들은 떨어지고, 새겨야 할 것들은 새기며 가는 게 인생길 아닐까?"

그래서일까요? 힘든 날이면 전 책이나 강연 등을 쫓아가려 하기보다 홀로 바다를 찾곤 합니다. 그리고 거센 파장을 일으키며 파도를 만들어내는 바다를 보며 이렇게 질문합니다.

'바다야, 지금 이 순간 왜 내게 이런 일이 생겼을까?'

바다는 온몸으로 파도치며 알려주더군요. 바닷물이 고이면 썩은 물이 되고, 심장이 멈추면 죽음이 오는 것처럼 네 인생도 그렇게 큰 요동 속에서 흘러가고 있다고 말입니다.

산이 나에게 준 가르침

살다 보면 화가 나는 일도 억울한 일도 수없이 생기게 마련입니다. 그러나 인문학을 공부하기로 마음먹은 순간부터는 힘든 날마다 제 심장을 움켜쥐어봅니다. 한번은 큰 수술을 하고, 심장박동을 체크하는 기계에 생명을 맡긴 적이 있습니다. 오르락내리락하는 심장박동 그래프를 바라보며 내 심장이 멈추지는 않을까, 심장박동수가 줄어들지는 않을까 안절부절못하는 상황에서 깨닫습니다. 살아 있다는 것은 늘

오르락내리락하는 인생길을 견뎌내겠다는 무언의 약속이라는 것을 요. 아무 일도 일어나지 않는 한결같은 인생길을 걷고 싶다는 것은 내 심장이 멈추는 죽음을 원하는 것과 다를 바가 없더라고요. 그때부터 내 인생에 찾아오는 많은 시련들이 자연스러운 굴곡임을 받아들이기로 합니다.

굴곡이 없는 산은 없습니다. 산을 오르고 내리고를 반복하며 정상에 도달하면 알게 됩니다. 그 어떤 아름다운 정상도 30분 이상 누리기는 어렵다는 것을요. 언젠가는 다시 내려가야만 합니다. 결국 우리는 정상에 도착하기 위해 산을 오른 것이 아닙니다. 올라가고 내려가는 그 과정 속에 존재하기 위해 산을 탄 거죠. 그래서 힘든 날에는 산행을 하며 큰 위안을 얻곤 하였습니다.

산행을 하고 나면 목표를 달성하지 못해도 더 이상 좌절하지 않습니다. 목표를 달성해나가는 과정 속에 존재하기 위해 그 일을 하고 있다는 사실을 깨닫기 때문이죠. 모두 산이 준 가르침 덕분입니다.

우물 안 개구리는 용감했다

매일 밤 제 스스로를 우물 안 개구리라 한탄하며 울었던 날이 있습니다. 정신병을 앓던 아빠와의 싸움, 지독하게 가난했던 집, 아무런 희망도 꿈도 품을 수 없던 시절……. 더 넓은 세상으로 나아가고 싶지만 돈도 없고 백도 없어 아무것도 하지 못하는 제 스스로가 불쌍해 울다 지쳐 잠들었던 나날들…….

그러다 우연히 계곡에서 개구리 한 마리를 발견합니다. 순간 '우물 안 개구리'라는 말이 생각나 실험을 하기로 했어요. 우물을 직접 팔수는 없으니 개구리가 우물이라고 느낄 만한 깊은 통에 개구리를 가뒀습니다. 그리고 개구리가 어떻게 하나 관찰했죠.

그런데 놀라운 일이 일어났습니다. 개구리가 20분이 넘도록 점프를 하고 또 하는 게 아닙니까? 개구리는 단 한 번도 포기하지 않았습니다. 저처럼 자신을 가로막는 환경에 지쳐 울고만 있지도 않았고, 분노하지도 않았습니다. 오직 자신을 가두고 있는 벽을 넘고 또 넘으려 안간힘을 쓸 뿐이었죠.

그뿐만이 아닙니다. 수천 번의 도전과 훈련 끝에 개구리는 깨달았습니다. '도움닫기'라는 비법을요. 제자리 점프를 하면 장벽을 뛰어넘기 어렵지만, 멀리서부터 달려와서 날아오르면 자신을 가둔 벽을 쉽게 뛰어넘을 수 있음을 온몸으로 깨우친 것이죠. 그렇게 개구리는 도움닫기로 하늘을 향해 점프하였고, 벽을 넘어 넓은 세상으로 나올 수 있었습니다.

그 모습을 본 저는 기립 박수를 쳤습니다.

"아! 이거였구나!"

전 장벽 앞에서 개구리만큼도 뛰어오르려 하지 않았습니다. 저를 가둔 틀을 원망했고, 누군가 그것을 깨부숴주기를 바랐을 뿐이었죠. 그날 이후로 전 '우물 안 개구리'라는 말을 사용하지 않습니다. 그리고 삶이 힘든 날에는 이 사진을 꺼내놓고 질문합니다.

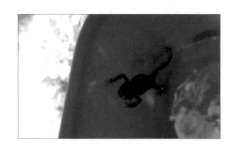

'나는 이 개구리처럼 어제의 나를 뛰어넘으려 하고 있는가?'

삶이 힘들어지는 날에는 무턱대고 친구를 찾아가지 말고, '자연'에게 다가가보세요. 여럿이서 함께 떠나지 말고, 그날은 혼자 여행을 떠나보세요. 발길 닿는 곳으로 걷다 보면 꼭 만나야 할 사람을 만나게 되고, 보아야 할 자연을 만나게 됩니다.

마음이 흔들릴 때는 강에게 가서 물어보세요.

'강물아, 왜 나는 매일 방황하는 걸까?'

화가 나는 일이 있을 때는 꿋꿋한 나무에게 물어보시고요.

'나무야, 왜 나한테는 이런 일이 일어나는 걸까?'

자연으로부터 돌아오는 메아리가 내 마음에 큰 울림으로 다가올 것입니다.

매너리즘에서 벗어나기 위한
인문학 트레이닝

여행 기획

> 이런 친구가 하면 좋아요!
> - 자신의 경험에 대한 의미 부여가 필요한 친구
> - 여행을 가면 모두가 가는 곳에서 인증샷만 찍고 오는 친구
> - 반복되는 업무에 지쳐 있는 친구

중학교 3학년 때, 삶이 너무 힘든 나머지 엄마에게 이런 말을 하고야 말았습니다.

"엄마, 나 도저히 살아갈 자신이 없어."

그때 어머니는 자신의 틀어진 치아를 보여주시며 이렇게 말씀하시더라고요.

"소정이가 세상에 태어날 때 엄마는 치아가 다 틀어질 만큼 고통스러웠어. 산통에 16시간씩 시달릴 때는 그 고통의 의미를 몰랐단다. 근데 네가 아장아장 걷기 시작하고, 처음 '엄마'라고 옹알이하고, 힘들 때마다 나를 다시 살게 하는 것이 내 딸임을 알게 된 순간, 그 고통의 의미를 이해하게 되었지. 그러니 너 또한 죽기 전까지 가봐야만 지금의 고통을 이해할 수 있게 돼."

단단해지기 위해서는 현재의 고통에도 의미를 부여할 줄 알아야 합니다. 심리학자 김정운 교수님은 자신의 삶에 의미를 부여하는 행동을 '리추얼'이라는 개념으로 소개했습니다.

"리추얼은 일상에서 반복되는 일정한 행동패턴을 의미한다. 형태상으로 습관과 리추얼은 같은 형상이다. 그러나 이 둘 사이에는 아주 중요한 심리적 차이가 존재한다. 습관에는 '의미 부여'의 과정이 생략되어 있다. 습관은 스스로도 인식하지 못한 채 그저 반복되는 행동패턴을 의미한다. 반면 리추얼에는 반복되는 행동패턴과 더불어 일정한 정서적 반응과 의미 부여의 과정이 통반된다."

– 김정운, 『나는 아내와의 결혼을 후회한다』 중

이렇든 의미 부여는 나의 무의식적 습관을 '리추얼'로 변화시켜줍니다. 의미 부여를 꾸준히 하다 보면 어느새 내 삶의 의미들이 만들어지고, 삶의 주인으로 우뚝 서게 됩니다.

습관 처방전: 나만의 여행 기획

나의 행동에 의미가 부여되면 스스로의 삶을 주체적으로 만드는 힘이 생깁니다. 일이 늘 고된 인큐의 선생님들에게는 매년 길고 짧은 네 번의 휴가가 있는데요. 어느 날 용인주 선생님이 재미난 제안을 하나 하더군요.

"소정 쌤, 오늘 배낭여행에서 돌아온 대학생 친구들과 대화를 나눴는데 충격을 받았어요. 여행하면서 가장 좋았던 곳이 어디냐고 물으니까, 그냥 다 좋았다고 하더라고요. 그래서 여행계획을 어떻게 짰냐고 물었더니 SNS에 유명한 장소들 위주로 싹 돌고 왔다는 거예요. 수백만 원을 투자해서 유럽 여행을 갔는데 건진 건 인증샷뿐인 것 같다네요. 이런 여행 문화를 개선시킬 좋은 방법이 없을까요?"

그러더니 자신이 직접 유럽여행에 가서 실험을 하고 오겠다고 하더군요. 그녀는 궁금했다고 합니다.

'세계인의 눈에 비치는 나의 모습은 어떨까?'

그래서 나흘간 현지인들에게 다가가 자신의 얼굴을 그려달라고 하며 돌아다

넸다고 하더군요. 에듀 아티스트라는 본인의 업을 살려, 여행지에 가서도 모든 이들을 일상 예술가로 만들었던 것이죠.

남들이 가니까 가는 여행, 남의 블로그를 염탐해서 똑같이 떠나는 그런 여행 말고 나만의 여행을 디자인해보는 건 어떨까요?

트레이닝 방법

1. 먼저 내 자신에게 질문을 던져봅니다.

　　- 이번 여행을 통해 도전하고 싶은 것은 무엇인가?
　　- 여행지에서 나의 강점을 살릴 수 있는 액션은 무엇인가?

2. 답이 나온다면 재밌는 나만의 여행 미션을 만들어봅니다.

3. 여행지에 가 여행 미션을 행하며 사진으로 기록합니다.

4. 미션을 통해 느낀 점을 SNS에 기록하여 내 주변 친구들과 공유합니다.

용인주: 소정 쌤! 저의 여행 인증 샷입니다. 많은 친구들이 저에게 그림을 선물해주었고 말을 건넸어요. 직접 의미 부여를 하며 이렇게 도전해보니 저만의 이야기가 생기네요. 작은 도전이었지만 그 힘이 저에게 새로운 용기를 주었어요. 앞으로 저의 삶을 주체적으로 만들어갈 의지도 불끈 솟아났고요!

그런 인주 선생님을 보고, 저도 '서른이 되기 전에'라는 콘셉트로 여행을 떠났답니다. 내 인생에 영감을 줬던 장소들에서 글을 쓰겠다는 목표로, 20년간 내 꿈이 되어준 〈사운드 오브 뮤직〉의 촬영지, 사랑에 영감을 준 〈냉정과 열정 사이〉의 두오모 성당, 한때 미용을 배우고 싶어 가려 했던 파리 등, 왜 이곳들이 이전의 나에게 영감을 줬는지 온몸으로 느껴보기 위해 여행을 했습니다. 단 한 번도 남의 블로그를 보거나, 모두가 가는 곳에 가려 하지 않았습니다. 매 순간 나만의 의미를 부여해보니 정말 환상적인 시간을 보낼 수 있었습니다. 삶의 의미를 부여하고 싶은 이들에게 이 트레이닝을 강력히 추천합니다!

역사 여행

뭐든 경험을 통해 배워야 한다는 것은 누구나 알고 있는 사실입니다. 그러나 이를 직접 실천하기는 어렵죠. 왜냐하면 우리는 어릴 때부터 앉은뱅이 교육을 받아왔기 때문입니다. 역사를 공부할 때도 직접 가서 보고 느끼기보다 교과서만 달달 외웠으니까요.

데이비드 콜브David Kolb의 '경험 학습의 모형'이라는 개념에 의하면, 진짜 학습은 구체적인 경험을 통해 스스로 관찰하는 힘을 키우고, 추상적인 생각들을 개념화시키며, 스스로 생활에 적용하는 실험으로 이루어져야 한다고 합니다. 따라서 전 모든 수업을 '온 세상을 학교로'라는 모토 아래 직접 발로 뛰며 관찰하고, 의미 부여를 통해 삶에 바로 적용할 수 있게 구성합니다. 의미 부여를 배우기 가장 좋은 장소 중 하나는 바로 '경복궁'이랍니다.

습관 처방전: 역사 여행

'경복궁' 하면 무엇이 먼저 떠오르시나요? 조선의 궁, 그리고 조선의 왕이 살던 곳? 실제 경복궁에는 우리가 알지 못했던 수많은 의미가 숨어 있답니다. 조선을 건국한 '정도전'이 자신의 유교적 이념과 철학을 경복궁 구석구석에 심어 놓았기 때문이죠. 따라서 경복궁의 문화적 가치는 그 안에 담겨 있는 의미를 발견할 수 있을 때 진정으로 빛이 난답니다.

이를 재미있게 파악하기 위해 전 학생들과 경복궁에서 '비밀찾기' 게임을 시도합니다. 학생들이 경복궁에 모이면 카톡으로 미션을 보냅니다.

〈미션〉 근정전에서 다음 장소를 사진 찍어 오세요.

그렇게 보낸 사진 속에는 각각 '일월오봉도日月五峰圖'와 '해치獬豸'가 있습니다. 미션을 받은 학생들은 사진 속 장소를 찾아 경복궁을 돌아다닙니다. 그러다 보면 저절로 경복궁 곳곳을 관찰하게 되죠. 미션을 마치고 학생들이 모이면, 우리가 찾은 장소들에 어떤 의미가 숨어 있는 것 같은지 물어봅니다.

"이 사진의 뒤에 있는 해와 달은 왕과 왕비를 상징하는 것 같고, 산과 강은 모든 것을 잘 다스리라는 의미에서 왕의 자리 뒤에 놓인 것 같아요."

"용처럼 강한 자세로 나라를 다스리라는 의미에서 천장에 용을 새겨 넣지 않았을까요?"

이렇게 한 번만 생각을 깨어주면, 그다음부터는 스스로 사고하며 다음 장소를 관찰하게 됩니다. '이건 왜 이렇게 배치했을까?', '저 처마 위에 달려 있는 것은 무엇이고, 왜 달았을까?' 등 스스로 의미를 발견하려고 노력하죠.

1) 일월오봉도

경복궁 내에 왕이 앉는 자리 뒤에는 '일월오봉도'가 있습니다. 실제 일월오봉도는 항상 왕과 함께하며, 왕이 묻힐 때 함께 묻혔답니다.

그림 속 해는 '왕'을 상징하고, 달은 '왕비'를 상징합니다. 산은 다섯 개가 있는데, 가운데 있는 산은 북한산으로, 가운데는 서울을 의미합니다. 일월오봉도의 소나무는 곧은 신하를 의미하고, 물은 백성을 의미합니다. 즉, 왕의 곁에 이

일월오봉도. 말 그대로 달과 해, 다섯 개의 산봉우리를 그린 그림이란 뜻이다.
주로 병풍으로 그려져 조선 시대 어좌의 뒷편에 놓였다.

그림을 배치함으로써, 왕이 돌봐야 하는 것들이 무엇인지 늘 일깨워주려 했던
것이죠.

더욱 재미난 점은 일월오봉도는 왕이 그 앞에 앉아 있을 때 비로소 그 작품
이 완성이 된다는 것입니다. 낮과 밤을 가리지 않고 해와 달의 마음으로 영토,
신하, 백성을 돌보려 했던 것이 조선 왕조의 정신이 아닐까 싶습니다.

2) 해치

왕을 향해 올라가는 길목에는 항상 상
상 속의 동물 '해치'가 있습니다. 해치는
선과 악을 구분하는 동물로 알려져 있
습니다. 특히 거짓말을 하는 사람은 뿔
로 들이박는다고 하죠. 그렇다면 왜 왕을
향해 올라가는 계단에 해치가 있는 걸까
요? 왕에게 다가가는 사람이라면 항상
선한 마음을 가지고, 거짓 없이 다가가라
는 의미를 담고 있기 때문입니다.

전설 속의 동물, 해치.

저는 경복궁 지붕을 가리키며 또다시 퀴즈를 냅니다.

〈퀴즈〉 경복궁 지붕 위에 있는 조각은 소설 속 인물을 형상화했습니다. 그것
은 어떤 소설 속의 인물들이며, 그것들을 왜 올려놓았을까요?

제가 이렇게 퀴즈를 내면 그때부터 학생들은 추리력을 발휘하기 시작합니다.
"왕을 상징하는 모습이다", "괴물을 물리치는 악당이다" 등 함께 이야기를 나누
며 호기심을 더욱 키워나가죠.

궁궐 등의 기와에 쭉 늘어선 조각들은 '어처구니'라 불립니다. 이는 『서유기』
의 인물들을 형상화한 것인데요. 악귀를 물리치고, 왕이 행하는 선이 세상에 전
파되길 바라는 마음이 담겨 있습니다.

'어처구니'의 사전적인 뜻은
'상상 밖의 엄청나게 큰 사람이나 사물'을 말하며,
맷돌의 손잡이 부분을 뜻하기도 한다.

그럼, 여기서 잠깐! 우리 흔히 '어처구니가 없다'라고 표현을 하잖아요? 이
말은 어디서 유래된 것일까요?

원래 경복궁 내 교태전 옆에는 '어처구니'를 만들지 않은 궁궐이 있었다고 합니다. 목수가 실수로 만들지 않고 완공하였는데, 어느 날 원인을 알 수 없는 화재로 궁궐이 타버렸던 거죠. 그래서 '어처구니가 없어서 기가 막힌 재앙이 온 것'이라 여겼고, 여기서 '어처구니없다'라는 말이 나오게 되었다고 하네요. 이제 처마 위의 조각상들도 다르게 보이시죠?

이밖에도 이렇게 근정전, 경회루, 사정전, 교태전 등 경복궁 곳곳에는 조선 왕조의 다양한 철학들이 잘 반영되어 있습니다. 경복궁 구석구석에 있는 물건들을 관찰하고, 스스로 의미를 부여한 후 다시 바라본다면 경복궁이 놀이공원보다도 더 재미있게 느껴지실 거예요.

경복궁 투어를 마치고 난 뒤 한 친구는 "전 의미 부여의 대가가 '애플'이라고 생각했는데, 경복궁에 비하면 아무것도 아니네요!"라는 말을 하더군요. 사실 이 수업의 묘미는 끝나고 난 후에 있습니다. 이 수업을 하고 나면 집에 돌아가서도 자신의 삶에 의미를 부여하고 싶은 욕구가 올라가거든요. 그리고 무엇보다 공부는 앉아서 하는 것이 아니라 직접 보고 느끼며 몸으로 하는 것임을 배울 수 있는 유익한 수업이랍니다.

트레이닝 방법

1. 역사적 공간에 찾아가 의미 부여가 잘된 곳을 찾아봅니다.

2. 그곳에 어떤 의미가 있는지 조사하고 살펴봅니다.

3. 그 장소에 어떤 의미 부여가 되었는지 자신의 생각을 글로 정리합니다.

4. 나의 삶, 나의 공간, 나의 물건에도 의미를 부여해봅니다.

경복궁의 상징들을 배우고 나면, 친구들은 자신에 대해서도 의미를 부여하고 싶어 합니다. 그래서 우리는 경복궁의 넓은 잔디밭에 함께 앉아 왕이 스스로 지켜가고 싶은 삶의 자세와 정신을 궁궐 곳곳에 심어뒀듯이, 각자 지키고 싶은 삶의 자세와 이를 상징할 만한 물건 혹은 그림을 생각해본 후 그것을 함께 그려보는 시간을 갖습니다.

니라쌤: 오늘 수업은 어땠어요? 밖에서 수업하니까 신선하고 좋죠?

김주옥: 네, 저 진짜 공부 안 하는 거 아시죠? 저는 역사는 공부를 잘
　　　　하는 학생들만 하는 건 줄 알았어요. 그동안 우리의 문화재
　　　　는 재미없고 딱딱하다고만 생각했는데 이렇게 많은 생각이

담겨 있는 줄은 몰랐어요! 무엇보다 신기한 건 배운 걸 제 삶에도 적용시킬 수 있다는 거였어요.

심정인: 저도 제 그림을 보니 무언가 막연하게 생각했던 저의 생각이 구체화되어 좋네요. 틈틈이 보면서 저의 마음을 다잡을 수 있을 것 같아요.

임서하: 저는 역사를 제법 안다고 생각했어요. 그런데 단순한 암기가 아니라 '의미 부여'라는 주제로 경복궁을 돌아보니, 완전 다른 곳이더라고요. 같은 것을 보더라고 그 안의 의미를 찾아보고, 또 내가 의미를 부여해보고, 삶에 적용해야만 내 것이 된다는 것을 실감하네요. 쌤, 다음엔 또 어디로 가나요?

6장

현장에서
흐름을 읽는다

·

관찰 습관

흐름에 따라가지 말고,
흐름이 되라.
– 엘리프 샤팍

세상에는 일정한 흐름이 존재한다

생애 첫 비행기를 타던 날, 그동안 쌓아왔던 신에 대한 미움을 내려놓기로 합니다. 저는 어릴 때 신을 참 많이 원망했습니다. 아빠가 정신병원에 실려 가는 날에도, 돈 200만 원이 없어 구치소에 수감되었을 때도 하루도 빠짐없이 기도했죠.

'제발 저도 친구 ○○처럼 평범한 하루를 갖게 해주세요.'

그러나 기도를 하면 할수록 인생에 어려움이 닥치더군요. 산 너머 산, 고난의 연속이었습니다. 이렇게 열심히 기도하는데! 신이 있다면 한 번쯤은 제 기도를 들어줘야 하는 것 아니냐고 하늘에 대고 호통을 치기도 했답니다.

그런데 비행기에서 육지를 바라보니 세상에는 정말로 사람이 많았습니다. 그러고 보니 한 번도 신의 입장에서 생각해본 적은 없었습니다. 그날 저는 처음으로 '신의 입장'을 헤아려보았습니다. 내가 자살을 결심하며 기도했던 순간에도, 분명 나보다 더 큰 아픔을 지닌 친구가 있었겠지요. 아버지에게 폭행을 당한 친구도 있었을 것이고, 부모님이 누군가에게 살해되는 장면을 지켜본 친구도 있었을 겁니다. 그러니 신에게 제 기도만 들어달라고 한 것은 매우 이기적인 행동이었더라고요. 그렇게 따지면 신은 모든 이가 원하는 바를 들어줘야 할 텐데, 그럼 세상이 뒤죽박죽이 되지 않을까요? 다들 자기 뜻대로 세상이 굴러가기만을 원할 테니까요.

그날 비행기 안에서 저는 '그렇다면 신의 역할은 무엇일까?'만 생각했습니다. '내 뜻대로 움직이는 것이 세상이 아니라면 과연 세상은 어떻게 움직이는가?'에 대해 깊이 있는 사색을 해보았죠. 그리고 알게 됩니다. 세상에는 어떤 '흐름'이라는 게 존재한다는 사실을요. 물에도, 바람에도, 햇빛에도, 경제에도, 역사에도 흘러가는 방향이 있습니다.

독일의 철학자 칼 야스퍼스Karl Jaspers는 동양과 서양의 역사적 성장에도 같은 맥락이 있다고 주장합니다. 그는 기원전 6세기부터 약 200년 동안 동양과 서양 모두 지금까지 지속되는 어떤 '정신'이 만들어졌다고 주장합니다. 당시는 우리가 알 만한 웬만한 철학자들이 왕성하게 활동했던 시기입니다. 서양에는 소크라테스, 플라톤, 아리스토텔레스, 동양에는 노자, 공자, 맹자, 장자 등이 등장했으니까요.

뿐만 아니라 이 시기에는 각국의 형태도 비슷했습니다. 서양은 '폴리스'라는 도시국가 형태를 띠고 있었고, 동양은 춘추전국시대였기 때문에 분할된 도시국가 형태에서 다양한 사상들이 피어나는 시점이었죠. 이처럼 시대의 정신과 도시의 형태가 비슷하게 흘러갈 수 있었던 것은 로마가 제국을 통일했던 시점과 진나라가 춘추전국시대를 끝내고 제국 통일을 이루어낸 시점이 비슷하기 때문입니다(물론 로마가 50년 정도 앞서긴 하지만, 이 정도면 전체 역사적 흐름 속에서는 비슷한 시기라고 볼 수 있죠). 이는 중세, 근대, 현대에 이르기까지 역사를 조금만 관심 있게 바라보면 찾아볼 수 있는 현상입니다. 프랑스에서 백과사전을 만들었던 시점과 중국의 청나라에서 사전을 만들었던 시점이 같은 것도 매우 신기한 일입니다.

이처럼 세상이 흘러가는 데는 분명 어떤 '흐름'이 존재하고 있습니다. 그러나 이전의 저는 그런 흐름에 관심을 가져보지 않았더라고요. 동양에서는 이를 '운運'이라 하기도 합니다. 저 또한 매일 운 좋은 사람이 되고 싶다고만 떠들어댔을 뿐, 그 운에 '움직일 운' 자를 쓴다는 것도 몰랐었네요. 즉, 운은 고정되어 있는 것이 아니라 계속 움직이고 흐르는 것입니다.

그래서 한 부자 선생님은 이런 말씀을 하시더군요. 신의 입장에서 생각해보라고요. 당신의 신이라면 세상의 흐름을 변화시키기 위해 어떤 사람을 도와주겠습니까? 제일 먼저 앞장서서 개척하고 행동하는 친구에게 기회를 주지 않겠습니까? 그래서 그는 뭐든 빠른 것에는 운이 따른다고 주장했습니다.

비행기에서 사색을 마친 이후로, 저는 더 이상 슬픔에서 구원해달라는 기도는 하지 않습니다. 대신 흐름을 읽고, 그 흐름에 맞게 제일 먼저 움직이려 하죠. 그런데 신기하게도 그렇게 하면서부터 정말 기회가 찾아오더라고요.

누군가는 흐름을 본다고 하는 것을 '트렌드Trend'를 본다고 표현합니다. 『우리가 아는 모든 것은 틀렸다』(리베르)라는 책에 의하면 Trend

의 어원은 '한 바퀴 돈다'는 의미의 옛 스칸디나비아어 'Trendr'라고 합니다. 오랫동안 강물의 물결이나 흐름을 묘사하는 말로 쓰였는데, 즉 물이 흘러가는 방향을 보고 기름진 토양이 어디일지, 어떤 지역이 범람하여 피해를 입게 될지 알고자 했던 것이 트렌드 공부의 시작이 었다는 것이죠.

신년이 되면 수많은 사람들이 신년 운세를 보러 가고, 지금까지도 번화가 곳곳에 점집이 흥행하는 것을 보면 미래가 어떤 방향으로 흘러갈지 알고자 하는 것 또한 인간의 본능이 아닐까 싶습니다. 그리고 세상이 돌아가는 흐름에 관심을 두는 사람들이라면 눈앞에 나타난 현상을 뛰어넘어 더 큰 그림을 그려볼 수 있겠죠.

이제 여러분도 나만 잘되게 해달라는 기도는 그만 드리고, 그보다 먼저 움직여보는 건 어떨까요? 여러분도 한번 생각해보세요. 내가 신이라면 어떤 사람을 더 좋아할까요?

현장에서 세상이 돌아가는 이치를 배운다

기회는 시대의 격변기에 나타납니다. 봉건 사회가 무너지고 자본주의 사회가 등장하면서 신진 부르주아가 탄생했듯이, 우리가 사는 격변기에도 그다음 시대의 변화는 무엇이 될지 끊임없이 고민하는 자가 기회를 잡게 될 것입니다.

따라서 시험과 자격증을 위한 공부가 아니라 자신의 탁월함을 빛나게 해주는, 자신만의 업을 만들어갈 수 있는 공부를 해야 합니다. 앞으로의 사회는 점점 더 '경력사원 같은 신입사원'을 원할 것입니다. 말 그대로 '준비된 사람'이죠. 즉, 쓸모가 많은, '실용적 인재'를 원하게 된다는 뜻입니다.

사회 전체에 일어나는 지각변동에 대해 어떤 경영자는 "지금은 게임의 규칙을 깰 수 있는 신이 주신 기회다."라고 표현했습니다. 따라서 우리에게는 막연한 꿈보다 내가 하고자 하는 업이 앞으로 3년, 5년, 10년 후 어떻게 변화할 것인지에 대한 시나리오가 필요합니다. 즉, '흐름'을 관찰하는 것이 무엇보다 중요합니다.

저는 흐름을 읽기 위해 사람들의 움직이는 방향을 봅니다. 물론 그들이 매일 비행기를 타고 어디로 이동하는지를 본다는 뜻은 아니고요. 사람들의 움직임을 보다 보면 기회가 어디에 있는지도 점차 보이기 시작하거든요. 지금이 아무리 살기 어렵다고 해도 기회가 없는 것은 아닙니다. 보이지 않을 뿐이죠. 기회 역시 현상에 나의 시각을 더하면 새롭게 탄생할 수 있답니다. 이를 가장 잘한 사람 중 한 분이 '피터 린치Peter Lynch'입니다.

그는 워렌 버핏Warren Buffett의 친구로 유명합니다. 피터 린치는 13살 때 아버지를 여의고, 한 집안의 가장이 되었습니다. 생계 유지를 위해 골프장 아르바이트를 시작하였는데요. 거기서 재미난 비밀을 알게 됩니다. 사람들이 골프를 치며 나누는 대화 속에 '돈의 비밀'이 숨겨져 있었던 것이죠.

피터 린치는 사람들 입에서 자주 오르락내리락하는 기업의 주식을 샀습니다. 그러자 엄청난 수익이 나더랍니다. 골프장 아르바이트를 하며 웬만한 회사원만큼 돈을 벌어본 그는 제대로 공부를 해보겠다며 펜실베니아 대학교의 와튼스쿨에 입학합니다. 그러나 이게 웬걸! 대학에서는 배울 게 없었다고 합니다. 재무제표 보는 법을 알려주는데, 이는 과거의 기록이지 미래를 예측하는 도구는 아니었던 것이죠. 그래서 그는 학교를 자퇴하고, 다시 '거리'로 돌아갑니다. 그는 거리에서 일어나는 현상에 자신만의 깨인 감각으로 의미를 부여하며 트렌드를 읽어냈지요. 마트에 가서는 신혼부부들을 쫓아다니며 어떤 종류의 물건들을 많이 사는지를 보았고, 던킨도너츠 앞에 사람들이 줄을 서 있는 광경을 보고 그 이유를 파헤쳤습니다.

이를 본받고자 하는 기업이 있었으니, 바로 세계적인 생활용품 제조업체, P&G^Procter&Gamble입니다. P&G에서는 해외 출장을 가면 임원부터 말단직원까지 직접 가정집에 방문한다고 합니다. 그리고 샴푸를 어디에 두고 쓰는지, 세제를 쓸 때는 어떤 점이 불편한지를 묻고 관찰합니다. 대부분의 고객들은 불평하길 좋아합니다. 그런데 그 '불평'을 통해 세상을 읽으려는 사람은 그리 많지 않습니다. 그러나 거리의 인문학자는 그 불평을 관찰하며, 일상의 모든 것을 인문학의 재료로 삼아 세상의 흐름을 읽는 데 활용합니다.

트렌드를 파악하는
인문학 트레이닝

트렌드 분석

제게 있어 세상을 바라보는 눈을 완전히 뒤집어준 일화가 있습니다. 바로 명탐정 셜록 홈즈에 대한 이야기인데요. 그의 실력을 닮고 싶었던 한 친구가 홈즈에게 묻습니다.

"홈즈, 넌 어쩜 이렇게 탐정 일을 잘하는 거야? 도대체 그 비결이 뭐니?"

"흠… 비결 그런 거 없는데."

"야, 치사하게. 나도 좀 알려줘."

"그럼, 방금 올라온 계단의 개수가 몇 개인지 알아?"

"아니."

"그게 너와 나의 차이야. 너는 늘 'see'를 하고, 나는 늘 'watch'를 하지. 너는 늘 그냥 보지만, 나는 늘 목적을 가지고 바라보잖아."

지금까지 전 매일 세상을 그냥 바라봤습니다. 그러나 목적을 가지고 바라보면 세상 모든 것이 공부거리이자 기회가 될 수 있겠더라고요! 그날 이후로 저는 세상의 흐름, 사람들의 니즈를 관찰하기 시작했습니다.

습관 처방전: **트렌드 분석**

1) 책으로 트렌드 분석하기

삼성그룹의 창업주 故 이병철 회장은 새해 첫날을 꼭 일본에서 맞이했다고 합니다. 그리고 가장 먼저 찾아간 곳은 서점이었습니다. 일본의 베스트셀러가 무엇인지를 보고, 왜 사람들이 이 책을 좋아하는지를 생각하며 세상의 흐름을 보려 했던 것이죠. 대중이 선택하는 책이라면 지금 세상이 필요로 하는 지혜가 무엇인지를 알려주는 최적의 도구가 될 테니까요.

그래서 저도 습관적으로 '현재 대중에게 필요한 지혜'가 무엇일지 알기 위해 서점을 찾습니다. 그리고 이때도 see가 아닌 watch의 자세로, '왜 대중은 이 책들을 좋아할까?'를 생각하며 살펴봅니다. 그렇게 하면 베스트셀러만 놓고도 끝없는 대화를 주고받을 수 있습니다. 이 원고를 쓰고 있는 시기(2015년 8월 기준)에는 다음 세 권의 책이 종합 베스트셀러 순위에 올라와 있는데요. 이 책들이 대중들에게 왜 사랑을 받고 있는 건지, 인큐의 친구들이 의견을 나눠보았습니다. 여러분도 한번 생각해보세요.

『미움받을 용기』

『지적 대화를 위한 넓고 얕은 지식』

『백종원이 추천하는 집밥 메뉴 52』

[분석 사례]

1. 일상적이고, 실용적이다

A: 세 권의 가장 큰 특징은 '일상적이고 실용적'이라는 점인 것 같아요. 『미움받을 용기』도, 『지적 대화를 위한 넓고 얕은 지식』(이하『지대 넓얕』)도, 『백종원이 추천하는 집밥 메뉴 52』(이하『집밥 메뉴 52』) 도 기존의 심리학책, 인문학책, 요리책이 갖고 있었던 어떤 어려운 느낌은 없는 것 같고, 표지에서부터 친근한 느낌이 들고, 읽어보고 싶은 마음이 듭니다.

C: 맞아요. 특히 『미움받을 용기』는 쭉 읽어보면, '과거를 돌아보라'와 같은 추상적인 말을 나열하기보다, 지금 당장 마인드만 바꿔도 뭐 든 다시 시작할 수 있다는 실질적인 용기를 주는 것 같습니다.

A: 사람들이 '백종원'을 좋아하는 것도 같은 맥락이라 생각합니다. 굉 장히 만들기 어려울 것 같은 닭고기 스테이크 같은 메뉴도 백종원 아 저씨 레시피대로 하면 누구나 따라 할 수 있게 되니까 실용적이죠.

2. 일방이 아닌, 양방으로 소통한다

B: 『미움받을 용기』는 대화체로 구성되어 있어요. 철학자와 청년이 대 화를 주고받는데, 내가 궁금한 걸 청년이 대신 다 질문해주는 것 같 은 기분이 들었어요.

A: 『지대넓얕』도 마찬가지에요. 원래 인기 팟캐스트의 제목이었죠. 책 은 강의식 서술과 구어체로 이루어져 있어 저자가 일방적으로 강요 하는 듯한 여타 책들과는 사뭇 다른 느낌이 들었어요.

B: 그러고 보니 『집밥 메뉴 52』도 마찬가지네요. 백종원 아저씨가 〈마 이 리틀 텔레비전〉으로 떴잖아요. 그 프로그램은 일방향이 아니라 쌍방향적인 네티즌 참여에 의해 만들어진 거였고요. 그러고 보니 세 권의 책 모두 일방적이거나 권위적이지는 않은 것 같습니다. '이 렇게 해라, 저렇게 해라'가 아니라, 함께 대화하는 느낌을 준다는 공 통점을 갖고 있네요.

3. 너무 깊지도, 너무 얕지도 않다

A: 이렇게 세 권의 공통점을 찾아보니 재밌네요. 그런데 진짜 중요한 건 셋 다 중도를 지켰다는 느낌이 든다는 거예요. 너무 깊지도, 얕지도 않은 지식을 담은 느낌이랄까?

B: 요즘은 SNS를 통해 정보를 바로바로 찾아볼 수 있어서 그런지 예전처럼 무엇에 대해 많이 알고 싶다는 욕구가 없는 것 같아요. 게다가 SNS에서도 자기계발서에 있는 내용들은 흔히 접할 수 있잖아요. 그래서 그런지 책을 통해서도 내가 궁금해했던 것을 적당히, 그러나 너무 가볍지는 않은 수준으로 알고 싶거든요. 세 책 모두 수위를 잘 조절했다는 생각이 들어요.

A: 한마디로 약간의 아는 척을 하면서 허세도 떨 수 있고, 그렇다고 너무 '없어 보이지도 않는', 딱 그 정도의 수위인 것 같네요! 재미있는 해석이라 생각합니다.

트레이닝 방법

1. 현재 베스트셀러가 무엇인지 찾아보고 세 권을 선정합니다.

2. 베스트셀러 책들의 특징이 무엇인지 자유롭게 적어봅니다.

3. 이 책에 '대중들이 열광하는 이유'가 무엇인지 연구합니다.

2) 광고로 트렌드 분석하기

해외 트렌드를 알고자 할 때도 마찬가지입니다. 해외의 베스트셀러를 살펴보거나 현재 히트 치고 있는 광고들을 살펴보는 방법도 있습니다. 특히 미국의 슈퍼볼 광고의 경우 매해 가장 이슈가 된 광고를 선정하기 때문에 공부하기에 아주 좋은 소재죠.

'버드와이저'라는 맥주 광고의 주인공은 '개와 말'이었습니다. 개와 말은 어릴 때부터 같이 자란 죽마고우였습니다. 그러던 어느 날 개가 길을 잃어버려 한참을 헤매다 집으로 돌아가는데 이리 떼와 마주칩니다. 하지만 이때 말이 동물적 감각으로 친구의 위험을 인지하고 마구간을 뚫고 나와 개를 구해주죠. 그리고 마지막에 무슨 상품에 관한 광고인지 말해줍니다. '버드와이저.'

도대체 무슨 메시지인가 싶죠? 그러나 이 광고가 슈퍼볼 인기 광고 7위 안에 들었답니다. 개와 말의 우정이 결국 남자들의 우정을 상징한다나요? 우리나라의 광고에 김보성 씨가 나와 식혜를 들고 '의리'라고 외치는 것과는 참 다른 모습이죠? 이런 광고를 통해 우리는 질문을 던져볼 수 있습니다.

'왜 사람들은 동물을 소재로 한 광고나 책을 좋아할까?'

이에 대해 주변 친구들과 얘기하다 보면 생각지 못한 시선을 배울 수 있습니다. "더 이상 사람이 하는 말은 믿지 못한다는 건가?" 등 답은 무궁무진합니다.

광고의 경우 과거의 것과 현재의 것을 비교할 때, 니즈의 변화, 트렌드의 변화를 읽기가 더 쉬운데요. 트레이닝을 위해 1990년대 이슈가 되었던 광고 세 편을 가져왔습니다. "침대는 가구가 아닙니다. 과학입니다."라는 카피로 유명했던 침대 광고, "국물이 끝내줘요."라는 유행어를 퍼뜨렸던 우동 광고, 바다 한가운데서 "짜장면 시키신 분!"을 외치며 최남단에서도 전파가 잘 터진다는 것을 잘 보여준 017 파워 디지털 광고! 이것들과 현재의 광고들을 비교하면서 대중이 원하는 것은 무엇인지, 그리고 그것이 어떻게 변화했는지 한번 생각해보세요(QR코드를 스캔하여 광고 영상을 재생해보세요).

1990년 광고

에이스 침대
"침대는 가구가 아닙니다.
과학입니다."

농심 생생우동
"국물이 끝내줘요."

파워 디지털 017
"자장면 시키신 분!"

2015년 광고

환경부
"i'm your father."

배달의 민족
"민트라이더"

리복
"Run The Movie"

2015년 광고 부연 설명

1) 환경부

환경부가 유튜브를 통해 공개한 '쓰레기도 족보가 있다.'라는 시리즈 영상물이 인터넷에서 화제가 된 적이 있습니다. 이 책에 소개한 영상은 알루미늄 캔이 자동차 앞을 서성이는 것으로 시작됩니다. 이후 어디선가 나타난 강아지가 타이어에서 소변을 보려 하는데, 이때 알루미늄 캔이 굴러와 이 소변을 막아냅니다. 그런 캔을 보고 자동차는 "Who are you?(너는 누구냐)"라고 묻고, 알루미늄 캔은 "I am your father(너의 아버지다)."라고 자신을 밝히면서 캔의 족보를 확인하며 영상이 끝을 맺습니다. 환경부에서는 자원 순환의 경제적 효과나 분리 배출에 대한 교육적 내용을 담은 영상이 아닌, 영화 같은 느낌의 광고를 선보였습니다. 사람들의 실천을 이끌기 위해 '교육'이 아닌 '재미'를 선택한 거죠.

2) 배달의 민족

배달의 민족 민트라이더 광고는 주변에 배달원을 하고 있는 사람들을 인터뷰하는 것으로 시작됩니다. 나의 가족 혹은 함께 일하는 사람들 중 배달원이 있을 경우 그 위험성과 안전의 중요성을 인식하기 위한 것이죠. 사고가 나면 소중한 사람들을 잃을 수도 있으니 민트라이더 교육을 받고 안전하게 운전하자는 캠페인성 광고입니다. 배달원들에게 전문적인 오토바이 안전운전 교육을 제공해 배달업계의 고질적인 문제인 오토바이 사고를 줄여나가는 프로젝트였죠. 사회적 문제를 해결함과 동시에 일반인들까지 참여시켜 큰 인기를 끌었던 광고입니다.

3) 리복

리복의 광고 또한 일반인들을 참여시킨 대표적인 광고입니다. 리복에서는 'Run The Movie'라는 특별한 시사회를 열었습니다. 그런데 영화를 보는 도중에 갑자기 버퍼링 표시가 뜨면서 영화가 멈춥니다. 그리고 바로 관객석에 한 사람에게 조명이 비춰지죠. 스크린 앞에는 러닝머신이 하나 놓여 있습니다. 그 사람은 얼떨결에 화면 앞으로 나가 리복 운동화를 신고 러닝머신 위를 뜁니다. 그 사람이 뛰기 시작하자 영화가 다시 재생됩니다. 그리고 'Run The Movie, Reebok'이 뜨면서 광고가 끝납니다. 이는 스마트폰으로 인해 앉아서 누리는 즐거움에 익숙해진 사람들을 위해 준비한 시사회라고 합니다.

[분석 사례]

1. 모델을 쓰지 않고, 일반인들의 참여를 이끌어낸다

A: 세 가지 광고의 가장 큰 공통점은 모델이 없다는 것 같습니다. 1990년대 광고에는 제품을 직접적으로 설명하거나, 연예인들을 앞세웠잖아요. 그런데 이제 기업의 브랜드는 모델이 결정하는 시대가 아니죠. 리복 광고처럼 사람들이 직접 체험하고, 민트라이더처럼 내 주변에서 볼 수 있는 배달원과 같은 분들이 주인공이 되어야 반응하는 시대가 온 것 같네요.

B: 맞습니다. 예전에는 무조건 인기 스타와 재미있는 스토리에 관심이 갔다면, 이제는 저도 일반인에 가까운 모델, 내 일상과 밀접한 것들에 눈길이 더 가더라고요. 일상과 거리가 있는 뜬구름 잡는 이야기로 시작하면 보고 싶지도 않아요.

2. 가르치지 않고, 스토리텔링을 한다

A: "침대는 가구가 아닙니다.", "국물이 끝내줘요." 이 두 개 모두 대중에게 가르쳐주려고 하는 말투인 것 같네요. 그런데 이제 대중은 가르치는 것보다 스스로 생각하고 판단하도록 이끌어주기를 원하지 않나요?

B: 좋은 지적입니다. 이제는 얼마나 공감을 일으키느냐가 핵심인 거죠. 광고주도 자신의 이야기를 풀어내고, 나머지 몫은 수요자에게 맡겨야 합니다. 더 이상 가르치려 했다가는 큰코다칠 거예요.

A: 맞아요. 리복 광고에서도 관객이 나와서 움직일 수밖에 없도록 했잖아요. 명동 한복판에 러닝머신을 두고 그냥 "뛰어봐"라고 했다면 아무도 움직이지 않았을 겁니다. 광고도 사람들 스스로가 참여하고 싶게끔 만들어야 한다고 생각합니다. 우리도 콘텐츠를 만들 때, 꼭 기억해야 할 부분이네요.

C: 광고의 연결점을 찾아보니 재밌네요. 최근의 광고들은 가벼운 것 같으면서도 재미있고, 전달하고자 하는 메시지도 잘 살아 있다고 봅니다. 이게 딱 요즘 사람들의 모습을 반영하는 것 같습니다. 삶을 너무 무겁게 바라보지 않고, 재미있게 살고자 하면서도 진지하게 어떤 가치를 추구하는 모습 말입니다.

트레이닝 방법

1. 현재 이슈가 되는 광고를 찾아봅니다.

2. 1번의 광고와 과거의 광고들을 비교해보며, 특징을 자유롭게 적어봅니다.

3. 광고에서 공통적으로 보여지는 '대중의 코드'가 무엇인지 연구합니다.

7장

나를 타인에게
각인시킨다

·

모델링 습관

당신이 원하는 모습이 되기에
너무 늦은 때란 없다.
- 조지 엘리엇

나의 감정을 공부한다

저는 헤르만 헤세의 '빠순이'입니다. 나중에 아이를 낳으면 이름을 '헤세'라고 붙이고 싶다고 했을 만큼 헤르만 헤세의 정신을 좋아하죠. 그런 그의 작품 중에서도 단연 최고를 꼽으라고 하면 『싯다르타』입니다. 한 청년이 깨어난 자, '붓다'가 되어가는 과정을 그린 성장소설 『싯다르타』에는 기존의 성인들의 모습과는 매우 다른 싯다르타가 등장합니다. 방탕한 생활을 철저히 금하는 성인들과 달리 싯다르타는 한 여인과 사랑에 빠지고 쾌락을 즐기며 부를 축적하죠.

"하나도 빼놓지 않고 몸소 맛본다는 것. 그건 좋은 일이야. 속세의 쾌락과 부는 좋은 것이 아니라는 사실을 나는 이미 어린 시절에 배웠었지. 그 사실을 안 지는 오래되었지만, 이제야 비로소 내가 그것을 직접 체험하게 되었군. 이제 나는 그 사실을 제대로 안 거야. 그 사실을 단지 기억력만으로 아는 것이 아니라, 나의 두 눈으로도, 나의 가슴으로도, 나의 위로도 알게 되었어. 그것을 알게 되어 정말 다행이로군!"

– 헤르만 헤세, 『싯다르타』 중

이 부분에서 저는 온몸에 소름이 돋았습니다. 싯다르타는 무기력해지고 황폐해지는 자신을 보며 '왜 이것밖에 안 되냐'고 하며 자책하지 않았습니다. 자신이 빠져 있는 쾌락 안에서 오히려 쾌락이 무엇인지를 깨우쳤지요.

살다 보면 무기력, 불안, 질투, 소외감 등 정말 마주하기 싫은 감정에 빠지기 마련입니다. 그러나 그때마다 '왜 넌 이것밖에 안 되냐'며 스스로를 다그친다면 '자신과의 결별'이라는 비극을 겪고야 말 것입니다.

그러나 이렇게 생각해보면 어떨까요? 누군가를 매우 질투하게 되는 순간, 나를 지배하는 질투라는 감정을 온몸으로 공부해보는 겁니다. 나를 실험실 쥐처럼 사용하면서 누군가에게 전수해줄 수 있을 정도의 경지에 오르는 것, 제가 추구하는 삶과 싯다르타의 삶은 참 많이 닮아 있었습니다.

실제 『싯다르타』라는 책도 헤세가 우울증을 겪고 나서 완성한 것이라고 합니다. 우울증을 겪지 않고서 어찌 인간의 다양한 감정을 이토록 섬세하게 다룰 수 있을까요. 그런 점에서 전 제게 찾아오는 '우울'이라는 감정을 무조건 배척하지 않습니다. 그 감정에 깊이 빠져보고, 인간에게 왜 이러한 감정이 생기는지, 어떻게 극복해야 하는지에 관한 미션들을 생각하죠. 그 과정에서 터득한 깨달음을 공유해보고자 합니다.

1. 두려움을 공부한다

처음 텔레비전 프로그램에 출연하던 날을 평생 잊을 수 없습니다. 살면서 단 한 번도 머릿속이 새하얗게 질려본 적은 없었습니다. 하지만 어찌나 두려움에 떨었는지, 준비해둔 강연 내용을 모두 다 잊어버려 세 번이나 전 스태프를 고생시키며 리허설을 했답니다.

다행히 본 방송 촬영은 무사히 마쳤지만, 그날 느낀 '두려움'이라는 감정은 제게 반드시 극복해야 하는 큰 숙제로 다가왔습니다. 평소 학생들이 '두려워서 시작하지 못하겠다'는 말을 전 머리로만 공감했던 거죠. 그러나 온몸으로 두려움을 느껴보니 그 감정은 사람을 매우 고통스럽고 당혹스럽게 만들더군요.

그날 이후, 한참을 '두려움'에 대해 관찰하기 시작했습니다. 언제 인간이 가장 두려워하는지, 두려움이라는 감정은 왜 생기는 건지에 대해서 말이죠. 그러다 문득 병원에서 주사를 맞는 아이를 보며 깨달았습니다.

어릴 때, 주사를 맞기 전이 더 무서웠나요, 주사 바늘이 들어갔을 때가 무서웠나요? 우리가 더 두려워하는 순간은 주사를 맞기 전입니다. 맞는 순간에는 정신이 없어 두려움이라는 감정을 느끼지 못하죠. 기다리는 동안 만들어낸 생각이 스스로를 두렵게 만드는 것입니다. 결국 두려움이라는 감정은 '생각'이 만들어낸 감정입니다.

인간은 닥치면 뭐든지 하게 되어 있습니다. 군대에 가면 불가능한 게 없는 것처럼, 아파트 계단에서 발을 헛디디면 젖 빨던 힘까지 다

쏟아 오뚝이처럼 서기 위해 노력하는 것처럼 말이죠. 그러나 고작 내가 만든 '생각'이 나를 '안 되는 사람'으로 만들고 있었던 것입니다.

그때부터 두려움이 있는 친구들을 만나 대화를 나눠보았습니다. 서류를 넣으면 떨어질 게 뻔하다며 두려워서 아무것도 안 하고 있는 친구도, 마음에 드는 여자에게 차일까 봐 다가서지 못하는 친구도 모두 '생각이 만들어낸 두려움'에 빠져 있었습니다. 따라서 우리가 다뤄야 하는 문제는 두려움이라는 감정 자체가 아니라 '왜 안 좋은 생각에 빠져 있는가?'였죠.

따라서 두려움이 생길수록 생각을 멈추고 바로 행동으로 돌입해야 합니다. 그리고 실제로 두려움을 자주 느끼는 사람일수록 생각하는 시간을 줄여주는 훈련을 하면 매우 효과적이랍니다. 두려운 상황에 취약한 친구에게 "왜 네가 이렇게 겁이 많아졌는지 생각해봐."라는 미션을 주면 더 많은 생각에 사로잡혀 일을 더더욱 복잡하게 만드는 경우가 많더라고요. 따라서 생각이 많은 친구에게는 '바로 행동하게 만드는 것'이 효과적입니다.

그래서 저는 그 친구들과 두려움을 없애는 재미있는 훈련 방법들을 만들었는데요. 그중 하나가 '그만 요법'입니다. 결국 쓸데없는 생각, 안 된다는 생각, 어려울 것이라는 생각, 저 사람이 날 어떻게 바라볼까 하는 생각들이 나를 '가로막는다는' 사실을 인지한 순간 양손을 들고 "그만!"이라고 외치는 치료법이죠.

사실 이는 폭식하는 아이들을 치유하는 방법이라고 합니다. 아이들이 폭식을 하는 이유는 자신이 많이 먹는지를 '인지'하지 못하기 때문이라고 하더군요. 따라서 밥을 다 먹고 나면 식판을 들고 "다 먹었다!"라고 외치게 하는 것이 폭식증 치유법 중 하나라고 합니다. 사실 아이가 인식하지 못해 밥을 많이 먹는 것이나, 생각을 컨트롤하지 못해 깊은 수렁에 빠지는 것이나 같은 이치입니다. 생각에 깊이 빠져드는 친구들에게도 "그만!" 하고 외치면서 자신의 생각을 의도적으로 정지키시는 훈련이 필요한 거죠.

내 안에 어떤 감정이 휘몰아치는 것은 너무 당연한 일입니다. 따라서 문제는 감정이 아닙니다. 진짜 문제는 그 감정을 힘들게 받아들이는 자신에게 있는 것입니다. 나를 고통스럽게 만드는 감정들이 있다면 이를 연구해보고 극복하는 방법을 만들어가면서 스스로를 컨트롤하는 능력을 길러봅시다.

2. 질투를 공부한다

한 친구가 이런 고민을 가져왔습니다.

"쌤, 친한 친구가 잘되면 너무 질투가 나요. 그 친구보다 내가 뒤처질까 봐 초조해지고요. 개보다 더 잘 살고 싶은데 말이죠. 올해 그 친구와 저 우리 둘 다 원하던 직장에 들어갔어요. 그런데 개는 1년 뒤에 남자친구랑 결혼을 한다는 거예요. 전 남자친구는 있지만 아직 결혼 생각은 없어요. 근데 그 친구가 결혼한다니까 괜히 남자친구가 미워지는 거 있죠? 쟤는 아직까지 결혼 얘기도 안 하고 뭐하는가 싶고, 친구보다 더 좋은 커리어를 쌓고 싶은데 계속 조바심이 나요. 이 마음을 어쩌면 좋죠? 어떻게 해야 할지 모르겠어요."

그러자 주변에 있던 친구들도 자기도 그렇다며 난리가 났습니다. 친구가 취업했다는 소식이 들려오면 페이스북을 탈퇴하고 싶다는 그녀들. 우리들의 대화가 단지 수다로 끝나지 않기 위해서는 '감정'을 연구해야 했습니다.

한때 저도 '질투'라는 감정 때문에 매우 고통스러워했던 1인입니다. 그렇다고 매일 질투만 하고 살 수는 없으니 주변에 질투심이 적은 사람들을 관찰하며 질투라는 감정의 본질을 배우게 되었죠.

결혼을 앞두고 시어머니가 제게 충격적인 질문을 하셨습니다.

"소정아, 너도 예쁜 여자들 보면 막 질투가 나고 그러니?"

순간 움찔했습니다. 너무 당연한 것 아닌가 싶어서 말입니다. 그런데 어머니는 살면서 한 번도 누군가를 질투해본 적이 없다고 하시더군요. 처음엔 거짓말이거나 자신을 속이는 말일 거라고 생각했습니다. 그런데 가만 보니 저의 남편 역시 누군가에게 질투심이나 경쟁의식을 느끼지 않더군요. '유전인가?' 싶어서 어머님과 남편을 연구하기 시작했던 것이 윤소정의 '질투의 인문학'이 되었답니다.

그러다 재미있는 사실을 발견합니다. 시어머니는 집안 사정이 좋지 않았을 때부터 본인이 살고 싶은 집을 정해두셨다고 합니다. 한번은 산책을 하는데 너무 예쁜 집이 보이더랍니다. 구경을 해보고 싶어도 경비원들이 앞을 가로막아 구경조차 할 수 없게 되자 그때부터 어머님은 가슴에 기준을 품습니다. '언젠가는 이 집에 들어가서 살 수 있는 사람'이 될 거라고요.

그리고 놀랍게도 현재 당시 꿈꾸던 집에서 살고 계십니다. 그 비결은 무엇일까요? 저는 거실에 있는 어머니의 스프링 노트 속에서 그 비법을 찾게 되었습니다.

어머님은 수백 권의 노트를 갖고 계십니다. 그 안에는 어머니가 매일 드신 음식, 운동한 시간 등에 관한 평생의 기록이 담겨 있습니다. 자신이 생각하는 몸무게의 기준도 있고, 식사량의 기준까지 기록되어 있죠. 그리고 매일 자신의 기준에 도달할 수 있게 관리하고 계셨습니다. 즉, 주변 사람들의 기준을 의식하는 삶이 아니라 오직 자신의 기준에 맞는 삶을 살고 계셨던 것입니다. 남들이 보기에 좋아 보이는 집에서 살려고 한 것이 아니라, 자신이 원하는 집에서 살기 위해 저축을 한 거죠. 따라서 누군가를 질투할 시간조차 없었던 것입니다. 오직 자신만의 기준을 갖고 그것에 도달하고자 집중하는데 누군가의 시선을 의식할 필요가 있을까요? 그러니 주변 여자들의 외모 또한 자신의 외모와 비교할 이유가 없었겠지요. 이는 남편 역시 마찬가지입니다. 남편 또한 무엇을 결정할 때 기준이 명확하거든요.

그러나 반대로 질투 때문에 고통받는 우리는 스스로에 대한 기준이 모호합니다. 자신이 원하는 성공이 무엇인지도, 지금 당장 얻고 싶은 것도, 하고 싶은 일도 명확하지 않지요. 그러니 누군가가 잘되면 그저 부러울 수밖에요. 이렇게 다른 사람의 것이 나의 기준이 되면 우리는 계속 스스로가 아니라 타인의 시선 속에 고정되어 살아갈 수밖에 없습니다.

그래서 저는 친구를 볼 때마다 질투가 나 힘들다는 그녀에게 질문을 하였습니다.

"좋은 커리어를 쌓고 싶다고 했는데 본인이 최종적으로 쌓고 싶은 커리어의 기준이 있나요?"

"......."

"본인이 결혼하고 싶은 남자의 기준은 있어요?

"......."

"결혼해서 살고 싶은 집은 어떤 집인가요?"

"그냥 좋은 집이요."

"좋은 집의 기준은요?"

"......."

"타고 싶은 차는 무엇이죠?"

"......."

순간 모두 당황하기 시작했습니다. 남을 부러워하기만 했지 정작나 자신의 기준 같은 것은 없이 살아왔다는 사실을 깨닫는 순간이었죠. 심리학에서도 질투는 '비교의식'에서부터 시작된다고 한결같이 말합니다. 질투심이 강한 이들은 자신의 기준이 명확하지 않아 다른 사람보다 조금 더 못한 것이 생기면 쉽게 열등의식에 빠져 그 사람을 시기하고 험담하게 된다고 합니다. 반대로 자신이 남보다 조금이라도 더 나은 점을 발견하면 금방 교만해져서 자랑하고 싶어 안달이 나버리죠.

우리는 함께 깨닫습니다. 삶의 기준이 나의 것이 아니라 타인의 것으로 되어 있어 힘들었다는 사실을요. 그리고 함께 질투를 이겨낼 방법을 연구하고, 온몸으로 극복하기 위한 실험을 계획합니다.

스스로에 대한 기준이 없기 때문에 생겨나는 질투, 그렇다면 극복 방법은 뭘까요? 딩동댕! 바로 나만의 기준을 만들어내는 것이죠! 그래서 우리는 한 주간 지금 내가 생각하는 커리어의 기준, 만나고 싶은 사람에 대한 기준(혹은 연애를 잘하기 위해 이런 사람은 절대 안 된다는 기준), 가지고 싶은 집의 기준, 차에 대한 기준 등 나만의 기준을 세워보기로 했습니다. 타고 싶은 차가 있다면 직접 매장에 가서 타보고, 살고 싶은 집이 있으면 사진이라도 찍어서 오기로 했죠.

그리고 그다음 주에 질투의 화신들끼리 모여 자신의 기준을 서로에게 공유했습니다. 결과는 어떻게 되었을까요? 물론 이렇게 한다고 해서 한순간에 질투라는 감정이 사라지지는 않겠죠. 하지만 한 친구가 고백하길, 이제는 지인이 멋진 프러포즈를 받았다고 해도 더 이상 초조해하지 않는다고 하더군요. 그 친구에게는 결혼하기 전 도전해보고 싶은 버킷리스트 세 개가 남아 있었다고 합니다. 나의 기준에 집중함으로써 내가 삶의 중심이 된 거죠.

이처럼 어느 날 마주친 나의 작은 감정이라도 공부거리로 삼아보는 것, 저는 그것이 진정한 인문학적 삶이라고 생각합니다.

'질투'라는 감정이 궁금할 때는 상대적으로 나보다 이 감정으로부터 자유로운 친구나 주변 사람들을 관찰해보세요. 그리고 내가 감정을 대하는 방법과 그는 어떠한 차이가 있는지 살펴보면서 그것을 따라 하고 차용해보는 것도 인간의 감정을 공부하는 매우 좋은 방법이라 할 수 있습니다.

지금 이 순간에 의미를 부여한다

1. 고난에 대한 의미부여

혹시 여러분은 보이스피싱으로 피해를 본 적이 있나요? '똥줄 타는 상황'이 되어야 일이 잘되는 편이라 그날도 가지고 있던 모든 돈을 다 투자해 세 번째 캠퍼스로 이사를 가던 날이었습니다. 딱 세금만 남겨뒀는데, 제 돈을 관리하던 매니저님이 보이스피싱으로 그 돈을 한번에 날려버린 것이죠. 통장에 정말 숫자 '0'이 찍히니 등줄기를 따라 땀이 줄줄 흐르더군요.

알고 보니 매니저님의 통장에는 500만 원 이상의 현금이 있었습니다. 적은 돈은 아니죠. 이런 상황에서 어떻게 해야 할까요? 이럴 때 네 잘못이니 물어내라고 해야 할까요?

전 어떻게 했을까요? 그냥 웃었습니다. 이미 터진 일에 굳이 화를 낼 필요가 있나요? 그러고 나서 매니저님에게 이런 질문을 던졌죠.

"What is this here to teach me?"
(이 순간이 우리에게 가르치려고 하는 것은 무엇일까?)

이것은 오프라 윈프리Oprah Winfrey가 스탠포드 대학교 졸업식 연설에서 했던 말입니다. 저희가 그렇게 웃으며 다시 열심히 해보자고 마음을 먹은 며칠 뒤, 두 번째 위기가 찾아옵니다. 저희가 계약한 캠퍼스가 알고 보니 경매로 넘어간 곳이었더라고요. 게다가 과거 도박장으로 사용된 곳이었다고 합니다.

그러자 이번에는 보이스피싱으로 돈을 날린 매니저님이 이렇게 묻더군요.

"소정 쌤! What is this here to teach me?"

우리는 또다시 한바탕 웃어 넘겼습니다.

그날 이후로 1년간 모든 팀원들이 한 달에 10만 원씩 받으며 돈을 모았습니다. 매일 새벽까지 일하며 인큐를 살려보겠다고 다 같이 뛰어다녔죠. 그리고 지금은 그 순간을 우리 인생에 가장 아름다웠던 때로 회상합니다. 매 순간 함께하며 함께 배우려고 했으니까요.

이제 우리의 온몸에는 'What is this here to teach me?'라는 문장이 새겨져 있습니다. 만약 매니저님이 보이스피싱을 당했던 날, 제가 왜 이런 일이 생기냐며 짜증을 내거나 불안해했다면 지금의 우리가 존재할 수 있었을까요? 그날 던진 그 질문 하나가 조직의 정신이 되었고, 우리의 존재 이유를 '배움'에 두도록 만들어주었습니다.

이제는 습관처럼 오늘 하루에게 묻습니다.

'지금 이 순간이 나에게 가르치려는 것은 무엇일까?'

지금 이 순간에 배움을 청하는 것은 실로 위대한 인문학 공부법입니다. 위기의 순간을 지혜로 극복하는 열쇠가 되고, 평범한 일상에서 새로운 발견을 하도록 도와주니까요.

어리석은 자는 과거에 일어난 일 때문에 '지금' 고통을 받고 남을 원망합니다. 또, 다가오지 않을 미래에 대해 걱정하고 계획만 세우죠. 그러나 지혜를 지닌 자는 '지금 이 순간의 의미'를 알아차립니다. 세상 모든 일들이 다 나를 잘되게끔 하는 일이라는 것을 알고 있죠. 따라서 배우기 위해 존재하는 자는 고통과 위험으로부터 안전합니다. 고통이야말로 진정한 인생 공부이며, 내가 만들어지는 과정이니까요.

2. 반복되는 하루에 대한 의미부여

한 권의 책이 인생을 바꾼다.

개소리다.

지속성이 필요하다.

저의 스승님이 보내주신 메시지입니다. 박장대소를 하며 주변을 둘러보았는데, 저의 방도 온통 책으로 가득하더군요. 정작 나는 책들이 주는 가르침을 얼마나 지속적으로 실천해왔는가를 생각하니, 순간 낯이 뜨거워집니다. 중요한 건 행동하고 지속하는 것이라는 단순한 진리를, 이렇게 우리는 자주 외면합니다.

한번은 헤드헌팅 회사 직원으로부터 재미있는 이야기를 듣게 되었습니다. 기존에 있던 회사에서 더 좋은 조건으로 타 회사로부터 스카우트되는 경우를 살펴보니 좋은 인재들에게는 공통점이 있었다는군요. **바로 반복 업무를 잘한다는 것!**

일을 하다 보면 반복적으로 하는 일이 있을 수밖에 없습니다. 그러나 일을 잘하는 사람은 그 반복 업무에 대해서도 매일 새로운 의미를 부여하는 사람들인 것이죠.

어떤 일을 지속하려면 내가 아는 것을 '반복'해야만 합니다. 반복하는 것 자체도 어렵지만, 매일 반복되는 하루를 새롭게 받아들이는 것은 더더욱 어렵습니다. 감옥에서 했던 한 심리 실험을 보면 인간을 가장 고통스럽게 만드는 것도 '반복'임을 알 수 있습니다. 한번은 한 심리학자가 감옥에서 '인간을 가장 고통스럽게 할 수 있는 형벌이 무엇일까?'라는 주제로 실험을 했습니다. 합법적으로 가할 수 있는 고통이기에 전기 고문, 물 고문과 같은 것들은 제외했죠. 그렇게 선정된 가장 고통스러운 형벌은 무엇이었을까요?

바로 '벽돌 쌓기'였습니다. 독방에 가두거나 밥을 못 먹게 하는 것이 아니라 같은 행동을 끊임없이 반복하게 하는 것이죠. 서로 경쟁을 하는 것도 아니고, 그저 벽돌을 다 쌓으면 다시 무너트리고, 다 쌓으면 또다시 무너트리고하는 과정을 반복하는 형벌이었던 것입니다. 전이 실험 결과를 보면서 제 삶을 많이 돌아보게 되었습니다.

혹시 나도 이렇게 살고 있지는 않는가? 아침에 눈을 뜨면 회사에 가고, 밥 먹고, 다시 일을 하다 퇴근해 잠들고, 이렇게 '집 – 회사 – 집 – 회사'만 반복하며 쳇바퀴 돌리듯 살고 있지는 않은지를 말입니다. 저는 벽돌 쌓기 형벌을 스스로에게 가하고 있었던 것입니다. 그것을 깨닫고 나니 충격적이더라고요.

같은 물을 마셔도 짐승은 그냥 물을 마실 뿐이지만, 인간은 '이 물이 나의 생명수가 되어줄 거야.'라는 의미 부여를 할 수 있지 않나요? 그럼에도 저는 짐승처럼 아무 생각 없이 반복되는 삶을 살아내고 있었던 것입니다.

사람들에게 나를 각인시킨다

삼겹살에는? 소주!

치킨에는? 맥주!

비 오는 날에는? 파전!

손이 가요 손이 가!(어디에?) 새우깡에!

참 재미있습니다. 왜 삼겹살에는 굳이 소주를 먹어야 하고, 손은 새우깡으로 가는 것일까요? 이것들은 아주 의미 부여가 잘된 케이스입니다. 11월 11일이라는 평범한 하루에 '빼빼로 데이'라는 의미를 부여한 후 롯데는 빼빼로 부자가 되었죠? 스타벅스는 사람들이 초록색을 봤을 때 스타벅스를 떠올리게 하기 위해 어마어마한 돈을 쏟아붓기도 하고요.

그런데, 의미 부여가 꼭 이렇게 기업의 마케팅에만 쓰여야 하는 걸까요? 사람한테 할 수도 있지 않을까요? 예를 들어 '윤소정' 하면 떠오르는 것은 무엇입니까? '나' 하면 떠오르는 것은요?

안타깝게도 이때부터 머릿속이 복잡해집니다. 내 옆에서 살을 부비고 사는 남편인데도, 남편을 딱 한마디로 말해보라고 하면 머릿속은 추상적인 단어들로 가득해지죠. 우리의 뇌는 늘 추상적이고 복잡한 상태로 존재합니다. 따라서 '나'라는 복잡하고 추상적인 대상을 단순화시켜 표현하려는 시도가 필요합니다. 그것을 전문 용어로 '모델링'이라고 하죠.

자신의 삶을 심플하게 만들어가는 사람들은 '나' 하면 떠오르는 단순한 키워드를 잡는 데 성공한 사람들입니다. 국민 MC? 유재석! 전국 노래자랑? 송해 선생님! 최고의 소프라노? 조수미! 뼈그맨? 유세윤! 저도 앞으로 '선생?' 하면 윤소정이 떠오르는 날이 올 때까지 열심히 뛰어야 할 것 같습니다.

하지만 이는 꼭 유명인이 되어야만 가능한 것은 아닙니다. 가장 무기력한 친구를 떠올려보세요. 가장 열정적인 친구는 누구죠? 우리 회사에서 가장 일하기 싫어하는 사람은요? 순간, 내 마음속에 있는 램프의 요정 지니가 말을 걸어오기 시작하지 않나요? '누구'라고 말입니다. 이렇게 각각의 질문에는 분명 떠오르는 사람이 있습니다. 우리의 무의식이 매번 끊임없이 사물과 인물을 보았을 때 자동적으로 무언가를 연상하게끔 만드니까요. 이처럼 무의식적으로 내가 던지는 말, 표정, 행동 하나하나가 모여서 나를 만들어내고 있답니다.

1950~1960년대에 현재 '한국의 유재석'과도 같은 바른 이미지를 가진 오제이 심슨O.J.Simson(미국의 전직 미식 축구 선수이자 배우)이라는 사람이 있었습니다. 그런데 하루는 오제이 심슨 집에서 살인 사건이 벌어집니다. 조사를 하면 조사할수록 오제이 심슨이 가장 유력한 용의자로 지목되었죠. 그러나 그는 무죄로 석방되었습니다. 사람들 머릿속에 워낙 '바른 사람'이라고 각인되어 있다 보니 증거가 아무리 그를 범인이라고 가리켜도 이를 믿으려 하지 않았던 겁니다. 그러나 한참이 지나고 그의 유죄가 밝혀집니다.

이처럼 인간의 뇌는 '자기보존 성향'을 갖고 있습니다. 한 번 머릿속에 각인된 것은 쉽게 바꾸려 하지 않죠. 그럼 이런 성향을 이용해서 자신을 모델링해볼 수 있지 않을까요? 누군가가 자신에 대해 '쟤는 이런 사람이야.'라는 이미지를 갖기 전에 본인이 먼저 강한 충격으로 상대방에게 나를 인식시키는 겁니다. 상대가 만들어놓은 내가 아닌, 내가 되고 싶은 모습을 먼저 상대에게 주입하는 거죠.

나를 꾸준히 어필한다

인재 양성에 뜻을 두고 일을 하다 보면, 기업의 대표님들로부터 좋은 인재를 소개시켜달라는 부탁을 자주 받습니다. 참 감사한 일이죠. 그중에는 제가 가서 일하고 싶을 만큼 좋은 자리도 있답니다. 그런데 아쉽게도 막상 그 자리에 맞는 인재를 찾으면 마땅히 생각나는 사람이 거의 없습니다.

인큐 가족들이 못나서 그럴까요? 절대 아닙니다. 같이 대화를 나눠보면 정말 산전수전 공중전, 엄청난 경험을 한 분들이 얼마나 많다고요. 그러나 그중 자신이 '어떤 일'을 하고 싶은지, 내가 '어떤 사람'인지를 꾸준하게 어필한 친구는 없었습니다.

저는 제가 가르쳤던 친구와는 반드시 SNS 친구가 됩니다. 어떻게 사는지 멀리서라도 지켜보고 싶어서요. 그러나 매일 자신이 먹었던 음식 사진은 수없이 올리고, 자신의 슬픔과 아픔에 대해서는 엄청나게 토로하면서, 정작 자신이 어떤 사람이 되고 싶은지, 무엇을 공부하고 있는지, 어디에 관심이 있는지를 어필하는 친구는 거의 없습니다. 모두 자기를 알아봐줬으면 좋겠다는 마음만 표현할 뿐이죠. 이런 이야기를 하면 또 이렇게 반박합니다.

"전 잘하는 게 없어요. 그래서 아직 준비가 안 되었거든요……."

네. 잘하는 게 없으니 준비하는 과정, 하다못해 나의 성격이라도 꾸준하게 어필하라는 것입니다. 흔히 '인맥'이 금동앗줄이라고들 하지요? 그러나 전 인맥보다 중요한 것이 '모델링'이라고 생각합니다.

매번 사람의 운이 어떻게 풀리는지 보여드릴 수 있는 좋은 예시가 있습니다. 문화기획 관련해서 인재를 추천해야 하는 상황이 생겼습니다. 전 인큐 선생님들에게 물었습니다.

"문화기획 쪽으로 보낼 만한 친구가 없을까요?"

그리고 이런 대화가 오고 갔죠.

"S양 어때요?"

"맞아. 그 친구 굉장히 센스 있어요."

"유인물도 자기 스타일의 철을 만들어서 다 정리해두더라고요."

"맞아요. 지방에서 올라오는데도 6개월 이상 한 번도 지각한 적이 없었어요. 그 친구 동생도 그러던데."

이처럼 모델링이라는 것은 한순간에 이루어지는 것이 아니라, 세상에 나를 지속적으로 노출한 결과물이 만들어내는 것입니다. 그러나 우리는 타인의 시선은 엄청나게 신경 쓰면서 어떻게 긍정적으로 나를 마케팅할 것인지에 대해서는 깊이 고민하지 않는 경향이 있습니다.

명함보다 중요한 것은 그 사람이 남기는 말과 행동 그리고 분위기입니다. 자신이 하고 싶은 일이 있다면, 나의 말과 행동 그리고 분위기에 어떤 '의미 부여'를 할 것인지부터 끊임없이 연구하도록 하세요.

나 자신을 이해하기 위한
인문학 트레이닝

셀프 점검 시간

이런 친구가 하면 좋아요!

– 이미지 메이킹이 필요하다고 느끼는 친구

– 자신만의 색이 없어 고민인 친구

– 노력에 비해 성과가 안 나오는 친구

– 전문적인 일을 하고 싶은 친구

저의 스승님이 알려주신 지혜를 공유하겠습니다.

'내가 무슨 말을 하는지, 어떤 일을 하는지는 중요하지 않다.
내가 누구인지가 중요할 뿐이다.'

분명 우리 엄마가 하시는 말씀 중에 틀린 것은 하나도 없습니다. 그런데 왜 우리는 엄마 말은 안 듣고, 김미경 원장님이 하는 말은 듣는 것일까요? 분명 옆집 아저씨도 좋은 말씀을 많이 해주십니다. 그런데 아저씨가 말씀해주실 때는 잘 안 들리던 것들이 왜 오바마의 연설로 들을 때는 가슴에 와 닿는 걸까요?

이것이 바로 사람들이 그 대상이 하는 말보다 그 사람인지 누구인지를 더 중요하게 생각하는 증거랍니다.

모델링이 얼마나 중요한지 알기 위해 지금부터 여러분을 캐스팅 감독으로 초대합니다. 지금부터 〈스머프〉와 〈짱구는 못말려〉에 나오는 캐릭터에 각각 어떤 연예인을 캐스팅하면 좋을지 생각해보세요. 그리고 왜 그렇게 캐스팅을 했는지 그 이유를 정리해봅시다.

〈스머프〉 등장인물	〈짱구는 못말려〉 등장인물
가가멜	짱구
똘똘이 스머프	짱구 아빠
투덜이 스머프	짱구 엄마
허영이 스머프	유치원 선생님
익살 스머프	철수

연예인 리스트

정보석, 신동엽, 박미선, 오현경, 하하, 유병재, 추성훈, 최홍만, 서장훈, 마동석, 장근석, 광희, 성시경, 허지웅, 정준하, 심형래, 이창훈, 박명수, 김구라, 전현무, 유세윤, 유희열, 김준현, 최홍만, 채시라

이 게임을 해보면 대부분 가가멜에는 박명수, 똘똘이 스머프에는 성시경을 고릅니다. 왜 그럴까요? 연예인들이 평소 우리에게 일관되게 보여줬던 말과 행동이 뇌에 각인되어 하나의 캐릭터로 떠오르는 것이죠.

그렇다면 이를 역으로 활용해서 내가 보여주고 싶은 캐릭터를 설정하고, 이를 연출해나간다면 어떻게 될까요? 이 또한 내가 원하는 삶을 만들어가는 하나의 습관이 될 수도 있습니다. 전 어릴 때부터 '일 잘하는 커리어 우먼'으로 살고 싶었답니다. 그래서 몇 년간 커리어 우먼이 나오는 드라마를 돌려보며 그들이 말하는 습관이나 스타일링을 눈여겨보았죠(특히 삼성가 여자들이 입는 스타일링을 많이 분석했답니다). 그리고 언제 어디서든 내 일에 대한 소신 있는 말과

행동을 보여주며 꾸준히 어필해왔습니다. 그러다 보니 이제는 어디를 가도 커리어 우먼, 전문가의 이미지가 풍긴다는 칭찬을 많이 듣는답니다.

습관 처방전: 셀프 점검 시간

1) 조하리의 창 채워넣기

나를 어필하기 위해서는 무엇보다 먼저 나를 정확하게 파악해야겠지요. 이때 제가 사용하는 이론은 '조하리의 창Johari Window'입니다. 커뮤니케이션을 위해 만들어진 유명한 이론이죠. 그런데 그의 이론은 모델링 전략을 짜는 데에도 매우 유용합니다. 전 제일 먼저 나를 공부하기 위해 '나' 하면 떠오르는 장단점을 각각 5개씩, 총 10개의 형용사로 적어둡니다. 그리고 친한 친구 5명, 처음 만나는 사람 혹은 나를 잘 모르는 이들 5명에게 이렇게 부탁합니다.

"저를 좀 객관적으로 보고 싶어서 그런데요. 제 약점과 강점을 '외형'과 '내형'으로 나눠서 이야기해주실 수 있을까요? 이왕이면 형용사로요."

	강점	약점(보완할 점)
외면		
	강점	약점(보완할 점)
내면		

그렇게 10명에게 받은 내용을 아래 네 가지 창에 맞게 분리합니다. 여러분도 한번 해보세요.

1. 열린 창 Open window 나도 알고 타인도 아는 창	2. 보이지 않는 창 Hidden window 나는 알지만 타인은 모르는 창
3. 비밀의 창 Blind window 나는 모르지만 타인은 아는 창	4. 미지의 창 Unknown window 나도 모르고 타인도 모르는 창

트레이닝 방법

인터뷰하기

1. 우선 나를 표현할 수 있는 형용사 10개를 스스로 적어봅니다(이왕이면 장점과 단점 모두 각각 5개씩 적으면 더 좋겠죠).

2. 나를 잘 아는 사람 5명, 처음 만나거나 모르는 이 5명에게 나를 보면 어떤 형용사가 생각나는지, 장점 5개 단점 5개로 적어달라고 부탁하세요. 외형과 내형으로 나누어 받아보면 더 다채로운 답변을 얻을 수 있습니다.

조하리의 창 활용

3. 내가 쓴 것과 상대가 쓴 것 중 겹치는 것이 있다면?
   → 1번 '열린 창'으로 옮깁니다.

4. 나는 썼지만, 타인은 안 쓴 것은?
   → 2번 '보이지 않는 창'으로 옮깁니다.

5. 나는 잘 몰랐지만, 타인이 쓴 것이 있다면?
   → 3번 '비밀의 창'으로 옮깁니다.

6. 나도, 타인도 쓰지 않았지만 본인이 생각하기에 꼭 갖고 싶은 특징이
   있다면 4번 '미지의 창'에 적어 넣으세요.

분석하기

7. 1번 열린 창이 가장 많다면?
   → 내가 아는 나와 남이 보는 내가 거의 일치한다는 뜻이니 평소에 나를
   많이 노출한다는 뜻이기도 합니다. 그중 내가 앞으로 계속 키워나가고
   싶은 특징에 밑줄을 치고, 반대로 버리고 싶은 부분은 다른 색으로 표
   시하세요.

8. 2번 보이지 않는 창이 가장 많다면?
   → 나는 알지만 타인이 모르는 영역이 더 많다는 건 있는 그대로의 나를
   세상에 아직 보여주지 않았음을 의미합니다. 그중에서도 내가 살리고
   싶은 부분과 버리고 싶은 부분에 밑줄을 쳐봅시다.

9. 3번 비밀의 창이 가장 많다면?
   → 나는 모르지만 타인은 알고 있다는 것은 스스로를 연출한 적이 거의 없
   을 뿐 아니라, 나를 잘 모른다는 뜻이기도 합니다. 타인이 보는 내 모습
   중 내가 앞으로 키우면 좋은 것, 버려야 하는 것을 체크합니다.

10. 4번 미지의 영역은 앞으로 내가 모델링을 통해 얼마든지 키워나갈 수
    있는 특징입니다.

11. 내가 키워야 하는 성향과 버려야 하는 성향들을 따로 정리해 한 가지 키워드를 뽑아본 후, 이것을 어떻게 보여줄 것인지 전략을 세워봅시다.

2) 이미지 모델링

미국의 힐러리 클린턴 전 국무장관은 미국 제32대 대통령인 프랭클린 D. 루스벨트의 부인, '엘리너 루스벨트'를 자신의 이상적인 모델로 삼고, 책상 위에 그녀의 사진을 올려놓았다고 합니다. 그리고 위기의 순간이 올 때마다 '루스벨트라면, 어떻게 행동했을까?', '오늘 같은 날에 루스벨트는 어떤 옷을 입고, 어떤 표정을 지었을까?'를 물어보았다고 합니다. 이처럼 상대의 뇌에 각인되고 싶은 이미지가 있다면 나의 롤 모델을 벤치마킹해보는 것 또한 최고의 이미지 컨설팅이 아닐까 생각합니다.

부끄럽지만 저를 모델링의 대상으로 삼았던 한 학생이 있었습니다. 이 학생은 처음 만났을 때 누가 봐도 무기력해 보였죠. 매일 목도리로 자신의 얼굴을 칭칭 감고, 어깨를 웅크린 채 어두운 이미지를 풍기며 다녔거든요.

제일 먼저 그녀가 지니고 있는 무기력한 모습을 보다 당당한 모습으로 변화시켜야 했습니다. 그래서 그녀는 키워드를 '당당함'으로 설정했고, 주변에서 가장 당당한 사람이 저라며 절 롤 모델로 삼았습니다. 그녀의 노트북에는 늘 제 사진이 붙어 있었답니다. 그리고 매순간 '선생님이라면 어떤 말을 할까?', '이런 날에는 어떤 복장을 입을까?'를 3년간 연습했다고 하네요.

인큐의 학생이었던 이 친구는 이제 인큐에서 매니저를 담당하고 있습니다. 그리고 이제는 이 친구를 모델링 대상으로 삼는 친구들이 생겨났을 뿐 아니라 '패셔니스트'라는 칭송을 받을 만큼 변화했답니다.

당당해지고 싶다는 말은 누구나 할 수 있지만, 당당한 사람의 태도를 자기화하는 것은 아무나 할 수 있는 일이 아닙니다. 지금 당장, 존경하는 누군가처럼 본인을 연출해보는 건 어떨까요?

1. 앞서 인터뷰한 나의 특징을 토대로 타인에게 각인시키고 싶은 나의 이미지를 키워드로 정합니다.

2. 이를 잘 연출한 인물에는 누가 있는지 찾아본 후, 한 명을 정합니다.

3. 그 사람의 외면과 내면 모두 관찰합니다.

4. 그것들을 나에게 적용시키며 하나둘씩 변화시켜봅시다(이때 내 곁에 그 사람의 사진을 두면 스스로 계속 인지시키는 데 큰 도움이 됩니다).

3) 언행일치 모델링

전설적 황제 카이사르는 이런 유언장을 남겼습니다.

"나의 먼 친척인 옥타비아누스를 후계자로 삼고, 나의 전 재산을 내 가족들에게 남긴다."

그런데 당시 옥타비아누스는 10대 시골 촌뜨기였답니다. 카이사르의 업적을 한 번에 이어받기에는 무리가 있는 상태였죠. 그때, 옥타비우누스는 엄청난 선택을 합니다.

"국민 여러분은 모두 카이사르를 아버지로 모셨고, 카이사르 황제는 전 재산을 가족들에게 남겼다. 그렇다면 그 재산을 N분의 1로 나눠 로마의 시민들과 그의 자녀들에게 나눠주어야만 한다!"

엄청나죠? 그리고 실제로 그렇게 행동합니다. 결국 자신의 말과 행동을 일치시키면서 성공적으로 왕위를 물려받게 되었죠. 사람들은 어려워 보이는 일을 입으로 뱉고 실천하는 사람을 잘 기억합니다. 따라서 진정한 모델링을 위해서는 반드시 본인이 이야기한 것을 스스로 지켜나가는 게 기본 원칙입니다. 예를 들어 매일 난 끈기 있는 사람이라고 말로만 떠들기보다, 무언가를 끝까지 하는 모습을 상대에게 한 번 강하게 보여주는 게 훨씬 효과적입니다.

따라서 지금 내가 꿈꾸는 모습이 '자신감 있는 사람'이라면, 지금 당장 집 근처를 돌고, 오늘도 자신감을 키우기 위한 나만의 마라톤을 했다는 글과 함께 SNS에 인증 샷을 올리세요. 이를 30일 반복하면 사람들은 머릿속에 '나 = 자신감'으로 연상하게 되어 있답니다! 그리고 더 중요한 사실, 세상 모두를 속여도 나 자신을 속일 수 없잖아요. 행동으로 내가 되고 싶은 나를 계속해서 증명한다면, 그때부터 나 자신도 스스로를 믿게 되고, 저절로 자신감이 생긴답니다!

언행일치 모델링은 혼자서 조용히 할 때보다 내가 뱉은 말을 주변인들에게 알리면서 해나갈 때 효과가 더 큽니다. 인간은 남들이 지켜보고 있다는 생각이 들 때 더 잘하는 경향이 있으니까요.

트레이닝 방법

언행일치에는 특별한 방법이 없습니다. '내가 한 말을 반드시 행동한다'는 것만 지키면 되니까요. 다만, 이왕이면 SNS에 꾸준히 자신이 입으로 뱉은 것을 실천하는 모습을 올리면 더더욱 효과를 볼 수 있습니다.

인문학을 중시하는 대기업의 진짜 의도는 무엇일까?

앞서 잠깐 언급하긴 했지만, 현재 기업이 원하는 인문학은 무엇인지 생각해 본 적이 있나요? 인문학 벼락치기 스터디 반에 들어가려는 친구를 붙잡고 그전에 한 번이라도 '왜 그들이 인문학적 소양을 지닌 인재를 필요로 하는가?'에 대한 고민을 해봤는지 물어본 적이 있습니다. 그러나 역시 아무런 대답을 하지 못하더군요. 수능 준비하듯이 답을 외우려고 유명한 역사 강사를 찾고, 네이버에서 인문학 필수 도서를 뒤지기 전에 딱 한 번이라도 채용 흐름이 변화하는 본질적인 이유에 대해 생각하는 시간을 가져보는 건 어떨까요?

그들이 우리에게 하는 질문에 주목하라

실제 그 친구는 현대 다이모스에 내기 위한 자기소개서를 쓰고 있었는데, 질문 중 하나가 '근현대사 인물 중 귀하가 존경하는 인물과 그 이유는 무엇입니까?'였습니다. 심지어 금융권에서는 대놓고 묻습니다. '디지털 시대에 기업들이 인문학을 강조하는 이유는 무엇인지 사례를 대고 설명하라.' 게다가 인적성 평가에는 '현명한 자와 우둔한 자의 차이를 밝혀내라'는, 세종이 인재등용에 사용했던 질문이 등장하기도 했지요.

그런데 온통 인문학이 난리라고만 할 뿐 왜 그들이 이런 문제를 출제하는지에 대해 고민하는 취준생은 거의 없습니다. 그런데 조금만 관심을 갖고 이 출제 문제들을 살펴보면 공통점을 발견할 수 있습니다. 바로 '정답이 없다는 것'이죠.

따라서 '나의 생각'을 정리해야 합니다.

그렇다면 왜 평가도 하기 힘든 정답이 없는 문제를 내기 시작했을까요? 이유는 단순합니다. 그들은 더 이상 획일화된 정답이 아닌, '생각'을 평가하고 싶어 하기 때문입니다.

하지만 그럼에도 많은 취준생들은 또다시 답만 찾으려 합니다. 실제 작년도 출제되었던 조선시대에 가장 존경하는 인물을 꼽으라는 문제에는 대부분의 친구들이 '세종대왕'을 꼽았다고 하더군요. 그만큼 우리는 획일화되고 정형화된 답을 쓰는 데 익숙합니다. 먼저 권위 있는 서적을 뒤지고, 전문가 의견을 참고하고 싶어 하죠. 정작 사회가 원하는 것은 '정답이라는 틀에 얽매이지 않는, 자신만의 생각을 할 줄 아는 인재'임을 간과하고 있는 것입니다.

여러분은 다음과 같은 질문을 받으면 어떻게 답변을 하겠습니까?

⟶ 2014년 현대자동차 인적성 검사 문제

▶ 세종대왕이 과거시험에 출제했던 '현명한 사람과 어리석은 사람 구별법'이라는 문제를 21세기의 자신이 받는다면 어떻게 답하겠는가?

▶ 석굴암, 불국사, 가야고분, 남한산성, 고인돌 등 유네스코가 지정한 세계문화유산에 등재된 우리 유산 두 개를 골라 그 이유를 쓰시오.

▶ 이순신의 거북선, 김정호의 대동여지도, 정약용의 거중기, 세종대왕의 한글 등 역사 속 인물의 발명품 중 자신이 생각하는 공학도의 자질과 연관이 있는 발명품을 선택한 뒤 그 이유를 쓰시오.

그들이 인재채용 시 해결해야 하는 '세 가지 문제'

도대체 왜 이렇게 채점하기도 어려운 문제를 출제하고자 하는 것인지 철저히 그들의 입장이 되어서 생각해봅시다. 크게 기업들이 인재채용을 할 때 해결해야 하는 숙제에는 세 가지가 있습니다.

1) 조기 퇴사로 인한 출혈을 막을 것

2014년 대졸 신입사원의 1년 내 퇴사율은 25.2퍼센트에 다다랐다고 합니다 (한국경영자총협회 기준). 2010년에는 15.7퍼센트였다는 점을 감안하면, 엄청난 증가폭이죠. 실제 기업들 입장에서는 '비상'입니다. 얼마 전에 만난 한 인사 담당자도 제게 신신당부하셨습니다.

"제발 자신에 대해서 잘 아는 친구들 좀 보내주세요."

"왜요?"

말씀을 듣자 하니, 다 그만두는 이유가 비슷하답니다. "나를 찾고 싶어요.", "저랑 안 맞는 것 같아요.", 그렇게 다 나를 찾겠다며 1년도 못 가 그만두니 다들 사춘기도 아니고 미치겠다고 하시더군요. 자기가 좋다고 지원해놓고 안 맞는다고 나가버리니 기업의 입장에서는 난처할 따름이죠.

조기퇴사는 기업에 있어 재정적으로도 엄청난 출혈입니다. 그들에게 쏟은 채용 비용, 교육 비용, 인건비 등이 그대로 허공으로 날아가는 셈이니까요. 그래서 기업은 자기성찰이 잘된 친구들을 채용하고 싶어 합니다. 이때 인문학적 질문이 그들의 자아성찰 수준을 살펴볼 수 있는 좋은 척도가 되죠.

예를 들어 앞서 이야기한, 현대자동차에서 출제되었던 문제를 학생들에게 제시할 경우, 기업 입장에서는 구직자가 선택에 있어 중시하는 '가치관'을 들여다볼 수 있죠. 이렇게 기업 입장에서는 자아성찰이 잘되어 있는 친구를 선택함으로써 조기퇴사율을 줄여야 할 의무가 있기에 답이 없는 질문들을 던지고 있는 것입니다.

2) 시키는 일만 하는 수동적인 사람을 검열할 것

심지어 한 친구는 '가장 존경하는 조선시대의 인물을 쓰고 그 이유를 적으라'
는 항목을 보고 "보기가 있으면 더 쉽게 쓸 수 있을 것 같은데……."라며 안타
까워하기도 했습니다. 하지만 더 이상 기업은 보기대로 움직이는 수동적인 인
재를 원하지 않습니다. 그들은 주체적으로 움직이는 인재를 갈망하죠.

이러한 점에서 답이 없는 질문은 '주체적 사고'를 평가해볼 수 있다는 장점이
있습니다. 만약 답을 외워서 말하거나 획일화된 답을 하는 친구들이라면 틀 안
에서만 생각하고, 시키는 대로만 일할 가능성이 높으니까요.

그러나 지금까지 우리의 공교육은 주체적 사고보다는 수동적으로 답을 외우
는 데 초점이 맞춰져 있었습니다. 따라서 우리는 주체적인 문제 해결 능력이 상
당히 떨어지는 게 사실입니다. 그럼에도 기업환경의 변화로 인해 기업은 주체
적인 문제 해결 능력을 지닌 친구를 원합니다. 그렇다면 지금까지 그 능력이 부
족했다 해도 이를 키우기 위해 노력해야겠죠. 훈련을 통해서라도 말입니다.

3) 더 이상 새로운 기술에 열광하지 않는 소비자

중국의 활약으로 높은 기술에 낮은 가격의 제품들이 늘어나면서, 웬만한 기
술이 아니면 소비자의 반응을 얻어내기가 어렵습니다. 따라서 지금 기업들은
'어떻게 사람들에게 그리움을 남길 수 있는 기업이 될 것인가?', '사람의 마음을
사로잡는 제품은 무엇일까?' 등등 사람을 중심으로 한 기술을 필요로 하게 되
었습니다.

빠르게 변화하는 사회에서 엘리트는 더 이상 많이 아는 자가 아니라, 새로운
지식으로 또 다른 새로운 지식을 만들 수 있는 창조자입니다. 저 역시 기업에서
강의 의뢰를 받을 때 가장 많이 거론되는 주제 중 하나가 '창의력, 통찰력'에 관
한 것입니다. 사회의 패러다임 전환으로 인해 '지식의 가치'가 이만큼 많이 변
화하고 있습니다. 과거에는 많이 알고 있는 사람이 엘리트였고, 한 분야를 깊
숙이 파는 '스페셜리스트specialist'가 인정받았죠. 하지만 이제는 '제너럴리스트

generalist', 즉 융합으로 기존의 지식을 새로운 것으로 만들 수 있는 폭 넓은 시야와 가치창출능력을 지닌 인재에 대한 수요가 더 많습니다. 공학도에게도 인문학을 요하고, 경영학도에게 예술적 능력을 원하는 사회가 된 거죠. 이제는 지식의 시대를 넘어 창조 사회로 진화하고 있는 겁니다.

그렇다면 어떻게 공부를 해야 할까요? 한국사를 공부할 때도 한국사의 연도와 역사적 사실을 암기할 것이 아니라, 왜 이러한 사건이 일어났는지, 나는 이런 역사적 사건을 어떻게 평가하는지 등 자신만의 생각을 정리해야 합니다. 그것이 앞으로의 경쟁력이 될 테니까요. 앞으로는 답을 추구하는 이가 아니라, 나만의 답을 만들어 낼 수 있는 사고력을 키운 이들이 성공하게 될 것입니다.

이처럼 정답이 없는 문제를 내는 그들의 의도를 파악해보면, 우리 사회는 더 이상 우리에게 '답'을 원하지 않는다는 것을 알 수 있습니다. 답이 아닌 주체적으로 사고하는 능력을 원하는 것이죠. 이제는 S대 수석 졸업생보다 자퇴생일지라도 세상을 놀라게 할 수 있는 아이디어 하나를 제시할 수 있는 이가 '기업의 복덩이'가 되는 셈입니다.

따라서 지금 우리에게 필요한 것은 권위 있는 누군가의 역사적 시각이 아니라, 내 스스로 사고하려는 노력입니다. 사실 '인문학'을 강조하는 것은 비단 기업의 문제만은 아닙니다. 정부에서도 인문학 정책과 진흥법을 실시하였죠. 그러다 보니 교육의 트렌드가 마치 인문학이 모든 것의 해답인 양 흘러가고 있습니다.

그러나 여러분 꼭 기억하세요. 인문학 공부마저도 획일화되어서는 안 됩니다. 지금 우리 사회가 원하는 것은 답을 추구하는 인문학이 아니라, 생각하는 능력임을 주목하세요. 부디 60권의 요약본을 읽으며 남의 답을 쫓아가려 하지 말고, 자신만의 생각으로 자신만의 길을 만들어가길 바랍니다.

4부

인문학은
실천이다

• 행동으로 옮겨야 기적이 일어난다 •

8장

문제는
스스로 해결한다

・

독학 습관

노루가 사냥꾼의 손에서 벗어나는 것같이
새가 그물 치는 자의 손에서 벗어나는 것같이 스스로 구원하라.
– 잠언 6장 5절

무의식의 세계까지 가봐야 고수가 된다

사실 잘된 사람들을 보면 출중한 능력이나 뛰어난 성적 때문이 아니라, '실천을 통해 단련'되었기 때문에 성공을 했다는 공통점을 갖고 있습니다. 그들은 묘한 자신감과 에너지를 폴폴 풍기고 다닙니다.

그 에너지는 따라 한다고 생기는 게 아닙니다. 모진 바람을 견뎌내고, 자신의 몸으로 그것을 직접 실천해낸 날들이 쌓였을 때 비로소 아우라가 뿜어져 나오는 것이죠. 저는 멋진 몸매보다 이런 그들의 에너지가 탐납니다. 상대를 단번에 사로잡을 수 있는 에너지는 경험이 부족한 사람이라면 결코 가질 수 없는 것이거든요.

제가 지금까지 말씀드린 지혜를 아무리 머리로 잘 깨우치고 통달했다 해도 실천하지 않는다면 무용지물無用之物일 뿐입니다. 그럼 언제까지 실천을 해야 할까요? 저는 '무의식의 세계'까지 지배할 수 있을 때 진정한 프로의 경지에 이르렀다고 생각합니다.

저희 엄마는 음식을 만드는 솜씨가 참 좋습니다. 만들어놓은 음식마다 예술품을 연상시킬 만큼 맵시도 좋으시죠. 요리에 서툰 저는 매번 음식을 할 때마다 엄마에게 전화를 합니다.

"엄마, 잡채에 간장 얼마만큼 넣어야 해요?"

"적당히."

"보쌈 만들 때 물은 얼마만큼 넣고 삶아야 해요?"

"적당히."

그때마다 돌아오는 대답, '적당히.'

결코 초보자는 알아들을 수 없는 단어, '적당히.'

이는 비단 저희 엄마만의 용어가 아닙니다. 제 주변의 운전 고수, 망치질 고수, 메이크업 고수 등 프로라 하는 분들은 왜 그리 '적당히'라는 말을 좋아하는지 모르겠습니다. 초보들은 결코 알 수 없는 미지의 세계, '적당히.' 그러나 '적당히'를 자연스럽게 이해하는 순간, 그 분야의 고수가 된다고 합니다.

저는 강의를 할 때마다 물어봅니다.

"지금 제가 강의를 의식적으로 하고 있을까요, 무의식적으로 하고 있을까요?"

많은 분들이 강사가 짜인 틀대로 말을 하고 있으니 '의식적'으로 할 거라고 대답합니다. 그러나 잘된 강의는 결코 의식적이지 않습니다. 완전한 무의식의 세계여야 하죠. 운전을 좀 해보신 분들은 아실 겁니다. 운전을 능숙하게 하신다면 한번 대답해보세요. 운전할 때 의식적으로 하시나요, 무의식적으로 하시나요? 초보들은 방향지시등을 켜고 좌우를 살폈다 브레이크를 밟았다 뗐다 하는 모든 행위를 의식하면서 하느라 온통 정신이 곤두서 있지요. 그러나 운전은 '감'이라고 하지 않던가요?

골프를 할 때도 초보는 바람의 방향부터 스윙 포즈 등등 신경 써야 할 게 한두 개가 아닙니다. 그러나 프로 골퍼는 몸이 기억하는 대로 스윙을 합니다.

이처럼 어떤 분야든 자기화하려면 '적당히의 세계'로 입문해야 합니다. 전문용어로는 '암묵지식'이라고 부르지요. 어떤 일을 하던 무의식적으로 움직이기 위해서는 필요한 절대적 시간이 필요합니다.

인문학도 마찬가지입니다. 인문학을 내 삶에 바로바로 적용하기 위해서는 굳이 의식하지 않아도 세상의 모든 소재를 인문학의 재료로 사용할 수 있을 만큼 익숙해져야 합니다. 그러나 이는 단번에 완성할 수 있는 것이 아니기에 처음에는 의식적으로 훈련을 해야만 합니다. 나를 가두고 있는 고정 관념을 깨고, 인간을 향한 질문을 던지는 것, 그리하여 현상에 시각을 더해 나만의 의미 부여로 삶에 생명을 불어넣는 작업을 꾸준히 습관화해야만 합니다.

한 가지 운동 동작을 익히기 위해 수만 번 연습을 하는 운동선수처럼, 끊임없이 인생에 대한 질문을 하고 답을 구해가는 훈련은 인문학 습관이 몸에 배도록 도와줄 것입니다. 그러기 위해서는 반드시 '독학하는 습관'과 '나라는 작품을 만들어가는 습관'을 가꾸어나가야 합니다.

독학하는 습관을 키운다

저에게는 평생 잊을 수 없는 수업이 있습니다. 시골의 작은 학교 선생님들을 대상으로 한 강의였는데요. 마지막 순간, 나이가 지긋한 교감 선생님께서 이렇게 외치셨습니다.

"안다는 것은 가장 큰 착각이지요. 요즘같이 빠르게 변화하는 사회에서는 매일매일 배워야 합니다. 우리들의 무지를 깨우쳐주셔서 고맙습니다, 젊은 선생!"

순간 제 두 눈 가득 뜨거운 눈물이 맺혔습니다. 머리가 다 하얗게 셀 때까지 배우고 또 배우는 습관을 지녔던 그분은 끝나고 제 손을 꼭 붙잡고 말씀하셨습니다. 가르치는 사람이야말로 틀에 박힌 교육이 아니라 일상에서 늘 영감을 얻고 공부해야 하는데 그렇지 못한 것 같다, 일상의 영감을 주어 고맙다고 하시면서요. 자식뻘이 되는 제게 배울 수 있는 기회를 줘서 고맙다고 말씀해주시는 선생님을 보며, 나는 매 순간 그분처럼 간절히 배우려고 했는지를 돌이키고 반성하게 되더라고요.

세계적인 리더십 석학, 로버트 하그로브Robert hargrove는 현대사회의 진짜 문제는 빠르게 변화하는 사회도 아니요, 지식의 변화도 아니라고 주장합니다. 그럼 진짜 문제는 무엇일까요? 바로 '지식 그 자체'입니다. 눈 깜빡할 사이에 지식의 패러다임이 변해버리니 무엇을 알고 있다는 것 자체가 금세 오류가 되어버리기 때문입니다. 그가 만났던 포춘Fortune 500대 기업의 리더들은 좋은 학벌이 아니라 '호기심, 겸손, 끊임없이 배우는 자세'라는 공통점을 갖고 있었다고 합니다.

이제는 어떤 학교를 나왔는지, 가방끈이 얼마나 긴지는 경쟁력이 되지 못합니다. 그 사람이 얼마나 끊임없이 배우려고 하는지, 늘 호기심을 가지고 새로운 시도를 하려 하는지가 진짜 경쟁력이죠.

미국의 아티스트 제 프랭크는 취업 면접관이 되어 이렇게 불평했다고 합니다.

> "제가 어떤 일을 했는지 보여달라고 요구하면 면접 보러 온 사람들
> 은 학교 다닐 때 만든 것이나 다른 직장에서 했던 것을 보여줘요. 하
> 지만 제가 관심 있는 건 그들이 지난 주말에 뭘 만들었는지거든요."
>
> — 오스틴 클레온, 『보여줘라, 아티스트처럼』 중

이제는 몇 년 전의 업적보다 지난 주말에 무엇을 했는지가 경쟁력이 되는 시대입니다. 세상이 변화하는 속도에 맞춰 발 빠르게 움직이는 부지런함을 갖춰야 하는 것이죠.

여러분은 얼마나 부지런히 움직이고 계신가요? 기업 강의를 하다 보면 재미있는 사실을 발견하게 되는데요. 제가 "요즘 미국에서는 이런 새로운 SNS 앱이 유행하고 있습니다."라고 운을 떼면 같은 조직원이더라도 리더의 위치에 있는 분들은 대부분 바로 그 자리에서 앱을 다운받습니다. 그리고 이것저것 물어보시죠.

그런데 오히려 SNS에 더 익숙한 청년 직원들 중에 이렇게 툴툴거리는 분들이 종종 있습니다.

"SNS는 인생의 낭비예요. 그런 걸 뭐하러 합니까?"

분명 나이는 리더 집단이 훨씬 많았습니다. 그러나 누가 더 깨인 생각으로 일을 하고 있는 것일까요?

'끊임없이 배우려는 자세', '겸손', '호기심'을 죽는 순간까지 지니려 노력하는 것이 수능 점수를 받는 일보다 훨씬 어렵지 않을까 싶습니다. 제가 대학을 다닐 때까지만 해도 석사·박사 과정은 성공을 위한 필수 코스와도 같았습니다. 그리고 학위가 있으면 취업과 윤택한 삶이 보장되었죠.

그러나 요즘은 너도나도 석박사 학위를 지니고 있다 보니, 더 이상 어떤 전공의 박사라고 해서 그를 인정해주지는 않습니다. 최근 5년만 해도 제게 "어떤 대학을 나오셨어요?"라고 질문하는 비즈니스 파트너는 없었습니다. 제 전공이 무엇인지를 묻고 계약을 하지도 않았고요. 그보다 지금 제가 하고 있는 프로젝트가 무엇인지, 지난주에는 어떤 결과를 냈는지, 어떤 가치관을 가지고 있는지가 더 큰 영향을 미쳤죠. 앞으로는 대학의 문턱이 점점 더 낮아질 것입니다. 이는 대학의 붕괴라기보다는 '삶 전체가 대학이 되는' 교육 패러다임의 변화가 아닐까 싶습니다.

진짜 고수는 스스로 룰을 만든다

인큐 가족 중에는 대학교 총장님이 계십니다. 그런데 이분의 전공은 매일 바뀝니다. 매일 자신의 관심사에 의해 공부하기 때문입니다. 그녀가 운영하는 대학 이름은 '이시아 대학교'.

물론 인가를 받거나 사회적으로 인정되는 학위는 없습니다. 하지만 그녀는 사회가 인정해주는 공부가 아니라 내가 좋아하는 공부를 하겠다는 의지로 스스로를 대학 총장으로 임명합니다. 그리고 자신의 삶을 '대학'으로 의미 부여합니다. 매일 자신의 관심사를 전공으로 삼고, 만나는 모든 사람들을 교수님으로 모시며 삶을 대학으로 만드는 이시아 대학교 총장님, 그녀는 아이비리그 학생들 앞에서도 전혀 주눅 들지 않습니다. 하늘을 지붕 삼아, 땅을 책상 삼아 만나는 모든 이를 교수로 임용하며 끊임없이 배워나가죠. 제아무리 세계 최고의 대학이라 할지언정 그건 남이 만들어놓은 틀이 아닙니까? 그리고 언젠가 졸업하지 않나요? 그러나 그녀는 평생 학교를 일궈나갈 뿐만 아니라, 죽을 때까지 졸업을 하지도 않습니다. 이보다 위대한 지성인이 또 있을까요?

인문학을 삶에 적용한다는 것은 이시아 대학 총장님과 같이 살아가는 것이 아닐까 싶습니다. 내 삶 전체를 대학으로 삼고, 나를 전공으로 삼고, 나와 함께하는 사람들을 부전공으로 삼는 것. 시련과 관심분야를 연구 대상으로 삼아 인생이라는 과정 안에 나라는 작품을 만들어내는 것! 이보다 멋진 삶이 또 어디 있을까요?

애플의 스티브 잡스, 페이스북의 마크 주커버그^{Mark Zuckerberg}, 알리바바의 마윈, 이처럼 오늘날의 신지식인들은 인생 전체를 학교로 삼았던 '저잣거리 인문학자'들입니다. 그들에게는 공통점이 있는데요. 바로 스스로 공부하는 데 능하다는 것입니다.

마윈의 경우, 한국 청년들을 대상으로 한 강의에서 수많은 도전과 경험 중에 가장 위대한 것이 '영어를 독학한 것'이라고 했을 정도로 독학의 중요성을 강조합니다.

이는 스티브 잡스도 마찬가지입니다. 대부분의 친구들에게 "대학을 왜 갔어요?" 하고 물어보면 "남들이 다 갔으니까요."라는 답변이 나옵니다. 그러나 스티브 잡스는 남들이 다 가는 대학에 갔다가 자퇴를 하고 본인이 공부하고 싶은 과목만 도강을 했을 정도로 자신만의 분야를 스스로 만들어갔죠.

페이스북의 마크 주커버그는 고등학교 때 프로그래밍을 다 독학하고, 하버드 대학교 수업은 매일 땡땡이를 쳤다고 합니다. 우리 사회의 기준에서는 나쁜 학생이었을지 몰라도 결과적으로는 주체적인 학습이 그들을 세상을 변화시키는 전문가로 키워냈다고 봅니다.

그들은 학교라는 틀에 얽매이지 않았습니다. 특히 우리처럼 전공으로 4년간 발목을 잡히지도 않았죠. 자신의 관심 분야를 과감하게 전공으로 삼고, 본인의 가슴속 질문을 해결하는 과정에서 인류 역사상 가장 위대한 졸업 논문인 '페이스북', '아이폰', '알리바바'를 만들어낸 것입니다. 그들이 위대한 이유는 이론과 틀을 깨고, 더 나은 세상을 만드는 아이디어를 실현시켰다는 것이 아닐까요?

언제까지 이론과 남의 답에 치우친 현실 밖의 공부를 하시겠습니까? 공부를 했다면 자신이 원하는 것을 실현시킬 수 있어야 합니다. 삶에 인문학을 적용한다고 다짐한다는 것은 하늘을 학교 삼아, 땅을 이론 삼아 나의 아이디어를 실현시키는 공부를 하겠다는 의지를 뜻합니다. 배움의 주체가 비로소 내가 되었을 때, 우리는 모두 이 시대가 원하는 전문가로 거듭날 수 있습니다.

다음은 세계경영연구원 김용성 교수님이 쓰신 한 칼럼의 일부입니다.

"온라인 시대의 전문가들로 인정받기 위해서는 어떤 조건이 필요할까. 첫째, 당연히 진짜 실력이 있어야 한다. 온라인 시대의 전문가들은 권위 있는 기관에서 인증하는 변변한 학위나 자격증이 없는 경우가 많다. 그것은 그들이 자격증 취득에 게을러서가 아니라 이 사회가 아직 그들의 실력을 평가할 만큼 충분한 검증체계를 갖추지 못했기 때문이다."

과거의 지식인은 학위와 학교가 결정했습니다. 그러나 이제는 '실용적 전문가'의 시대입니다. 피터 드러커 Peter Ferdinand Drucker의 주장처럼 우리는 3~4년에 한 개씩 전공을 바꿔야 하는 시대에 살고 있습니다. 학교에서 받는 학위가 아니라 일상에서 만드는 나의 전공! 관심 있는 분야를 독학으로 터득하여 나만의 업을 만들어가는 시대가 우리가 살고 있는, 그리고 앞으로 살아갈 세상이랍니다.

이론보다 문제 해결력이 더 중요하다

저 역시 교육 전문가로 활동하고 있지만, 대학 다닐 때 배웠던 교육학 이론을 실전에 쓰는 경우는 거의 없습니다. 이와 관련해서 제가 제일 좋아하는 TED 강연의 일부를 공유합니다. 크리스토퍼 엠딘 Christopher Emdin이라는 한 교육 전문가는 TED 강연에서 이렇게 말했습니다.

> "가르치는 방법과 청중을 사로잡는 방법에 대한 기술을 깨우친 사람들은 심지어 교사 자격증이란 게 무엇인지도 모르지요. 그들은 교육이라고 부른 어떤 것도 해볼 수 있는 학위조차 갖고 있지 않아요.
> (…)
> 지역의 교육에서 교사들을 진작시키고 싶으면 대학의 한정된 울타리에서 벗어나 정신을 가지면 됩니다. 그런 곳으로 들어가서 이발소에도 기웃거리고 흑인 교회도 다녀보고 사람들을 매료시키는 능력을 가진 사람들을 만나보고 그들이 어떻게 하는지 메모하면 됩니다."

크리스토퍼 엠딘의 TED 강연 영상 화면.

실제로 크리스토퍼 엠딘은 학생들과 같이 래퍼들의 손동작을 연구하고, 무대 위를 뽐내며 걸어가는 방법을 연구하며 수업을 준비합니다. 죽어가는 교실을 생동감 있게 만들기 위해 학생들과 더 많이 교감할 수 있는 방법을 궁리하는 것이죠.

제가 수업을 하는 방식도 그러합니다. 제가 제일 좋아하는 수업은 '힙합Hip hop형 수업'인데요. 힙합은 결코 가수 혼자 노래하지 않습니다. "I say yes! You say oh!" 이렇게 소리치며 리듬을 타고 관객과 함께 노래를 만들어가죠. 힙합형 수업 또한 마찬가지입니다. 강연자 혼자 수업을 이끌어가지 않습니다. 강연자는 그저 '강연장의 랩퍼'로서 하이힐을 벗고 맨발로 뛰어다니며 청중들과 함께 노래하고 분위기를 업시키는 역할만 할 뿐이죠. 그리고 핵심 메시지를 직접적으로 전하기보다 그 과정 안에 숨겨놓는 식입니다. 문제 또한 모두가 함께 해결해나가죠. 저는 때때로 내가 광대인지, 선생인지 헷갈릴 만큼 흥겹게

청중과 서로 소통하며 수업을 만들어갑니다. 한번은 수업을 마치고 나니, 누군가가 "당신은 정말 미쳤어."라고 하더군요. 제가 들었던 최고의 칭찬이었습니다. '미친 선생.'

진정한 전문가는 결코 책에만 갇히지 않고 이론에만 집착하지도 않습니다. 한번 가정해봅시다. 만약에 제가 매일 교육학 서적만 읽고 있다면 제 시야는 어떻게 될까요? 아주 편협해질 것입니다. 반대로 시장에서 야채 장사꾼, 개그맨, 3D 프린터 개발자, 인디 밴드를 만나 그들이 사는 이야기를 듣는다면요? 다양한 분야의 방법들을 교육에 활용해볼 수 있겠죠? 사람들을 만나 수다만 잘 떨어도, 인간에 대한 폭발적인 관심만 지니고 있어도 문제를 해결하는 힌트를 얻을 수 있습니다.

일상에서 해결책을 찾는다

전 어떤 문제가 생기든 해결책을 멀리서 찾으려 하지 않습니다. 기업교육이나 교육설계 의뢰를 받으면 제일 먼저 하는 일은 논문이나 책을 뒤지는 것이 아닙니다. 그럼 뭘 하느냐고요? 우선 친구들을 만나 수다를 떱니다. 혹은 사람들이 많은 장소에 홀로 앉아 그들을 관찰하며 사색하죠.

한번은 '조직 내 소통의 문제'를 해결하기 위한 강의를 의뢰받은 적이 있습니다. 조직 내에 소통이 안 되는 이유가 무엇인지 원인을 분석해서 세 시간 내에 사람들이 서로에게 공감할 수 있는 장을 열어달라는 요청이었죠.

그런데 문제가 생겼습니다. 해당 조직이 워낙 보수적이다 보니 공감을 하려면 본인들의 상황을 얘기해야 하는데 그게 참 쉽지가 않더라고요. 이를 어떻게 풀어야 할까 정말 고민이 많았습니다. 그러나 이때 책상 앞에서 머리만 싸맨다면 뻔한 답만 나올 뿐이라는 걸 잘 알고 있었죠.

우선 인간을 연구하기 위해 친구들과 맛있는 저녁 한 끼를 하러 나섰습니다. 몇 년째 연애를 못 하고 있는 친구 B양과 H양. 그러나 오늘도 여전히 남의 연애 상담만큼은 목에 핏발이 서도록 해주고 있었습니다. 매번 자신의 연애는 실패하면서도 남의 연애는 자신의 일인 양 참견하며 자아성찰을 이루는 그녀들.

"하긴, 내가 오빠한테 말만 예쁘게 했어봐. 그 남자가 떠나갔겠어? 너랑 나는 말 예쁘게 하는 방법부터 레슨을 받아야 해."

이렇게 서로가 코칭을 해주고 부둥켜안아주기도 합니다. 저는 그런 그녀들의 모습을 보다가 순간 속으로 '유레카!'를 외쳤습니다.

'이렇게 풀어내면 되겠구나!'

그게 바로 인간의 본성이었습니다. 내 얘기를 꺼내는 것은 어렵지만 남 이야기는 참 쉽게 한다는 것. 또 남의 이야기를 들으며 스스로를 돌아보기도 하고, 스스로 솔루션을 만들어내기도 하는 것 말입니다. 처음 만난 사람 혹은 상사와 부하직원들이 모여서 본인의 고민을 이야기할 리가 없지 않겠습니까? 그래서 남의 고민들을 가져다 팀원들이 게임을 하며 이야기해보는 장을 열기로 했습니다. 남 얘기를 좋아하는 인간의 본성을 활용하기로 한 것입니다.

그다음 날부터 저는 발로 뛰었습니다. 100명의 직장인들을 직접 만나 인터뷰하며 직장을 다니면서 가장 힘들었던 점과 고민들을 '수집'하기 시작합니다. 두 달간 매일 새벽까지 사람들을 만나며 고민을 듣고 또 들으러 다녔죠. 이보다 위대한 인문학은 없더군요. 정말 상상을 초월하는 고민들도 많았고요. 그것들은 인터넷에서 검색을 한다고 알 수 있는 것이 아니었습니다.

상사가 나보다 일을 못해서 고민이라는 후배부터 감사할 줄 모르는 직원들 때문에 속상하다는 인사 담당자, 사장님이 상처받으실까봐 어디까지 진실을 얘기해야 할지 모르겠다는 관리자, 일을 하면서도 적성을 고민하고, 내가 돌연변이처럼 보일까 두렵다는 공무원까지……. 그들의 고민들을 공유하고, 우리 팀에서 해결해주는 방향으로 게임을 설계하니 여지저기서 나도 그렇다는 함성이 터져 나왔습니다. 한 번도 눈을 마주치며 이야기한 적 없던 팀원들까지 하하호호 웃으며 대화를 나눴지요.

그들은 남의 고민을 해결해주면서 본인과 주변 사람들의 입장을 이해하게 된 것입니다. 그러자 이해할 수 없었던 상사와 후배의 마음을 역지사지로 이해하게 되었다는 사례들도 나오기 시작합니다. 처음

보는 다른 부서의 사람과도 어떻게 이렇게 금방 친해질 수 있냐고 하며 끝나고 "정말 이게 교육이죠!" 하고 엄지를 올려주시더군요.

만약 그때 제가 교육에 대한 해답을 책이나 논문에서만 찾으려 했다면 이러한 솔루션이 나올 수 있었을까요? 아닐 겁니다. 또 뻔한 이야기나 나누다 갔겠죠. 이 모든 건 이론에만 강한 두 연애 고수님과의 수다 덕분입니다.

세상 어떤 문제든, 문제가 있으면 해결 방안도 있기 마련입니다. 이처럼 삶 전체를 학교로 만들면 일상의 모든 것이 나의 문제를 해결할 수 있는 재료가 된답니다. 인간에 대한 사랑이 있다면 친구들과 수다를 떨어서라도 '왜 이런 이야기를 나누게 되는 거지?'라고 질문하고 그에 대한 답을 찾을 수 있어야죠. 그렇게 세상을 조금 더 진화시킬 수 있는 방안을 발견하게 되는 겁니다.

만약, 조직의 문제를 해결하는 과제를 그저 '돈'으로만 접근했다면 100명의 인터뷰는 절대 하지 않았을 겁니다. 우리의 손길이 닿는 순간 그 조직이 조금이라도 더 성장하는 데 기여하고자 하는 마음은 늘 저와 팀원들이 지키려는 신념 중 하나입니다. 오늘부터 멀리서 답을 찾으려 하지 말고, '내 주변 사람들이 왜 저런 행동을 하지?' 하며 관심과 사랑을 갖고 들여다보도록 하세요. 인간에 대한 관심을 바탕으로 문제를 풀어가다 보면, 나만의 특별한 해결책을 얻는 기적을 체험할 수도 있습니다.

고수의 생각 패턴을 훔쳐라

15년간 감금당한 한 남자, 그리고 그 남자를 감금한 한 남자 사이에서 벌어지는 5일간의 추격전을 다룬, 박찬욱 감독의 영화 〈올드보이〉(2003). 전 이 영화를 중학교 때 보았는데요. 제 머릿속에 남아 있는 기억은 '군만두'뿐이었습니다. 친구들이랑 자꾸 그런 식으로 행동하면 15년 동안 감금하고 군만두만 먹일 거라며 낄낄대고 놀았던 기억이 나네요.

하지만 같은 영화를 본 다음카카오의 김범수 의장은 달랐습니다. 그는 영화 속 한 장면을 보고 인생을 송두리째 바꿔버리죠. 한 인터뷰에서 그는 영화 〈올드보이〉에서 '왜 날 15년 동안 가뒀을까?'를 파헤치는 최민식을 보고 유지태가 "당신이 틀린 질문을 하니까 틀린 답을 찾는 것이다. 왜 가뒀느냐가 아니라 왜 풀어줬느냐가 올바른 질문이다."라고 하는 장면에서 뒤통수를 맞는 듯한 느낌이 들었다고 고백한 바 있습니다.

우린 분명 같은 영화를 봤습니다. 그런데 왜 나는 '군만두'만 떠올리고, 그는 인생을 바꾸는 계기를 만들게 된 걸까요?

그에게도 신입 사원의 시절이 있었습니다. 지금과는 달리 프로그래밍에 대해 아무것도 몰랐던 그때, 그도 사람이다 보니 잘나가는 동료들과 스스로를 비교하며 자책하며 지냈다고 합니다. 그러나 이 영화를 통해 질문을 던지죠.

'내가 틀린 질문만 하고 있지는 않는가?'

틀린 질문을 하며 스스로를 고통스럽게 만들었다는 것을 깨닫고 지금 자신에게 필요한 질문이 무엇인지를 생각합니다. '왜 나는 그들처럼 프로그래밍을 하지 못할까?'가 아니라 '앞으로 많이 쓸 것 같은 프로그램이 무엇일까?'가 옳은 질문이었던 거죠.

그리고 그는 바로 실행했습니다. 그 당시에는 아무도 사용하지 않았던 윈도우 프로그램에 대한 연구에 들어갔죠. 그리고 6개월 뒤, 기적처럼 회사의 모든 프로젝트의 서버 클라이언트가 변했습니다. 이제 더 이상 누군가와 비교할 필요가 없어졌습니다. 기업 내에 서버 클라이언트를 다룰 수 있는 사람은 김범수 의장님이 유일했으니까요. '남들보다 잘할 수 없다면, 남과 다른 것을 하는 사람이 되자.'라고 외치는 김범수 의장님의 말은 제게 큰 충격으로 다가왔습니다.

분명 그와 나는 똑같이 두 눈과 한 개의 입, 두 개의 귀를 갖고 있습니다. 그러나 김범수 의장님과 나는 분명 달랐습니다. 무엇이 달랐을까요? 바로 '생각하는 방법'이죠. 같은 것을 보고도 너무 다른 수준의 생각을 하고 있었던 것입니다.

'책을 많이 읽어라, 고전을 많이 읽어라.'는 말은 어릴 때부터 수백 번씩 들었습니다. 그러나 문득 '김범수 의장님이 읽는 책과 내가 읽는 책이 같을까?'라는 의문이 생겼습니다. 만약 김범수와 윤소정이 같은 위대한 고전을 읽는다 할지언정 낼 수 있는 아웃풋이 같을까요? 아닐 겁니다. 따라서 지금 내가 키워야 하는 것은 당장 카카오톡 같은 기업을 만들겠다는 꿈이 아니라 영화 한 편을 보고도 인생을 바꿔주는 질문을 던질 줄 아는 '생각 습관'이었습니다.

스티브 잡스 또한 어떻게 하면 다르게 생각할 수 있는지, 그에 관한 힌트를 알려주었습니다. 2010년 1월 27일 아이패드 첫 출시 날, 그는 '애플은 인문학과 기술의 교차점에 만들어진 것'이라는 표현을 사용했습니다. 그러자 여기저기 경영인부터 일반인들까지 '인문학'에 주목하기 시작했죠.

그러나 당시 스티브 잡스가 섰던 무대의 배경을 살펴보시죠. 연설 그 어디에도 '인문학humanities'이라는 단어는 없습니다. 서로 엇갈린 두 개의 표지판에는 'Liberal arts'와 'Technology'만 적혀 있을 뿐이죠. 실제 연설에서 스티브 잡스는 Liberal arts를 강조했습니다.

왜 Liberal arts를 인문학으로 번역했는지에 대해서는 다양한 의견이 존재합니다. 해석하기 나름이지만, Liberal arts가 우리나라처럼 고전을 읽는 인문학과는 거리가 있다는 것만은 확실합니다.

미국 대학에서 Liberal arts는 인문학보다는 '교양 교육'에 가깝습니다. 인큐의 학생분들에게 '교양' 하면 무엇이 떠오르는지를 물으면 대부분 영화 〈타짜〉(2006)에서 김혜수 씨가 "나 이대 나온 여자야!"라고 하던 장면을 꼽더군요. 그러나 어느 대학을 나오고 얼마만큼 아는지가 교양의 척도는 아닙니다.

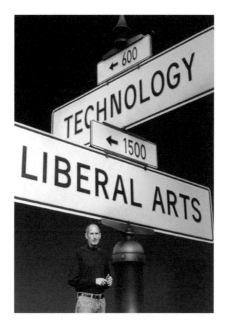

스티브 잡스는 "애플이 창의적인 제품을 만든 비결은
기술과 인문학의 교차점에 있고자 했던 것에 있다."라고 밝혔다.

프랑스 철학 교과서를 쓴 폴 풀키에Paul Foulquie는 교양에 대해 심플하게 표현했습니다.

'무엇을 안다'는 것이 '교양'은 아니다. 단순한 지식은 교양이 아니다.
'안다'는 과정에서 익힌 것 또는 익힌 능력을 교양이라 할 수 있다.'

— 폴 풀키에

즉, 지식을 암기하는 것보다 그 지식을 습득하는 과정, 생각하는 능력 안에 교양이 존재한다는 뜻입니다. 교양이 있다는 것은 철학자의 이름을 얼마나 알고 있는지를 의미하는 것도 아니고, 『논어』와 『일리아스』에 어떤 구절이 있는지 알고 있는 것도 아닙니다. 이런 공부는 단지 '암기'를 위한 것이죠. 스티브 잡스나 오늘날 인문학을 강조하는 모든 이들의 공부는 지식을 얻는 것이 아니었습니다. 그들은 '지식을 얻고 생각하는 과정'을 강조했습니다. 즉, 제가 김범수 의장님과 같은 뇌를 갖기 위해서는 지식을 익히는 습관부터 바꿔나가야 합니다.

내가 문제를 내고, 내가 답을 내는 습관

제 교육관에 많은 영향을 미친 책 중에 하나는 『도쿄대 학생들은 바보가 되었는가』(청어람미디어)입니다. 도쿄 대학교 다치바나 다카시 교수님의 이야기는 재미있는 시험 문제로부터 시작합니다.

'스스로 자유롭게 논제를 설정하고 자유롭게 논하라.'

무엇을 논하든 그건 학생의 자유이며 채점은 논제설정 능력과 논술전개 능력으로 평가하겠다는 공지를 냈죠. 즉, 문제도 답도 없는 시험을 출제한 겁니다. 결과는 어땠을까요?

아주 놀라웠다고 합니다. 대부분의 학생이 '환경 문제'를 주제로 선택했기 때문입니다. 모두가 환경에 관심이 있어서였을까요? 아닙니다. 모두 교수님이 강의한 내용을 그대로 옮겨놓았던 것이죠. 그는 이렇게 회상합니다.

> "결국 그들은 스스로 주제를 설정할 자유가 주어졌음에도 불구하고, 그 자유를 활용하지 못했다. 일반적 시험처럼 교수가 강의에서 설명한 내용을 그대로 답습하기를 선택하며 주어진 자유를 포기했다. 마치 형무소에서 자물쇠를 벗기고 죄수들에게 '이제 자유로운 몸이니까 가고 싶은 곳으로 가라'고 말했는데도, 대부분의 죄수들이 감옥에 남기로 결정한 것과 같은 태도이다."
>
> – 다치바나 다카시, 『도쿄대 학생들은 바보가 되었는가』 중

철학자의 이름도, 『논어』도, 『일리아스』도 그저 암기의 대상으로만 바라보는 우리에게 문제 없는 시험지가 주어진다고 생각해보세요. 상상만 해도 끔찍하죠? 이 도쿄대 교수님은 도쿄대생들에게 '생각하는 습관'을 길러주기 위해 자신의 수업 방식을 360도 바꿔버립니다. 더 이상 암기만 하는 수업은 가라! 직접 '각자의 책'을 만드는 재미있는 수업을 시작한 것입니다.

실제로 다치바나 세미나는 책을 읽는 것보다 '책을 만드는 것'을 목표로 합니다. 그리고 대학의 본질은 학생이 스스로 공부하는 곳이니, 선생의 역할은 가이드 정도로만 제한하죠. 학생들은 어떤 주제를

어떤 방식으로 조사해 글을 쓸 것인지, 어떻게 팀원들과 협력할 것인지 등 책을 완성해나가는 과정에서 '지식을 습득하는 방법'을 깨닫게 됩니다. 즉, 교수님은 진정한 교양, '배움의 기술'을 터득하게 한 것입니다. 이것이야말로 우리 사회에 필요한 진짜 인문학이 아닐까요?

SNS는 최고의 인문학 재료다

저도 다치바나 교수님처럼 2년씩 투자해서 책을 만드는 수업을 해보고 싶었습니다. 그래서 이것저것 시도해보았지요. 그러나 2년간 지속해서 책을 만들려는 의지를 지닌 학생을 찾기가 어렵더라고요.

그래서 디지털 시대에 딱 맞는 새로운 방법을 개발했습니다. 매일매일 자신의 질문에 대한 글을 블로그에 쓰는 것이죠. **글쓰기는 정체성을 만드는 최고의 교육이거든요.**

인생이 어려운 이유는 답이 없기 때문입니다. 그러나 지금까지 계속 강조해온 것처럼 우리는 크고 작은 문제를 끝까지 해결하려 하지 않습니다. 머릿속에 질문만 둥둥, 고민만 둥둥 떠다닐 뿐이죠. 그러나 이에 대한 '글'을 쓰다 보면 자연스럽게 '해결하는 과정'을 맞닥뜨리게 됩니다.

글을 쓰기 위해서는 사색해야만 하고, 써지지 않는 글을 위해 공부를 해야만 하고, 자신의 생각을 끊임없이 좋은 그릇에 담기 위해 연구를 해야만 하니까요. 그래서 제가 진행하는 모든 인문학 수업에는 앞서 소개한 1일 1글쓰기 훈련과 함께 매주 한 권의 책 혹은 한 편의 영화를 보고(인풋), 그에 관한 글을 SNS에 올리는(아웃풋) 연습을 함께합니다.

SNS에 끊임없이 글을 올리다 보면 사람들이 필요로 하는 글이 어떤 것인지 알게 됩니다. 누군가는 SNS에 글을 올리는 것을 시간 낭비라 말합니다. 하지만 블로그나 SNS에 자신의 생각을 꾸준히 정리하는 훈련은 어마어마한 힘을 발휘합니다.

제가 새로운 교육문화를 만들어가는 과정을 보며 이렇게 말씀해주셨던 분들이 꽤 계십니다.

"사실 소정 씨가 하는 교육, 저도 하려고 했던 거예요."

네, 하지만 안타깝게도 결과물이 없으니 그 말씀을 완전히 믿기는 어렵습니다. 정말 하려고 하셨다면, 그 증거는 있나요? 아무리 어떤 것을 하려고 했다 해도 그 과정을 기록해두지 않으면 아무도 알아주지 않습니다.

누구나 생각은 쉽게 합니다. 그러나 SNS라는 매체가 생기고 나서는 생각을 공유하고 파트너십으로 함께 만들어가려는 이들에게 더 큰 기회가 주어지고 있죠. SNS 공유의 힘에 대해 아주 잘 표현한 책의 내용이 있어 옮겨 적어봅니다.

"내가 존경하고 닮고 싶어 하는 거의 모든 이들은, 직업이 뭐든 간에, '공유'가 일상화되어 있다. 이들은 칵테일파티에서 한담을 나누거나 하지 않는다. 그러기엔 너무 바쁘다. 대신 작업실이나 연구실, 파티션 안에 틀어박혀 어떤 작업을 하고 있는지 숨기지 않은 채, 작업물의 일부나 생각의 편린들, 알아가고 있는 점들을 끊임없이 온라인에 포스팅한다. 비밀리에 작업하거나 혼자만 몰래몰래 진도를 나가지 않는다. '네트워킹'에 시간을 허비하는 대신, '네트워크'를 십분 활용한다. 아이디어와 지식의 공유 과정에서 독자나 관객들이 생기기도 한다. 필요한 경우 그들의 협업자가 되기도 하고, 조언자, 나아가 후원자가 되어준다."

— 오스틴 클레온, 『보여줘라, 아티스트처럼』 중

전 자신에게 주어진 문제를 해결하는 과정, 자료를 모으는 모든 과정에 대한 글을 꾸준히 포스팅하기를 강력 추천합니다. SNS 안에서는 크게 세 가지 부류의 사람이 있답니다.

1) 정보 제공자
2) 댓글로 훈수 두는 자
3) 눈팅족

전 수동적이고 싶지 않았습니다. 그래서 남이 하는 얘기에 훈수를 두는 것도 싫고, 눈팅만 하는 것도 싫었죠. 저는 넘쳐나는 정보 속에 파묻힐 게 아니라 생각을 정리하여 다른 사람에게 새로운 정보를 제공하는 '정보 제공자'가 되고 싶었습니다.

이렇게 저만의 생각을 정리하고, 사람들과 이를 공유하면 시야도 넓어지더라고요. 그래서 전 도쿄대 교수님처럼 책을 만드는 수업 대신 SNS에 궁금증을 해결해나가는 글을 써가면서 사람들에게 첨삭도 받고, 욕을 먹기도 하고, 공감도 얻으며 생각을 확장시키는 SNS 훈련을 추천합니다. 제대로 해본 사람은 압니다. 한 페이지의 글을 쓰기 위해서 얼마나 많은 생각을 하게 되는지, 그리고 '글의 축적이 곧 나의 길'이 된다는 사실을 말입니다.

본인의 삶의 문제, 혹은 관심 있는 분야가 있다면 이제 블로그나 SNS에 포스팅해봅시다. 문제를 해결해나가는 과정을 끊임없이 기록하다 보면 생각하는 습관은 자연스럽게 몸에 배게 됩니다.

문제 해결력을 키우기 위한
인문학 트레이닝

Why 역사 공부

이런 친구가 하면 좋아요!

- 지혜롭게 문제를 해결하고 싶은 친구

- 재미있게 공부하는 습관이 필요한 친구

- 역사 속 지혜를 내 삶에 접목시키고 싶은 친구

- 좋아하는 인물의 생각 습관을 훔치고 싶은 친구

- 부자들의 역사 공부법을 알고 싶은 친구

셸비 데이비스Shelby Davis는 공무원 시절 항상 "나는 월가에 가서 삼 대를 부자로 만들 거야!" 하고 큰소리를 뻥뻥 치던 인물입니다. 당연히 모두가 콧방귀를 뀌었죠. 그런데 그는 실제로 36살에 공무원을 그만두고, 5만 달러를 자신의 손자에 이르렀을 때는 9억 달러로, 무려 1만 8천 배를 불리는 데 성공합니다. 그의 아들도 28년간 연 19퍼센트 이상의 투자 수익을 냈고, 손자 데이비스는 다국적 기업의 폭발적 잠재력을 읽어내어 미국의 유명한 투자 명문가가 되었죠. 미국에서 전설의 투자 가문으로 불리는 데이비스 가문, 그는 자녀교육의 성공 비법으로 다음과 같은 말을 남깁니다.

"회계는 언제든지 배울 수 있다. 하지만 역사는 반드시 공부해야 한다.

역사를 배우면 폭넓은 시야를 얻을 수 있다."

– 셸비 데이비스

흔히들 돈을 벌기 위해 부동산, 회계, 경영 등을 공부하지만 그는 그보다 '역사'를 더 강조했습니다. 그리고 우리가 주목해야 하는 대목은 '폭넓은 시야'를 얻어야 한다는 부분입니다.

블랙 먼데이 사태를 제일 먼저 예측한, 세계 금융시장의 구루라 불리는 마크 파버 Marc Faber 또한 이와 비슷한 말을 하였답니다.

"황무지에서 금을 캐내려면 돈의 흐름을 꿰뚫어보는 능력을 가져야 한다. 그러려면 무엇보다 역사, 철학, 지리를 공부해야 한다."

– 마크 파버

두 사람의 조언에는 공통점이 있습니다. 둘 다 역사 공부를 강조했고, '폭넓은 시야'와 '꿰뚫어 보는 능력'을 깨우쳐주었죠. 결국 그들에게 공부는 세상을 바라보는 시야를 넓혀주는 도구였던 것입니다.

우리가 폭넓은 시야를 얻기 위한 공부를 하기 위해서는 무엇보다 끊임없이 질문하고 나의 답을 만들어가는 과정이 필요합니다. 특히 여기서는 'Why?'를 계속 던질 수 있어야 합니다. 누가 무엇을 언제 어떻게 만들었는지보다 '왜' 만들었는지, 왜 그러한 선택을 했는지를 공부하는 것이죠.

습관 처방전: Why 역사 공부

"'이순신' 하면 뭐가 떠오르나요?"

이렇게 물어보면 모두 합창을 하듯이 "거북선!"이라고 답합니다. 정말 신기하죠? 이순신 장군의 업적은 너무나 다양함에도 불구하고 우리의 마음에는 언제나 '이순신 = 거북선'이라는 공식이 새겨져 있나 봅니다.

저는 그때마다 씁쓸해집니다. 한 가지 인물을 두고 오직 한 가지 키워드만 생각해낼 줄 안다는 것 또한 주입식 교육의 산물일 테니까요. 진짜 역사 공부는 이순신이 거북선을 만든 사실을 아는 것이 아니라, 왜 그가 거북선을 만들었는지를 생각해보는 것입니다.

당시 왜군에게는 특이한 전술이 있었습니다. 적군의 배에 올라타 창으로 위에서 아래로 내리찍는 놋토리 기술이 발달되어 있었죠. 그들은 매번 타깃이 된 배에 최대한 가까이 다가가서 배와 배를 연결하고 상대의 배에 넘어가는 수법을 사용했습니다. 그러자 이순신은 창으로 위에서 내려 찍는 일본의 전술을 막기 위해 단단한 등껍질을 만들었고, 그렇게 탄생된 것이 거북선이지요.

만약 초등학생에게 거북선을 알려줄 때 거북선만 보여줄 것이 아니라 왜 이순신 장군이 거북선을 만들었을지에 대해 토론하게 한다면 아이의 사고력은 어떻게 될까요? '이순신 = 거북선'만 생각하는 사람은 눈앞의 현상만 바라볼 확률이 높습니다. 따라서 내 앞에 있는 일들만 급급하게 처리하겠지요. 하지만 이순신이 왜 거북선을 만들었을지를 생각하는 사람은 드라마 한 편을 보더라도 그냥 보지 않습니다. 작가가 어떤 의도를 가지고 드라마를 만들었는지 생각하며 시청합니다.

사례: 세종의 Why 분석

"세종대왕을 아시나요?"라고 물어보면 이때도 역시나 모두 "네!"라고 이야기합니다. 그러나 정작 세종에 대해서 무엇을 아냐는 질문에는 '한글을 만든 사람', '만 원짜리 화폐 모델'이라는 것 외에는 답변을 하지 못합니다. "세종대왕이 어떻게 최고의 임금이 될 수 있었을까요?"라는 질문에도 입이 떨어지지 않죠. 우리는 늘 세종이 조선의 몇 번째 왕이며, 무엇을 만들었는지를 외우려 했기 때문입니다. 그러나 지금 우리에게 필요한 것은 세종이 왜 그러한 선택을 했는지를 '생각'해보는 것입니다. 그래서 전 누군가의 해설을 보기 전, 세종과 관련된 역사적 에피소드만 모아봅니다. 그리고 자유롭게 이러한 에피소드를 봤을 때, 세종은 어떤 사람이었을까에 대해 함께 대화하는 장을 열어봅니다.

'청렴결백의 표본' 황희 정승은 젊은 시절 지금의 시세로 따지면 벤츠 24대의 값에 가까운 뇌물을 받았습니다. 또한 황희는 박포의 아내와 간통을 한 정승이기도 했고요. 더욱이 장자가 아닌 세종이 세자로 책봉되는 것에 가장 많이 반대한 신하이기까지 했죠. 따라서 세종이 황희를 등용하겠다고 했을 때 많은 신하들이 놀라움을 금치 못합니다.

하지만 세종은 황희가 문제를 일으킬 때마다 황희를 끝까지 보호해줍니다. 그리하여 황희는 88세의 나이까지 영의정으로 활동하죠.

청렴결백의 표본, 황희.

늘 청렴했다고 알고 있었던 황희의 새로운 모습을 알고 나니 깜짝 놀랍니다. 그러나 더 놀라운 것은 세종은 이를 알고도 감싸줬다는 것이죠. 저는 이에 대해 다음과 같은 Why를 던지고 학생들과 함께 대화를 나눕니다.

Why1. "왜 세종은 황희의 결점을 보호해줬을까요?"

"황희는 언변술에 뛰어났다고 해요. 세종은 당시 혁신적인 개혁을 하고자 했는데, 제가 세종이었다고 해도 나의 혁신적 아이디어를 대신들에게 설명해줄 말발 좋은 누군가가 필요했을 것 같아요."

"그렇네요! 세종은 누군가의 재능을 보면 이를 활용할 줄 알았던 것 같아요."

"세상에 완벽한 인재는 없잖아요. 세종이 선택했던 최고의 인재등용술에 관해 이런 구절이 있더라고요. '위대한 사람은 없되, 적재적소에 맞는 사람은 있다.' 그는 완벽하지 않아도 재능이 있다면 그 사람을 키워서 쓸 수 있다고 생각했던 것 같아요."

이밖에도 세종을 공부하고 "세종이 왜 그랬을까?"라는 질문을 던지기 시작하면 학생들은 봇물 터지듯 자신만의 이야기를 하기 시작합니다. 이처럼 세종을 바라볼 때도 정말 세종의 입장이 되어 끝까지 생각해보는 것, 이것 또한 인문학 습관입니다.

이번에는 세종의 세법과 관련해서 다음의 자료를 보며 이런 질문을 던져보았습니다.

Why2. "세종은 세법을 만드는 데 왜 이렇게 오랜 시간을 들였을까요?"

세종은 조세법을 25년 동안 연구하고 시뮬레이션을 돌려서 발표한 왕입니다. 세금에 관한 것만큼은 백성의 의견이 가장 중요하다고 생각하여 세계 최초로 전 국민투표까지 실시한 왕이기도 하죠. 또한 세종은 자신이 만든 법이 잘 시행이 되는지 보려고 시범 마을을 선정해 실제 그 마을에서 자신이 만든 세법을 시행해보기도 합니다.

"내가 공법을 행하고자 한 것이 이제 20여 년이고, 대신들과 모의한 것도 이미 6년이었다. 공법을 이제 정하였으나 오히려 백성에게 불편이 있을까 염려하는 까닭으로, 이제 전라 · 경상 두 도에만 행하여 그 편리한 여부를 시험하게 하였다."

– 1439년(세종21년) 5월 4일, 『세종실록』 85권

"세종은 완벽주의자였던 것 같습니다. 세법이라는 게 뭐 하나라도 잘못되면 누군가는 피해를 바로 볼 수 있는 부분이잖아요. 그래서 세종은 특히 더 세법에 신경을 썼던 게 아닐까요?"

"그러게요. 그래도 그렇지, 왜 그렇게 오랜 시간을 투자해서 국민 투표까지 하려고 했을까요? 본인은 이미 자기 뜻대로 할 수 있는 위치에 있는데 말이죠."

"세금법은 결국 백성이 따라야 하는 것이잖아요? 하지만 무작정 세금법을 따르라고 시키는 것보다는 투표로 참여를 시키면 세금에 대한 백성들의 원망이

많이 줄겠죠. 이렇게 노력하는 왕이 만든 세금법이라면 저라도 잘 따라가보려 할 것 같아요."

"전 세종이 세법을 만들기 위해 25년이나 질질 끌었다는 것이 잘 이해가 가지 않아요. 세종이 결단력 있게 행동하고 추진하지 않은 바람에 고통받은 백성들도 있지 않을까요?"

"제가 봤을 때, 세종은 장기적인 안목을 지니고 있었던 것 같아요. 25년이란 시간이 사실 제 나이만큼의 시간이잖아요. 요즘 정치인들의 쇼맨십과는 참 비교가 되네요."

이렇게 한 가지 사건을 두고 'Why'에 대해 토론하다 보면 "언제 시간이 이렇게 됐죠?"라고 할 만큼 흥미진진한 대화가 이뤄집니다.

대화가 끝나고 나면 팀원들은 '카피라이터'가 되어 세종을 표현하는 헤드라인을 적어봅니다. 그러면 처음에는 '한글을 만든 세종'만 말할 수 있었던 친구들로부터 다양한 대답이 나옵니다. 말과 행동의 일치를 넘어서서 생각과 행동을 일치시킨 위인이라는 의미에서 '사행일치思行一致의 세종!', 인재를 최대한 효율적으로 활용하는 방법을 알았던 사람이라는 의미에서 '약아빠진 세종!' 등 자신 나름대로 파악한 세종에 대한 생각들을 정리하게 되죠. 이렇게 되면 나의 머릿속에는 '세종 = 한글'이라는 하나의 주입된 공식에서 벗어날 수 있습니다.

그럼에도 아직 많은 사람이 '역사를 왜 배우는지', '어떻게 배우는지'를 제대로 모르는 것 같아 아쉽습니다. 자신의 시야를 확장하고 역사 속 인물들의 생각을 나의 삶에도 접목시키고 싶다면 반드시 'Why'를 사고하도록 하세요. 우리는 정답 없는 세상에서 저마다의 답을 만들어가는 삶을 살아가는 존재니까요.

1. 내가 닮고 싶거나 관심이 가는 역사적 인물 한 명을 선정합니다.

2. 그 인물에 관한 자료(영상, 책 등)를 찾아봅니다. SNS나 블로그에 내가
   찾은 내용을 정리해서 올리면 더더욱 좋습니다.

3. 기억에 남는 에피소드를 큰 종이에 쭉 적어봅니다.

4. 친구들과 이 인물이 왜 이런 말과 행동을 했는지, Why에 대한 토론을
   해봅시다.

5. Why를 생각하다 막히거나 궁금한 부분이 생기면, 그에 관한 자료를 다
   시 찾아보고 새로운 지식을 쌓아갑니다.

6. 마지막에 그 인물에 대해 한 문장으로 정리해봅시다.

박영대

교과서에 나와 있는 지식을 암기하듯이 역사책을 보는 것이 아닌 한 역사적 인물(혹은 사건)을 다양한 관점에서 살펴보았습니다. 친구들과 각각의 관점에 대한 이야기를 나누어야 더 재미있고 깊이 있는 인문학 탐구가 가능하다는 생각을 하게 됐습니다.

김지현

처음부터 잘난 인재를 뽑기보다 가장 필요한 자질을 가진 인재를 섭외하고, 그 인재를 키우고자 했던 자세를 내 삶에도 적용시켜보겠습니다!

구은희

어떠한 지식이나 정보를 접했을 때 Why를 가지고 질문하는 것이 사고의 확장을 위해 중요하다는 것을 알았습니다! 역사 공부는 역시 Why!

9장

모든 것을
스승으로 삼는다

·

모방 습관

만난 사람 모두에게서 무언가를 배울 수 있는 사람이
가장 현명하다.
– 탈무드

나는 어떤 속성을 지녔는가

우리는 모두 나라는 작품을 만드는 일상 예술가입니다. 모두가 내가 되고 싶었던 나를 만들어가는 인생의 주인공이라 할 수 있죠.

저 또한 내가 누구인지 알기 위해 참 많이 방황했습니다. 모두들 '너 자신을 알라'고 외치면서 정작 어떻게 내가 누구인지 알 수 있는지는 공유해주지 않았죠. 그러던 중 우연히 장롱에서 발견한 한 장의 사진 속에서 '나'라는 사람의 속성을 깨닫게 됩니다.

1. 나는 고정되어 있지 않고 늘 변화한다

비밀의 사진 한 장을 공개합니다. 당신의 학습을 위해 제 한 몸 기꺼이 희생하는 것이니 절대 유포하시면 안 됩니다.

와우, 사진 속 이 사람은 누구일까요? 바로 18살의 윤소정입니다. 대박이죠? 어떤 분들은 머리가 가발이냐고 물어보는데, 실제 제 머리입니다! 커다란 선글라스와 귀걸이는 당시 당시 패션 리더의 상징! 지금으로부터 11년 전의 윤소정은 고등학생의 신분임에도 불구하고 춤추는 걸 좋아해서 신분증을 위조해 밤마다 나이트 클럽에 놀러 다니기도 했었죠. 지금은 상상할 수도 없는 모습입니다. 11년 전의 윤소정과 2015년 서른의 윤소정은 어떤가요? 정말 많이 변했죠? 제 스스로도 믿을 수 없을 만큼 변했습니다.

내가 누구인지 찾아 헤매는 제게 사진은 말해줍니다. "나는 변화하는 속성을 지녔어."라고요. 10년 전의 과거 사진을 한번 꺼내보세요. 지금의 내 모습과 10년 전의 내 모습, 지금 나의 생각과 그때 나의 생각은 참 많이 변해 있을 겁니다. 이 말인즉슨 지금 내가 아무리 나는 누구인지에 대한 답을 찾는다 하더라도, 10년 후의 나는 변해 있을 거란 뜻이기도 합니다. 이처럼 나라는 존재는 절대 고정되어 있지 않습니다. 따라서 나에 대한 답을 찾으려 하지 말고, 어떻게 나를 만들어갈지를 생각해보는 게 맞는 거죠.

철학자 질 들뢰즈Gilles Deleuze의 의견을 빌려보겠습니다. 그는 나는 누구인가에 관한 문제, 즉 Identity(정체성)는 '차이'에 의해 결정된다고 주장합니다. 무슨 말인가 싶으시죠? 쉽게 설명해볼게요.

제 친구 중에 무려 5천만 원을 들여 전신 성형을 한 친구가 있습니다. 얼굴뼈부터 가슴까지 칼을 안 댄 곳이 없죠. '목소리'만 자연산이라 해도 과언이 아닙니다.

오랜만에 만난 친구들은 그녀를 보며 다 똑같이 반응했습니다.

"야! 너 왜 이렇게 변했어!!!!!!!!!!!!"

자, 이때 친구들이 그녀에게 변했다고 하는 기준은 무엇일까요? 변해버린 그녀의 '외모'일까요? 그것만으로는 조금 부족합니다. 만약 그 친구를 한 번도 만나본 적이 없던 당신이 그녀를 만난다면 변했다고 말할 수 있을까요? "미인이시네요!", "번호 좀 주세요!" 하게 될 테죠. 즉, 변화는 기존에 알고 있었던 모습과 지금의 모습 간의 '차이'에 의해 일어나는 것입니다.

들뢰즈는 바로 이 점에 주목했습니다. 나는 누구인가를 결정짓는 정체성은 결국 과거의 모습과 지금의 모습 간의 '차이'에 의해서 결정된다는 것이 그의 이론의 핵심입니다. 10년 전의 나와 지금의 나의 차이가 바로 정체성을 결정짓는다는 것, 그리고 그는 이 차이의 결정적 원인을 '환경'이라고 주장합니다.

쉽게 설명해보죠. 제 친구가 왜 갑자기 성형을 하게 된 것인지 꼬치꼬치 캐보니 잠깐 연예기획사에 들어가 있었다고 하더군요. 매일 예쁜 친구들만 보니, 자신도 모르게 성형을 해야 할 것 같았다고 합니다. 만약 그 친구가 연예기획사에 들어가지 않고 저랑 같이 있었다면 전신 성형을 했을까요? 아마 같이 실컷 먹으면서 인문학을 공부하며 지냈을 겁니다.

저에게는 '나는 변화하는 속성을 지녔다는 사실'이 꽤 충격적으로 다가왔습니다. 돌이켜보면 저는 계속 변하고 있었습니다. 성형한 친구처럼 저도 주변인들의 영향을 참 많이도 받아왔더군요. 일례로 전 덩치가 크지만 아직까지도 비둘기를 너무나 무서워합니다. 비둘기만

나타나면 "어머, 비둘기!" 하고 소리를 질러 남편을 놀라게 만들죠.

그러던 도중, 집에서 앨범 정리를 하다가 충격적인 사진을 발견합니다. 다섯 살짜리 꼬마 소정이는 비둘기를 아주 좋아했더라고요. 영화 〈나 홀로 집에 2〉(1992)에 나오는 '비둘기 아줌마'처럼 말입니다. 그때 문득 떠오르는 기억이 있었습니다. 중학교 때 '얼짱 친구'가 한 명 있었는데요. 한번은 그 친구가 미니홈피에 이런 글을 남겼더라고요.

"니나는 비둘기를 무서워해요 >.< 흥흥."

그때 중학생 소정이는 이렇게 생각했죠.

'아, 예쁜 애들은 비둘기를 무서워하는구나. 나도 예쁘니까 비둘기를 무서워해야지.'

정말 어처구니없는 일화지만 생각해보니 실제로 그날 이후부터 전 계속 비둘기를 무서워하고 있었더군요.

이렇게 극단적이진 않아도 누구나 이런 경험, 한 번쯤은 있지 않나요? 내가 속한 환경에 의해 취향, 생각, 성격 등이 변한 경험 말입니다! 내 친구가 이걸 좋아하면 나도 같이 좋아하고, 싫어하면 같이 싫어하게 되는 경험은 누구나 겪는 것이죠.

따라서 나는 누구인가를 엉뚱한 곳에서 찾을 필요가 없었습니다. 그날부터 지금까지 내가 만났던 사람들이 저의 현재 상태에 어떤 영향을 줬는지 쭉 적어보았습니다. 지금의 내가 선생님이 되고 싶어 하는 것도, 심지어 일하는 스타일도 모두 내가 있었던 환경에 의해 만들어진 것이더군요. 또 스스로를 돌아보기 위해 최근 일주일간 만났던 사람들을 다 적어보고, 그들과 주로 어떤 대화를 나눴는지 살펴보기도 합니다. 대화 내용을 키워드별로 정리하다 보면, 현재 나의 상태가 보입니다. 결국 나라는 존재는 내가 존재했던 환경, 지금 속해 있는 환경, 그리고 앞으로 만날 환경에 의해 만들어진다고 해도 과언이 아닙니다.

2. 생각은 유전된다

저는 할아버지를 매우 미워했던 적이 있습니다. 어릴 때 할아버지는 늘 '딸은 엄마를 닮는 것'이라며 제게 협박 아닌 협박을 하셨거든요. 어린 마음에 아빠와의 삶이 행복해 보이지 않는 엄마처럼 살기 싫어서 꺼이꺼이 울다 잠든 기억도 있습니다. 그래서일까요? 전 항상 엄마와 딸의 팔자가 정말로 닮는지 궁금했습니다. 그러던 도중 두 가지 사례를 통해서 **'딸은 엄마의 팔자가 아니라, 엄마의 생각을 닮는다'**는 사실을 알게 됩니다.

제겐 아나운서 뺨치는 외모에 늘 전교 1등만 하는 사촌동생이 있습니다. 연애세포만 탑재한 다른 사촌동생들과는 다르게 완벽한 유전자를 소유한 그녀, 그런 그녀에게 갑작스레 고민이 생겼습니다. '대학 진학을 앞두고 목표를 잃어버렸다는 것.'

온 가족들은 발칵 뒤집혔죠. 우리 집안의 보물 유전자가 이런 고민을 하다니! 가족회의까지 소집해 이 친구의 고민을 어떻게 해결해줄 것인가에 대해 논의했습니다. 그러다 해결이 안 되자 불똥이 저한테까지 튀겨 바쁜 일정을 뒤로하고 이 친구를 상담하게 되었죠.

호들갑을 떨던 가족들의 예상과는 달리 문제의 원인은 10분 만에 발견되었습니다. 그녀에게는 도무지 이해할 수 없는 특이한 이력이 있었거든요. 초등학교 3학년 때 다녔던 속셈학원을 고등학교 2학년 때까지 총 8년간 다니고 있었던 것입니다. 잘 가르친다고 소문이 난 것도 아니고, 그저 동네 속셈학원일 뿐인데 말이죠. 그러다 갑자기 딱 떠오른 사람이 있으니, 바로 그녀의 어머니입니다.

그녀의 어머니는 매우 성실하신 분입니다. 20대에 동네 작은 화장품가게에서 아르바이트생으로 시작해 나중엔 그 가게를 인수하고 지금까지 운영해오셨죠. 20년째 같은 자리에서 간판도 바꾸지 않고 한 가지 일을 계속한다는 것은 엄청난 일입니다. 그러나 문제는 옆에 신진세력들이 생겨나도 간판 한 번 바꾸지 않고 유지를 했다는 점입니다. 변화를 꾀하지 않고 늘 같은 상태를 유지하는 모습, 누구의 모습이 겹쳐지지 않나요?

성실함도 지나치면 독이 된다고 하죠. 주어진 상황에서만 충실한 엄마의 모습을, 제 사촌동생은 그대로 흉내 내고 있었던 것입니다. 역시 딸은 엄마 팔자를 닮는 게 아니라, 엄마의 태도와 생각을 닮는 것이더군요.

이는 제 사촌동생에게만 해당되는 일이 아닙니다. 한번은 그룹 상담을 하는데 A, B 두 친구의 엄마가 모두 '선생님'이었습니다. 그런데 재밌게도 그 둘은 늘 다른 말을 하였답니다.

A: 저는 선생님 빼고 다 도전해보고 싶어요.

B: 무조건 선생님 아니면 공무원만 되고 싶어요.

같은 선생님 엄마를 둔 학생이 왜 이렇게 다른 말을 하나 궁금해서 이것저것 물어보니 A의 어머니는 한국 최고의 외국어고등학교에 계신 학부모 상담 선생님이셨고, B의 어머니는 지방 공립 고등학교의 선생님이셨습니다. A의 어머니는 명문 고등학교에서 학부모들을 상담하다 보니 평소 선생님 외에도 멋진 직업이 많다는 것을 알게 되어 늘 집에 가서 그 이야기를 해주셨다고 합니다. 반대로 B의 어머니는 소득이 불안정한 아버지 대신 생계를 책임지고 계셨기에 안정적인 직업이 얼마나 중요한지를 역설하셨고요.

두 어머니 모두 자신이 봤던 최고의 것을 자식들에게 알려주고자 하셨습니다. 하지만 무엇이 더 좋은 길인지는 그 누구도 알 수 없습니다. 전 이러한 수많은 사례를 통해 딸은 엄마의 팔자가 아니라 엄마의 생각을 닮는다는 확신을 얻게 되었습니다. 그때부터 유심히 모녀관계를 살펴보니 엄마와 친하면 친할수록 딸의 세계관은 엄마의 것과 많이 닮아 있더군요. 그렇다면 딸의 생각은 왜 엄마를 닮아가는 걸까요?

초원에 사는 기린은 태어난 지 한 시간 만에 팔짝팔짝 뛰어다닌다고 합니다. 태어나자마자 눈도 제대로 뜨지 못하는 인간과는 너무나 비교되죠? 그러나 만약 기린이 태어나자마자 뛰지 못한다면 태어날 때 흘린 피 냄새를 맡고 달려든 맹수 때문에 살아남지 못할 것입니다.

그렇다면 왜 인간은 태어나자마자 아무것도 할 수 없는 것일까요? 만약 인간이 태어나자마자 걸어 다니고, 말하고, 생각한다면 어떻게 될지 상상해보세요. 모두가 제멋대로만 하려고 할 테니 세상이 얼마나 혼란스러워지겠습니까?

아기는 태어나자마자 혼자 할 수 있는 게 아무것도 없습니다. 엄마, 아빠의 모든 것을 따라 하며 성장하죠. 말은 어떻게 배우나요? 엄마를 따라 옹알이를 하면서 배웠습니다. 생활 습관은요? 지금 내가 좋아하는 음식들은 정말 내가 원래부터 좋아했던 것인가요?

비위가 약한 저는 향신료가 강한 나라에 가면 아무것도 먹지 못합니다. 만약 제가 태국에서 태어났다면 지금쯤 향신료가 들어간 음식을 가장 좋아할 수도 있겠죠. 우리는 알게 모르게 먹는 것부터 생활 습관, 생각, 선택하는 방법까지, 부모로부터, 또 나의 환경으로부터 영향을 받아왔습니다. 보고 자란 게 무섭다는 말이 바로 여기서 비롯되는 것이죠.

부모님들은 자신이 봤던 최고를 자식들이 경험하기를 바랍니다. 하지만 언제까지 부모님에게 의지할 수는 없는 노릇, 따라서 스스로 최고의 것을 누려야 합니다. 여러분이 정말 재미있게 살고 싶다면 주체적으로 내가 살고 싶은 환경에 스스로를 내몰 수 있어야 합니다.

전이: 한 곳에서 배운 것을 다른 곳에 적용한다

개인적으로 어떤 교육자가 되어야 할지 방황하며 고민할 때, 김용 총재님의 인터뷰를 보게 되었습니다. 지금까지 그 영상을 400번은 돌려봤죠. 짧은 인터뷰였지만 전 이 안에서 많은 힌트를 얻을 수 있었습니다. 그는 인터뷰 내내 진정한 교육기관이라면 지금 당장 사회에 나가서 써먹을 수 있는 기술뿐 아니라, 변화하는 사회에서 살아남을 수 있는 '생존력'을 키워줘야 한다고 주장하죠. 아무리 뛰어난 대학의 컴퓨터공학과 출신이라 할지언정, 지금 배운 기술은 2~3년 뒤면 사라져버릴 것들이니까요. 따라서 진짜 공부는 지식을 암기하는 것이 아니라 그 지식을 스스로 습득하고, 이를 활용할 수 있는 능력을 키우기 위해 존재해야 합니다. 김용 총재님은 한 영역에서 배운 것을 다른 곳에 적용하는 능력을 '전이'라고 부르며, 이를 교육자가 반드시 배양해줘야 한다고 말씀하셨습니다.

암이 전이되는 것처럼, 생각의 습관도 전이됩니다. '전이'라는 개념은 약간 생소할 수도 있습니다. 그래도 병원을 배경으로 한 드라마에서 의사가 "암세포가 온몸으로 전이되었습니다."라고 하는 말은 종종 들어보셨을 것입니다. 암세포의 전이는 끔찍하지만, 뇌세포의 전이는 어마어마한 일을 해냅니다. 바로 '생각의 패턴'을 전이시키는 것인데요. 예시를 한번 들어보겠습니다.

어렸을 때 소정이는 수학문제를 정말 싫어했습니다. 그래서 신문을 볼 때도 수학적 사고를 해야 하는 부분이 있으면, 잘 살펴보려 하지 않죠. 어렸을 적 숫자를 대하는 태도가 다른 영역에서도 그대로 적용되는 것입니다.

또 다른 예시로 어릴 때 엄마는 늘 맛있는 음식점에만 가면 소스의 원재료가 무엇일지 유추하셨습니다. 그리고 꼭 돌아와서 그대로 만들어내셨죠. 그걸 옆에서 늘 지켜봤던 저는 어떤 음식점에 가면 '재료는 이걸 거야.' 하고 유추하고 집에 가서 흉내를 냅니다. 그러나 이는 요리할 때뿐만이 아닙니다. 어떤 책을 보더라도 '이 책의 인용구는 어디에서 갖고 온 거지?' 하고 찾아보죠. 또 '이 저자는 어떤 책으로부터 영향을 받았을까?'를 유추하는 습관도 갖고 있고요. 심지어 카페 간판을 봐도 이건 어떻게 만든 건지를 생각해본답니다. 어머니의 요리 습관으로부터 넘어온 생각의 패턴이라 할 수 있습니다.

생각의 패턴은 뇌의 주름살과도 같습니다. 관상학적으로는 그 사람이 어떤 부분에 주름살이 많은지가 곧 그 사람의 삶의 모습을 드러낸다고 하더라고요. 미간에 주름이 잡혀 있다면 생각이 많은 사람이고, 눈가에 주름이 많은 사람이면 늘 웃는 사람이라고 하죠. 뭐 이 정도는 대부분 상식으로 알고 있는 것들이죠?

그런데 생각 패턴만으로 만약 미래를 예측할 수 있다면요? 대단하게 느껴지지 않나요? 실제로 내가 생각하는 방식을 연구하다 보면 꼭 점쟁이가 아니더라도 나의 미래를 어느 정도 예측할 수 있답니다.

예를 들어 D라는 친구가 있었습니다. 그녀는 대학을 선택할 때,

그냥 아무 대학이나 점수에 맞춰서 들어갔다고 합니다. 취업은 어떻게 했을까요? 자신의 의지와는 상관없이 또 전공에 맞춰서 유치원 선생님이 되었죠. 점수에 맞춰서 대학에 갔듯이 또 전공에 맞춰서 취업을 한 것입니다. 분명 그녀는 아이들을 별로 좋아하지 않았습니다. 그럼에도 불구하고 '대충 맞춰서 가는 생각 패턴'은 계속해서 스스로를 도전하게 두지 않았습니다.

그러다 이대로는 안 되겠다 싶었는지 회사를 그만두고 두 번째 직업을 구하겠다는 용기를 내봅니다. 그런데 문제는 이때도 자신의 한계를 미리 설정해버리고 극복하려 하지 않았다는 것입니다. 좋은 일자리가 나와도 '지금 내 수준에서 과연 할 수 있는 일일까?'만 따지며 지금 당장 할 수 있는 쉬운 일만 찾으려 했습니다. 이는 그녀의 의지인가요, 그녀의 생각 패턴인가요? 이대로라면 결혼은 어떻게 하게 될까요? 분명 좋은 남자를 만나기 위해 노력하는 것이 아니라 자신의 수준에 맞는 사람을 대충 만나 결혼하려 하겠지요?

생각 패턴이라는 것은 정말 무서운 전염성을 지니고 있습니다. 어릴 때 잘못된 젓가락질 습관을 지녔던 K양이 있었습니다. 그러나 그녀의 어머니는 포기하지 않고 빨래를 널 때마다 그녀를 옆에 앉혀두고 젓가락으로 콩을 집게 하셨다고 합니다. 1년을 매일같이 훈련했고, 그 결과 지금은 젓가락질을 아주 잘한답니다.

그런데 단지 젓가락질만 잘하게 된 것이 아닙니다. 훗날 이 훈련은 엄청난 자산이 되어 돌아옵니다. 그녀에게는 자신에게 주어진 모든 문제를 끝까지 풀어야 한다는 생각 패턴이 내재되어 있습니다. 콩을 줍는 훈련 덕분에 한 번 시작한 일은 무조건 끝장을 보는 게 습관이 되었죠. 심지어 지금껏 어떤 조직이나 회사에 들어가든 중도 이탈을 한 적이 한 번도 없다고 합니다. 현재 그녀는 누구나 가고 싶어 하는 외국계 기업 본사에 스카우트되어 글로벌한 인재로 성장하고 있는 데요. 이는 어렸을 때 엄마가 키워준 젓가락질 습관 때문이었다고 회상하더군요.

인큐에서는 재미있는 경험을 통해 그 사람의 적성을 찾는 수업을 많이 합니다. 그리고 게임을 하든, 요리를 하든, 면접을 보든, 등산을 하든 모든 상황에서 이 친구가 문제를 어떻게 해결하는지를 당사자와 선생님이 함께 관찰하며 관찰일기를 적습니다.

누군가의 행동 패턴을 살펴보면, 일할 때 앞으로 10년 후에 어떻게 행동할지를 유추할 수 있습니다. 예를 들어 질문을 할 때 주저리주저리 말을 길게 늘어놓는 친구의 경우에는 어떤 일을 하든 우선순위를 세우지 않을 확률이 높습니다. 어떤 질문을 해야 할지 모르는 것처럼, 일을 할 때도 이 일을 했다가 저 일을 했다가 하며 왔다 갔다 하게 되죠. 그러면 효율이 떨어질 뿐 아니라 집중하지 못해 본인도 답답해하게 되죠. 그럼 선생님은 이 친구의 '생각 패턴'을 개선시켜줄 수 있는 미션을 줘야만 합니다. 행동으로 익혀야만 변화할 수 있기 때문입니다.

원래 동양에서의 공부는 '학습'을 의미합니다.

학습[學習] = 배울 학[學] + 습할 습[習]

즉, 내 머리로 배운 것을 몸으로 '습'했을 때 '공부했다'라고 말할 수 있는 것입니다. 그렇습니다. 공부는 몸으로 하는 것입니다. 여러분은 얼마나 '습'하려 노력하셨나요?

매일 잠들기 전 내일 해야 하는 일의 우선순위를 세우는 것, 일을 할 때도 지금 해야 할 일을 손바닥에 적거나 포스트잇에 적어 모니터에 붙여두는 것 등 좋은 습관을 만들기 위해서는 끊임없이 의식하고 노력해야 합니다. 보통 하나의 습관이 만들어지는 데 걸리는 시간이 66일이라고 합니다. 따라서 이렇게 스스로 의식하고 66일 정도 훈련하면 새로운 생각 패턴이 만들어질 수 있습니다.

따라서 나를 인문학하기 위해서는 잘못된 생각 패턴을 빠르게 알아차리고, 이를 개선시켜줄 수 있는 사람과 함께하는 시간이 필요합니다. 누군가와 함께할 수 있는 조건이 안 된다면 작은 미션을 스스로 수행해서라도 잘못된 생각 패턴이 좋은 생각 패턴으로 바뀔 때까지 의식적으로 개선해나가야 합니다.

끈기도 학습이 가능하다

하나의 습관이 몸에 배게 하기 위해서는 끈기 있게 그것을 밀어붙이는 힘이 있어야 합니다. 한번은 치킨집 사장님과 대화를 하는데 흥미로운 사실을 발견합니다. 여러분은 치킨집을 운영할 때 가장 힘든 게 무엇일 것 같나요? 닭을 튀기는 것? 매출이 오르지 않는 것? 놀랍게도 이것보다 더 힘든 게 있다고 하시더군요. 앞서 말한 것들은 본인의 노력으로 해결해볼 수 있는 부분이지만, 절대 노력만으로는 안 되는 것이 있었으니, 바로 아르바이트생 문제였습니다.

알바생이 약속했던 3개월도 못하고 그만두는 일이 비일비재해 미쳐버릴 노릇이라 하시더라고요. 순간 전 이것이 교육자로서 해결해야 할 엄청난 문제임을 인식합니다. 돌이켜보면 제아무리 멋진 꿈도, 계획도 끈기 있게 수년간 몰입하지 않으면 이뤄내지 못합니다. 그런데 저 또한 무언가를 끈기 있게 해내는 습관이 부족합니다. 그래서 5년간 전 끈기를 어떻게 키울 수 있을까를 연구했답니다. 그리고 모든 수업을 프로젝트화했습니다. 일방적으로 이끌어가는 것이 아니라 모두가 참여하게 만들고, 어린아이들이 학습지를 풀어내듯이 미션을 매일 실천하게 한 것이죠.

많은 학자들과 교육 연구자들은 끈기 또한 학습으로 익힐 수 있다고 말합니다. 하지만 끈기를 학습시키는 '방법'에 대한 연구는 드문 편입니다. 제가 힌트를 얻었던 한 연구를 소개해드릴게요.

뉴캐슬 대학교 연구팀은 교직원용 구내 식당에 있는 '자율 계산대'를 활용해 실험을 진행하였습니다. 사실 자율 계산대는 몇 년 전부터 운영되어왔던 것입니다. 하지만 실험을 위해 한 주는 음료의 메뉴

판에 '감시'를 의미하는 사람의 눈 사진을 붙이고, 다른 한 주에는 꽃 그림이 붙여놓았습니다. 그렇게 매주 사진과 그림을 바꾸되 주제는 '눈'과 '꽃'으로 동일하게 유지하였죠.

그 결과 어떻게 되었을까요? 놀랍게도 눈 사진을 붙여놓았을 때가 꽃 그림을 붙였을 때보다 2.8배의 돈을 거둘 수 있었다고 합니다. 이로써 연구진은 사람들은 비록 그것이 진짜 눈이 아니라 그림이라 할지라도 누군가가 바라본다는 '시선'을 느끼게 되면 무의식적으로 바른 행동을 하려 한다고 결론을 내립니다.

저는 이 실험에 착안하여 끈기를 키우는 데에도 '누군가 나를 지켜본다는 시선'이 필요함을 알게 됩니다. 그래서 다음 네 단계를 통해 끈기를 키울 수 있다고 결론을 내립니다.

> **1단계:** 내가 끈기 있게 하고자 하는 일을 나의 멘토, 혹은 내가 어렵게 느끼는 사람과 함께 계획한다.
>
> **2단계:** 계획을 성실히 따른다.
>
> **3단계:** 나의 계획을 매일 달력에 체크하고 그때의 느낌을 기록한다. 사람은 자신이 한 일을 시각적으로 확인할 때와 안 할 때 차이가 크게 발생한다.
>
> **4단계:** 중간중간 나와 계획을 함께 세운 멘토, 혹은 지인에게 어떻게 진행되고 있는지 보고하는 시간을 갖는다.

아주 단순한 원리인 것 같지만, 이것을 실제로 해보니 정말 끈기도 학습이 가능하더군요. 그냥 과제를 주는 것이 아니라 함께 과제를 설정합니다. 그리고 카톡 창에서 팀원들이 다 같이 매일 미션을 수행하며 각자 그 과정에서 느끼는 감정을 공유하도록 합니다. 30일 동안 미션을 마치고 나면, 어떤 기분인지 그리고 어떤 점이 어려웠는지 점검합니다.

저는 30일 미션이 끝나면 거기서 멈추지 않고, 40일 미션을 또 설정하여 다시 위의 과정을 거치며 끈기를 키워갈 수 있도록 계속해서 도왔습니다. 그랬더니 한 친구는 인큐 수업을 마칠 때쯤 이렇게 말해주더라고요.

"선생님, 끈기가 있어서 끝까지 하는 게 아니라, 끝까지 해서 끈기가 생기는 것이더라고요!"

이렇게 한번 끈기 있게 자신의 부족한 점을 개선해본 친구들은 더이상 큰 걱정에 휩싸일 필요가 없습니다. 어떤 문제든 끝까지 하려고 할 테니까요. 이 책에 제시한 여러 가지 인문학 트레이닝 중에서도 본인에게 절박하게 필요한 것이 있으면 우선 그것부터 선택하여 최소 66일간 꾸준히 실천해보세요. 실천 한 번으로는 큰 변화를 느끼지 못하겠지만, 결국 그것들이 모여 삶에 기적을 가져다줍니다.

모방: 좋은 스승은 최고의 선물이다

인간에게 주어진 가장 뛰어한 학습 능력 중 하나는 '모방'입니다.

전 이혼 가정에서 자라났습니다. 그러다 보니 제 기억 속에는 '화목한 가정의 모습'이 거의 없더라고요. 그리고 결혼 생활을 하면서 느낍니다. 엄마, 아빠가 서로에게 했던 행동들을 저도 모르게 따라 하고 있음을요. 그럼 전 또 불행의 길로 가야 하나요? 아닙니다. 이럴 때 제일 효과적인 방법이 '모방'입니다. 그래서 저는 세상에서 가장 행복한 가정을 꾸리고 있는 사람들을 의도적으로 찾아다녔습니다. 그리고 주기적으로 만나 결혼 선배들이 사는 모습을 관찰하고 따라 했습니다. 의도적인 모방 훈련이 시작된 것이죠.

제가 '신모양처'라고 부르는 한 언니는 결혼한 지 15년이 되었지만 남편이 집에 들어오기 전에는 여전히 창밖을 보며 기다린다고 합니다. 그 비결이 뭘까 알아내기 위해 계속 관찰을 하였는데, 그녀는 늘 사람들 앞에서 남편이 영화 배우 '리차드 기어Richard Gere'를 닮았다고 표현하더라고요. 처음엔 제 귀를 의심했습니다. 솔직히 정말로 안 닮았거든요.

하지만 시간이 지나 알고 보니, 누군가에게 남편에 대해 함부로 이야기하지 않는 것이 언니의 결혼 생활 비법이라는 것을 알게 되었습니다. 남편 흉을 입으로 꺼내기 시작하는 순간, 자신의 귀는 남편의 나쁜 점만 듣게 되어 있다는 언니의 지론! 굉장히 부끄러웠습니다. 제 주변 여성들과 저는 남편 흉을 보는 게 일상이었는데 언니는 달랐습니다. 그때부터 저도 어딜 가든지 "내 남편은 이민호를 닮았다."라고 이야기합니다.

행복한 가정을 이루고 싶다면, 내 주변에 행복한 가정을 두어야 합니다. 도전적인 삶을 살고 싶다면 주변을 도전자들로 가득 채워야 합니다. 그래야 보고 따라 할 수 있으니까요.

진짜 인문학 스승은 바로 '내 곁'에 있습니다. 전 누군가를 만났을 때 제일 먼저 '닮고 싶은 부분'부터 찾아봅니다. 그리고 제게 접목시키죠. 혹자는 그러다가 나의 색을 잃으면 어떻게 되냐고 묻습니다. 그러나 사실 인간은 누구를 만나든 알게 모르게 상대의 삶의 방식에 스며들게 되어 있습니다. 그렇다면, 이왕이면 좋은 점이 자신의 몸에 배는 게 좋지 않을까요?

저는 스스로를 '스마트폰'이라 생각하고, 친구의 좋은 점을 '앱'이라고 상상합니다. 그 친구의 장점을 흉내 내기 위해 앱을 깔아두었다가 적재적소에 실행시킨다면 내 성격을 개조할 수 있으리라 생각한 거죠. 전 성격이 많이 변한 사람 중 한 명인데요. 과거의 전 낯을 굉장히 많이 가렸습니다. 모르는 이와 어울리는 것을 정말로 싫어했죠.

그러나 대인관계에서 낯을 가리는 저의 성격은 매번 손해를 보게 만들더군요. 특히 진희라는 친구를 보면서 그 점을 뼈저리게 깨닫게 됩니다. 진희는 늘 쾌활한 성격에 누구를 만나든 "저 이것 좀 알려주세요."라고 넉살 좋게 물어보았습니다. 그러다 보니 제가 머뭇거리는 동안 진희는 많은 기회를 잡고 그것을 누릴 수 있었습니다. 그런 진희를 보며 저도 그녀처럼 되고 싶다는 생각을 하기 시작했습니다. 그때부터 그녀를 공부했죠. 진희는 화가 날 때 어떻게 풀어내는지, 평소에 사람들을 만날 때는 어떻게 인사를 하고, 말은 어떻게 건네는지 등을 관찰하고 연구했습니다. 하지만 당장 이 친구처럼 흉내 낸다는 것이 말처럼 쉽지는 않았습니다.

그래서 저는 '인간은 모르는 이들 앞에 가면 없던 용기도 생긴다'는 점을 이용하기로 합니다. 그 누구도 기존의 나에 대해서 알지 못하는 공간에서 그녀처럼 행동해보기로 한 것이죠.

어느 날 모 기업의 해외봉사 면접을 보러 가게 되었습니다. 저는 그곳에 들어간 순간부터 스스로에게 주문을 걸었습니다.

'나는 김진희다. 윤소정이 아니다. 김진희로 빙의한다.'

눈 딱 감고 '15초의 용기'를 내니 그리 어려운 일은 아니더군요. 저는 면접장에서 진희처럼 말하기 시작했습니다.

"어머머머, 안녕? 넌 어디에서 왔어?"

그러자 한 친구가 기존의 제가 본 적이 없었던 눈빛을 보내며 제게 다가왔고, 어느새 거기 있던 모두가 절 중심으로 모여 앉더라고요. 이전의 저라면 상상할 수 없던 일이었습니다.

중간에 면접관이 이렇게 물었습니다.

"이 중에서 딱 한 명과 함께 여행을 가야 한다면 누구와 가고 싶습니까?"

그런데 대박! 전원이 절 선택하더군요! 그때의 희열이란!

그 한 번의 경험이 제 인생 최고의 공부가 되었습니다. 내가 만든 틀을 깨고, 진화하는 방법을 알게 되었죠. 돌이켜보면 '나는 낯을 많이 가리는 사람이다.'라고 스스로에게 내린 정의부터 비겁했습니다. 낯을 많이 가린다는 말 속에 용기 없는 나를 숨기려 했던 것이죠. 지금도 삶이 힘겨워진다고 느껴지면 전 미리 다운받은 다른 사람의 '행동 앱'을 의도적으로 켜봅니다. 그리고 그 사람처럼 행동합니다.

따라서 인생에 라이벌이 나타나면 무조건 질투만 할 게 아니라 기뻐해야 합니다. 라이벌은 삶이 내게 준 파트너이거든요. 즉, 세상이 날 키워내기 위해 선물해준 사람인 거죠! 그를 무작정 부러워하거나 질투하기보다 그에게서 무엇을 배울 수 있을지로 시선을 옮기는 순간, 그는 세상에서 가장 소중한 나의 롤 모델이 되어줄 것입니다.

모방하되 나만의 것으로 재창조한다

그러나 무조건 따라 하는 모방은 경계해야 합니다. 잘못하면 법적 소송으로 치달을 수도 있고요. 제일 중요한 것은 내 것이 아니기 때문에 자칫하면 힘을 잃을 수 있다는 것입니다. 특히나 일에 있어서 모방을 할 때는 자신만의 생각으로 전환시켜야 하고, 자신만의 철학을 부여해 새로운 창조로 다다라야 합니다. 그렇다면 제가 어떻게 모방을 통해 창조를 이루었는지 말씀드리겠습니다.

제 첫 번째 직업은 영어 강사였습니다. 그리고 저의 선생님은 영어를 훈련이라는 개념으로 가르친, 영어교육 전문가였습니다. 선생님은 '영어'와 '훈련'이라는 개념을 크로스오버하여 새로운 교육방식으로 진화시켰죠. 저도 원래는 영어를 배우러 갔던 것이었는데, 감사하게도 코치로 활동할 수 있는 기회를 얻게 되었답니다.

저는 선생님을 정말로 존경하고 좋아했습니다. 그러다 보니 그의 모든 것을 닮고 싶었고, 따라 하고 싶었습니다. 심지어 매일 선생님의 강의를 녹음했다가 집에 와서 농담 한마디까지 다 받아 적으며 그처럼 행동하려 했답니다. 매일 빈 강의실에서 청소 아주머니 눈치를 보면서 선생님처럼 호루라기도 불어보고, 셀프 강의를 하기도 했죠.

그러던 어느 날, 선생님은 제게 모진 말씀을 건네십니다.

"소정 씨는 나를 흉내 내는 것 빼고 할 수 있는 것이 무엇이 있나요?"

정말 마른하늘에 날벼락이었죠. 제 존재가 사라지는 듯한 느낌까지 들더군요. 그러나 이제 와서 보면 스승의 뼈 있는 조언입니다. 그 이후로 제 몸에 스며든 선생님의 색을 없애려고 무던히 노력했으니까요. 심지어 영어 강사를 그만두고 나서도 한참 동안 전국의 내로라하는 영어 강사들의 수업을 들으러 다녔답니다. 그러나 배운 게 도둑질이라고, 내 몸에 새겨진 방식을 아예 없앤다는 게 말처럼 쉽지가 않더군요.

그래서 고민 끝에 생각을 전환합니다. '영어'를 가르치지 말자고요. 그렇게 하지 않고서는 선생님을 벗어날 수 없을 것 같더군요. 어차피 가르치는 방식은 수학이나 영어나 과학이나 다 똑같습니다. 그렇다면 소재를 바꾸면 되지 않을까요? 가르치는 방법을 터득했으니 영어를 버리고 새로운 나만의 분야로 개척해보기로 결심했죠.

영어 공부를 하면서 발견한 재미있는 사실이 있습니다. 실제 영어 공부를 하는 사람들 중에서 진짜 영어가 필요한 사람은 몇 안 된다는 것입니다. 왜 영어 공부를 하냐고 물어보면 '불안해서', '남들이 하니까', '해야 할 것 같아서'라는 답변이 대부분이더군요.

그 안에서 영감을 얻어 시작한 게 지금 인큐의 첫 번째 모델이랍니다.

'불완전한 나의 삶을 주체적으로 끌고 갈 수 있는 방법은 무엇일까?'

이에 대한 질문을 해결하기 위해 심리치유도 해보고, 독서 모임도 해보는 등 수백 개의 프로젝트를 기획하고 진행해보았지만, 그중 이 질문을 해결하는 데 가장 적합한 것은 '일상 인문학, 행동하는 인문학'이었습니다.

정답이 없는 세상에서 나만의 질문을 만들어가고, 사람답게 살기 위한 공부를 하는 것! 그렇게 제가 설정하고 행했던 방법에는 선생님의 트레이닝 방식이 참 많이 배어 있습니다. 선생님이 가르쳐주셨을 때 어떤 부분이 학습적으로 효과가 있고, 학생들에게 좋은 반응이 있었는지를 생각하며 나만의 재료에 스며들게 했지요. 제가 인문학을 트레이닝의 개념으로 대중화시킬 수 있었던 밑거름은 모두 선생님의 가르침 덕분입니다.

분명 전 선생님을 건강하게 모방했습니다. 만약 선생님을 떠나고 나서도 계속해서 그대로 영어를 가르치려 했다면 전 평생 스승의 그림자로 살아가야겠지요. 그러나 재료를 바꿔 다르게 생각하니 길이 만들어졌습니다. 이는 엄연히 내가 창조한 분야이기 때문에 그 누구도 나에게 소송을 걸 수도 없습니다.

지금 내 머릿속에 어떤 패턴이 없다면 닮고 싶은 그 사람의 섹시한 뇌를 건강하게 훔쳐와서 모방하세요. 그리고 자유로워져야 합니다. 그리고 마지막으로 그분에게 진정 감사할 수 있어야 합니다.

누군가 이런 말을 하더군요. 스승이라는 것은 사다리와 같아서 열심히 타고 올라야 할 대상이랍니다. 사다리를 오르다 보면 스승이 볼 수 있는 세상의 시선까지 오르게 되지요. 그다음에는 어떻게 해야 할까요?

사다리를 박차야 합니다. 그때부터는 나만의 사다리를 만들어야 할 시간이니까요. 하지만 더 중요한 것은, 나 또한 누군가의 사다리가 되어줘야 한다는 점입니다. 누군가를 내가 세상을 바라볼 수 있는 시선까지 올려주고, 그가 세상을 변화시킬 수 있는 다리가 되어줌으로 써 '깨달음의 도미노'가 계속 이어지게 하는 것이 인생의 법칙입니다. 부디 세상에서 가장 위대한 스승의 시선에 오르시고, 누군가의 사다 리가 되어주시길 간절히 바랍니다.

만나고 싶은 사람을
만나기 위해서는 어떻게 해야 할까

지금 제가 쓰고 있는 대부분의 글과 정신은 어머니로부터 받은 것 입니다. 또 제가 만나온 여러 사람들로부터 온 것이기도 합니다. 네, 인간은 그러합니다. 세상 그 어디에도 홀로 만들어진 사람은 없으며, 그렇기 때문에 일상에 가장 중요한 일은 '스승을 만나는 일'입니다.

자신에게 몇 분의 스승님이 계신지를 돌아보면, 지금 내 인생이 풍 요로운지 척박한지를 금방 알 수 있답니다. 그러나 요즘에 많은 친구 들의 관계를 보면 강연을 들으러 가든, 수업을 들으러 가든 대부분의 관계가 '인스턴트 관계'로 전락해 있더군요. 한때 '멘토 열풍'이 분 적 이 있죠. 그러나 그중에 지속적으로 삶을 공유하며 배움을 구하는 관 계로 지속시킨 친구들은 많지 않습니다. 옛날 성인들은 한 분의 스승 을 모시기 위해 수백 번을 찾아갔다고 하는데, 그렇게 공을 들이며 배 움을 구하는 친구도 찾아보기 어렵고요.

그러나 진짜 나를 인문학하고 싶다면, 스승을 모시는 방법부터 터득해야 합니다. 영화에도 끌림이 있고, 책에도 끌림이 있듯이 내가 유독 끌리는 사람들이 있습니다. 그 사람의 이야기에는 유난히 몰입되는 그런 분을 내 인생의 스승으로 삼을 수만 있다면 그 어떤 스펙보다 강력한 힘을 발휘하게 됩니다.

한번은 책을 보는데 진짜 '이 사람이다' 싶은 분을 발견한 적이 있습니다. 책의 제목은 『가가와 싸이처럼 금기를 깨라』(21세기북스)였는데요. 책을 읽으면 읽을수록 이분을 만나봐야겠다는 생각이 들더라고요.

이 책의 저자는 바로 앞서 소개했던 로킷의 유석환 대표님이십니다. 바이오의 B도 모르는 상태에서 우리나라 최초로 FDA 승인을 받는 약을 만들어내고, 생전 3D 프린터를 생전 본 적이 없었음에도 세계 최고의 3D 프린터 기술을 보유하는 기업을 설립한 그 모습에 반하지 않을 수가 없었습니다. 심지어 이분이 제일 좋아하는 인재상은 '영혼을 가진 백지 상태의 인간'이랍니다. 그리고 이와 같은 기적을 일으키는 사람은 수십 년간 경력을 쌓은 전문가가 아니라 신입 사원이라고 하시는데, 미친 듯이 가슴이 뛰더군요.

그렇데 이분을 어떻게 해야 만날 수 있을지 잘 모르겠더라고요. 그런데 생각해보면 말입니다. 좋은 대학에 들어가기 위해서는 그렇게 기를 쓰면서, 좋은 스승님을 모시려는 노력은 왜 잘 안 하게 되는 걸까요? 팔자를 바꾸려면 대학을 바꾸는 게 아니라, 좋은 스승님의 정신을 본받는 일이 훨씬 더 중요한데 말입니다.

그때 전 함께 팔자를 바꾸고 싶은 친구 네 명을 모았습니다. 그리고 이분이 책을 쓰기 위해 50년이라는 시간을 투자한 것처럼, 우리도 이 한 분을 위해 최대한 시간을 들여 책을 만들어드리자는 계획을 세웠죠.

그리고 더 많은 친구들에게 이분의 책을 소개하고, 함께 읽으며, 책을 읽고 나서 느낀 점을 모았습니다. 또 저희 나름대로 저자와 책에 대해 분석한 후, SNS에 이것들을 올려 자동적으로 책이 홍보될 수 있도록 만들었죠. 그리고 그 모든 과정을 책으로 엮어서 선생님께 발송했습니다. 결과는 어땠을까요?

진짜 보통내기들이 아니라고 하시며 바로 호출을 하시더군요. 그리고 스승님 생애 가장 긴 인터뷰에 응해주셨습니다. "내가 이런 것 한 번도 누구한테 가르쳐준 적 없는데……."라고 운을 떼시면서 정말 상상할 수 없을 만큼 귀한 가르침을 주시더군요. 그러나 배움의 대한 열의는 여기에서 그치지 않았습니다. 돌아오자마자 애프터서비스를 확실히 하기 위해 인터뷰에서 해주셨던 이야기를 타이핑해 책으로 만들어 일주일 내로 보내드렸죠. 그때부터였습니다. 진짜 유석환 스승님과 인연이 시작된 것은요. 그 인연을 시작으로 지금까지 늘 기쁜 일이나 슬픈 일이나 가장 먼저 함께해주십니다. 유석환 대표님과의 인연은 제게 하버드 대학교 졸업장보다도 귀한 선물입니다.

이렇게 한 분의 인연을 모시기 위해 공을 들이고, 또 공을 들이는 모습을 옆에서 본 저희 인큐 가족들은 이보다 더 대단한 도전을 합니다. 인생의 스승님을 모시기 위해서 그분을 위한 다큐멘터리를 만들기도 하고, 책을 만들어 그분이 계신 곳에서 수십 일동안 기다리기도 하고, 거절을 당해도 굴하지 않고 그분의 사업장에 찾아가 감동 이벤트를 해드리기도 하죠. 그래서 인큐 가족들에게는 참 많은 스승이 있습니다.

하지만 아직도 스승을 모시는 일도 '엄마, 밥 줘.' 하는 것처럼 요구하면 상대가 당연히 들어줘야 한다고 생각하는 친구들이 있습니다. 급기야 만나달라고 했는데 안 만나준다고 화를 내는 친구도 있더군요. **그러나 이 모든 과정을 세상으로부터 '기회를 얻는 법'을 공부한다고 생각해보면 어떨까요?** 아이처럼 생떼를 부릴 것이 아니라 정성을 다해 삶을 열어가는 첫 번째 공부를 한다고 생각하면 엄청난 수련이 될 것입니다.

스승을 뛰어넘어라

태어나서 처음으로 사람이 뿜어내는 아우라에 반해 눈물을 흘렸습니다. 그날 이후로 어떤 중요한 일을 치루기 전에는 늘 의식적으로 그분의 노래를 듣습니다. 누구냐고요? 가수 인순이 선생님입니다. 그녀가 작은 무대 위에 올라오는 순간부터 전 눈물이 났습니다. 그리고 어떤 사람이 한 스승을 만나고 쓴 구절이 떠올랐습니다.

"그의 손끝에서부터 정직을 느낄 수 있었다."

네, 딱 그 표현 그대로였습니다. 그녀는 손끝에서 발끝까지 '인생을 노래하고' 있었습니다. 그녀의 분위기 자체가 자신이 살아온 시간이었고, 굳이 드러내려고 애쓰지 않아도 그녀의 내공은 온몸에서 뿜어져 나오더군요.

열아홉 살 때부터 "넌 어떤 여자가 되고 싶어?"라는 질문을 받으면 저는 '분위기 있는 여자'가 되고 싶다고 답해왔습니다. 그러던 어느 날, 우연히 커피숍에서 한 여성을 본 적이 있습니다. 이름도 모르고, 어떤 일을 하는지도 모릅니다. 얼굴이 그리 예쁘지는 않았지만 누가 봐도 커리어 우먼만이 지니고 있는, 자신의 삶에 대한 프라이드를 온몸에 지니고 있었습니다. 그날 이후로 제가 닮고 싶은 여자는 나만의 분위기를 뿜어낼 수 있는 사람이 되었죠.

분위기는 어느 날 갑자기 성형을 한다고 만들어지는 것이 아니라, 내 하루하루의 삶이 축적되면서 드러나는 것입니다. 그래서 저는 늘 인문학은 머리가 아니라 몸이 하는 것이라 주장합니다. 그리고 그 누구를 만나든 나의 말을 믿지 말라고 당부합니다. 대신 오직 제 행동만을 보라고 하지요.

다음은 제가 너무나 좋아하는, 니체의 말입니다.

인간은 극복되어야 할 무엇이다.

그대 지금 무엇을 극복하고 있는가.

— 니체

저는 일주일에 한두 번은 습관적으로 스스로에게 물어보곤 합니다. 지금 나는 무엇을 극복하고 있느냐고 말이죠.

한번은 헬스장에 가서 기가 막힌 성찰을 한 적이 있습니다. 그곳에는 정말 잘생긴 헬스 트레이너님이 계셨습니다. 너무 잘생겨서 PT를 의뢰하기 어려울 만큼 빛이 나는 분이셨죠. 그러다 보니 운동할 때 온 신경이 트레이너님을 향하게 되더라고요.

그런데 한번은 트레이너님이 한 회원에게 이런 말씀을 하고 계시더군요.

"전 운동을 할 때 근육이 끊어지는 고통이 느껴질 때까지 합니다. 그래야 근육이 생기죠. **회원님이 살이 빠지지 않는 이유는 단순합니다. 고통이 느껴지려 하면 그만하시잖아요.**"

헉! 정말 충격적이면서 위대했습니다. 인간의 몸이 변화하지 않는 이유가 삶이 변화하는 이유와 일치하다니! 돌이켜보면 내 인생이 성장하는 시점은 안락했던 시기가 아닙니다. 가장 고통스러울 때죠. 인류 역사상 가장 핍박받는 민족, 유대인이 가장 위대한 민족이 될 수 있었던 것처럼, 내 인생에 불편한 순간이 많다는 것은 세상이 나를 위대한 인간으로 키워내고 있다는 증거라고 볼 수 있습니다.

최고의 배움은 '부끄러움'을 인정하는 데서부터 시작됩니다. 과거 세종은 간통을 한 사람도, 뇌물을 받은 사람도 능력이 뛰어나다면 모든 죄를 사하고 인재로 등용하는 과감한 인재등용술을 사용했습니다. 그러나 단 하나, 절대 등용하지 않는 이가 있었으니 바로 '부끄러워할 줄 모르는 자'였답니다. 자신의 실수에 대해 부끄러워할 줄 모르는 자, 성찰할 줄 모르는 자에게는 발전이 없기 때문이죠.

첫 직장을 그만두고 많이 방황했습니다. 함께 일했던 스승님을 존경하고 사랑했던 만큼 헤어짐 또한 고통스러웠죠. 마지막 순간에는 오해가 쌓여 스승님께 듣지 않아도 좋았을 법한 이야기까지 수없이 들어야 했답니다. 하루 세 시간씩 잠을 자며 일을 했던 내 모든 노력이 무너지는 것 같아 스승님을 원망하기도 했고요. 그리고 다시는 영어 강사 따위는 하진 않을 거라며 일을 그만두고 학교로 돌아갔습니다. 한동안 실어증과 우울증에 빠져 아무 일도 하지 못할 만큼 삶 전체가 무너진 듯했습니다.

그러나 생활고에 시달리고, 먹고살아야 하다 보니 배운 게 도둑질이라고 다시 영어 과외를 시작할 수밖에 없더라고요. 그런데 그때의 스승님은 저처럼 일을 배우다 그만두고 나와서 본인의 콘텐츠로 영어 강사를 하는 이들이 많아지자, 그들에게 모두 1억 원의 소송을 거셨답니다. 화가 났습니다. 분명 선생님도 누군가에게 배워온 것일 텐데 왜 그렇게 사람들을 못살게 구는지 이해할 수 없었죠. 그래서 전 독하게 마음먹고 대한민국에서 영어를 잘 가르친다는 사람들을 다 찾아다니며 수업을 들었습니다. 분명 선생님도 누군가에게 배운 것일 테니 그 출처를 찾아보겠다며 돌아다닌 것이죠. 그리고 그렇게 그들의 수업을 듣고 연구하며 저만의 방법으로 새로운 영어 콘텐츠를 만들어냈습니다. 그리고 이건 내가 만든 것이니 난 당당하다고 큰소리치며 다녔습니다.

그러던 중 함께 일했던 친구의 부친상으로 장례식장을 가게 되었는데요. 마침내 그 자리에서 스승님과 딱 마주하게 되었습니다. 전 어떻게 했을까요? 평소 그렇게 "이건 내가 만든 콘텐츠야!"하며 당당하게 소리쳤던 저였습니다. 그러나 스승님을 본 순간, 저는 도망가버렸습니다. 장례식장의 한 골방으로요. 그분의 눈을 당당하게 볼 수가 없었거든요. 큰소리치던 윤소정은 사라진 채 골방에 숨어 덜덜 떨고만 있었던 그날 밤을 절대 잊지 못합니다.

저는 두려움에 사로잡혀서 엄마에게 전화를 걸었습니다.

"엄마, 나 오늘 장례식장에 왔는데 ○○○ 선생님 만났거든? 그런데 나도 모르게 숨어버린 거 있지. 인사도 못 하고 도망쳐버렸어."

그러자 엄마는 크게 화를 내셨습니다. 예로부터 모든 죄는 용서받아도 절대 용서받지 못하는 죄가 있다면 '배은망덕背恩忘德'이라고 하시더군요. 그리고 충격적인 사실을 알게 되었습니다. 당시 선생님은 저와 같이 그만뒀던 수많은 강사들에게 법적 소송을 걸고 계셨으나 제게는 아무것도 하지 않으셨는데, 그게 다 엄마 덕분이었더라고요. 알고 보니 엄마는 당신도 딸에게 만들어주지 못한 기회를 처음 준 은인이라며, 매해 직접 기른 농산물을 선생님댁으로 보내고 계셨던 것입니다.

그때 전 제 안의 진실과 마주하였습니다. 그분이 아무리 미워도 내 인생에 처음 기회를 준 스승님이셨습니다. 세상 모든 것을 부정하더라도 제가 선생님 밑에서 배워 이만큼 컸다는 것은 부정할 수 없는 사실입니다. 저는 그날부로 영어 강사는 그만두었습니다. 부끄러움에 더 이상 누군가에게 영어를 가르칠 자신이 없더라고요. 이런 소중한 깨달음을 주신 스승님께 저는 정말 감사하는 마음으로 살아가고 있습니다.

여러분에게는 이렇게 고마운 스승이 얼마나 계시나요? '감사 과학'의 선구자, 캘리포니아 대학교 데이비스 캠퍼스의 로버트 에먼스 Robert Emmons 교수는 마이애미 대학교 맥컬로우 교수와 함께 대학생 192명을 대상으로 '감사'의 효과에 대한 연구를 진행했습니다. 일주일에 한 번씩 '감사한 것'에만 집중해서 글을 쓰는 '감사 그룹', '기분 나쁘고 짜증났던 것'에 집중해서 글을 쓰는 '짜증 그룹', '방 청소를 했다'와 같은 일상적인 것만 기록하는 '일상 그룹', 이렇게 총 세 개의 집단으로 나눠 일주일에 한 번씩 기록을 하게 하였죠.

그 결과, '감사 그룹'의 삶의 질은 높아지고 건강해졌을 뿐 아니라, 다른 그룹보다 일주일 40분 이상 운동을 더 하였고, 낙천적인 성향으로 변화했다고 합니다. 여러분은 감사하는 마음을 얼마나 실천하고 계신가요?

지금도 선생님을 보고 도망친 그날만 생각하면 얼굴이 시뻘개집니다. 하지만 그런 부끄러운 경험들 덕분에 세상에서 가장 귀한 존재가 '스승'임을 깨우칠 수 있었네요. 부끄러운 고백이지만 인간을 공부하는 학문, 인문학에 대한 글을 쓰면서 이 이야기를 쓰지 않을 수가 없었습니다. 제가 인생에서 배운 큰 깨우침이었으니까요. 세상 모든 죄는 용서받아도 절대 용서받지 못할 죄, 배은망덕. 절대 잊지 않겠습니다. 죄송하고, 또 감사합니다.

언제 어디서나 가르침을 구한다

한번은 미국의 조지워싱턴 대학교에서 부교수가 된 선배를 만나 이렇게 물어보았습니다.

"아니, 어떻게 한국인이, 그것도 경기대학교 학부를 졸업하고 미국에서 교수가 될 수 있었나요?"

그러자 선배님은 딱 한마디로 비법을 전수해주시더군요.

"전 단 한 번도 교수님 욕을 한 적이 없습니다. 그리고 매일 아침 교수님 책상을 정리했죠."

선배님은 딱 이 두 가지 원칙만 지켰다고 강조하셨습니다. 주변 친구들이 교수님 욕을 하려 하면 "내 앞에서는 교수님 욕은 안 했으면 좋겠어."라고 했다고 합니다. 누군가는 참 고깝게 생각했을 수도 있을 법한 말이죠. 역시나 처음에는 그 누구도 알아주지 않았습니다. 그러나 석사 과정이 끝날 때쯤 노랑머리 교수님이 자신의 집으로 초대해주더랍니다. 그리고 박사과정 비용을 지원해줄 테니 내 곁에서 공부해보지 않겠냐는 엄청난 제안을 했다고 하더군요.

박사 과정을 이수할 때도 위에서 말한 원칙만 지켰다고 합니다. 절대 교수님 욕을 하지 않는 것 그리고 매일 아침 책상 정리를 해두는 것, 그 두 가지 원칙을 계속해서 고수하자 교수님은 시간강사 자리가 났을 때도, 다른 기회가 왔을 때도 늘 노랑머리 현지 학생보다 영어가 서툰 본인을 제일 먼저 추천해주었다고 합니다. 그리고 조지워싱턴대학교 부교수 자리도 그 교수님의 감동적인 추천사 덕분에 얻을 수 있었고요.

당시에는 선배의 말이 잘 이해가 되지 않았습니다. 그러나 사회생활을 하며 여러 스승님을 모시면서 이 뜻을 서서히 이해하게 되었습니다. 세상 그 어디에도 완벽한 인간은 없습니다. 이 말인즉슨, 완벽한 스승은 존재하지 않는다는 것이죠. 가까이 보면 볼수록 스승의 결점이 많이 보일 것입니다. 내 환상이 클수록 상대의 나쁜 점이 부각되어 보일 테고요. 그럼에도 불구하고 스승에게 한결같은 모습을 보여드리고, 매일 배움을 청할 수 있는 자세야말로 스승을 대하는 최고의 인문학 공부가 아닐까요?

인큐에서도 고등학교를 막 졸업한 스무 살 친구와 사회생활을 어느 정도 경험한 서른 살 친구들을 보면 확연히 다릅니다. 후자가 경험은 많이 했을지 몰라도 어린 친구일수록 모든 걸 스펀지처럼 흡수하려 합니다. 반면, 나이를 먹을수록 잘 받아들이지 못하죠. '저건 내가 해봤는데, 잘 안 돼.', '저건 논리적으로 맞지 않는데?' 하며 상대의 이야기를 있는 그대로 받아들이기보다 자신만의 필터로 한번 걸러내려 하기 때문입니다. 저 역시 아직도 그런 실수를 수없이 저지릅니다.

"당신은 모르는 게 없는 사람이군요."

이는 제가 들었던 말 중 가장 저를 낯뜨겁게 한 한마디입니다. 저 또한 하나라도 더 아는 체 하고 싶은 날이 있습니다. 그날도 그런 욕심이 앞서 "저도 알고 있었는데."라는 말을 남발했던 것 같습니다. 제가 만약 "정말 멋지네요!"라는 말로 시작을 했다면 그 사람과의 관계도 더 좋은 쪽으로 발전했을 텐데 참 안타까운 일이죠.

그럼에도 여전히 무지해진다는 게 쉽지 않네요. 문득 남편과 대화를 하면서도 "그건 아니지."라는 잣대를 들이대는 저를 발견하고, 남의 책을 읽으면서도 내 지식을 덧붙이고 싶어 하고, 남의 강의를 보며 '저건 나도 알고 있었던 건데.' 하며 평가를 하려 하는 모습이 튀어나오곤 합니다. 배움의 최고 경지, '무지'에 오르기에는 아직도 너무나 부족하다는 생각이 듭니다.

그러나 제가 만나본 최고의 지혜를 지닌 스승은 어떤 자리에서든 바보처럼 웃으면서 말씀하십니다.

"잘 모르겠습니다. 가르쳐주세요."

그때 깨닫습니다. 내공은 아는 척에서 나오는 것이 아니라 '모르는 것을 아는 것'에서부터 시작된다는 사실을요. 부디 인문학을 공부하기로 마음먹었다면, 누구를 만나든 어린아이의 자세로 경청하고, 매일 아침 늘 새롭게 태어난다는 마음가짐으로 공부를 이어가시길 부탁드립니다.

저도 아직 세상을 잘 모르겠거든요. 그러니 오늘도 가르쳐주세요.

나를 성장시키는 인문학 트레이닝

관찰 일지

돌이켜보면 "어휴, 네 아빠가 또 연락이 없네."라는 엄마의 말에 전 초조해하며 아빠에게 전화를 걸었지만, 동생은 태평하게 텔레비전만 보고 있었습니다. 또, 친구들을 데리고 음식점에 갔는데 "여기 음식 맛없다."라는 친구의 말에 내가 음식을 잘못 골랐나 싶어 갑자기 불편해지지만, 또 다른 친구는 "입맛 까다롭긴." 하며 아무렇지 않게 웃어넘깁니다.

같은 말을 듣고, 같은 상황을 겪으면서도 왜 우리는 이렇게 다르게 행동하는 것일까요? 그 이유는 내가 겪은 사건이 아니라 내가 하는 생각들이 우리의 감정과 행동에 영향을 주기 때문입니다. 이는 인지행동치료 'CBT Cognitive Behavior Therapy'의 핵심이기도 하지요. 예를 들어 같은 일을 하더라도 그 사람의 무의식적 생각은 행동에 각기 다른 영향을 미칩니다.

각자에게는 어떤 상황이 닥쳤을 때, 무의식적으로 바로 떠오르는 생각들이 있습니다. 이를 정신분석학에서는 '자동적 사고'라고 합니다. 이 자동적 사고가 우리의 감정을 조정하고 우리의 행동, 심지어 미래까지 결정지을 수 있는 열쇠가 되기도 합니다.

습관 처방전: **관찰 일지**

1) 생각 관찰하기

나를 변화시키기 위해서 제일 먼저 알아봐야 하는 것은 나를 지배하는 나의 자동적 사고입니다. 자동적 사고는 심리학 용어로, 저는 '생각 습관'이라 부릅니다. 한 주간 나에 대해서 공부하겠다고 마음먹고, 나의 생각이 어떻게 흘러가는지를 관찰해봅시다.

트레이닝 방법

[   ]의 관찰 일지

1. 나의 '자동적 사고'는 무엇인가요?

사 건	만나기 힘들다는 남자친구의 말에 농담으로 "그럼, 그날은 다른 남자 만나야지."라는 카톡을 보냈는데 남친이 읽지 않았음.		
자동적 사고	'내가 괜한 말을 했나? 그렇게까지 말할 필요는 없었는데.'		

감 정	불안, 초조, 두려움		
행 동	초조함에 잠도 못 자고, 계속 그것만 생각함.		
오 류	상대방의 기분이 어떤지 확인하지도 않은 채 내 탓부터 함(실제로 남자친구는 일 때문에 답을 못했음).		

2. 나의 자동적 사고의 공통점은 무엇인가요?

– 무슨 일이 생기든 내 탓부터 하고 자책을 한다.

3. 이러한 자동적 사고가 형성되는 데 영향을 미친 사람과 그에 관련된 사건은 무엇인가요?

인 물	엄마		
사 건	엄마는 내가 딸이란 이유로 할아버지, 할머니께 구박을 받음. 그래서 항상 나한테 아들 몫을 해야 한다고 하시며 어떤 기준치를 주셨음. 그 뒤 엄마와 할아버지 사이에 문제가 생기면 내 탓으로 돌리는 습관이 생김.		

4. 자동적 사고와 관련하여 어떤 경험을 하였으며, 그것이 내 삶에 미친 영향은 어떠한가요?

경험	친구의 죽음		
영향	고등학교 때 반 친구가 자살을 택했음. 조금만 더 내가 살갑게 대해줬더라면, 그런 비극은 펼쳐지지 않았을 것 같다는 생각에 늘 죄책감에 사로잡혀 있었음.		

5. 자동적 사고를 개선하기 위해 앞으로 어떤 노력을 할 것인지에 대해 '다짐 일지'를 써봅시다.

[사례]

"자책 = 쓸데없는 생각"

자동적 사고를 관찰해보니, 나는 어떤 문제가 생기면 자동적으로 내 탓으로 돌리는 경향이 있음을 발견하게 되었다. 자책이 커질수록 일에 대한 자신감도 떨어지고, 연애를 할 때도 관계가 점점 망가진다. 앞으로는 '자책'을 하게 되는 순간에 이것이 쓸데없는 생각임을 꼭 인지할 것이다. 지레짐작해서 괜히 내 자신을 불안하게 하는 일을 또다시 반복하지 않을 것이다.

2) 말 관찰하기

자동적 사고를 찾았다면 평소에 자주 사용하는 말을 통해 본인의 무의식을 분석해보는 것도 좋은 방법입니다. 평소 "몰라."라는 말을 자주 쓰는 아이가 있었습니다. 대화를 하며 유심히 살펴보니, 아이의 자존심이 엄청나게 세더군요. 자신의 답이 틀릴까 봐 모를 때는 답을 하지 않는 게 습관이 되어버린 거죠.

하지만 어릴수록 단어 하나만 바꿔줘도 태도가 확 변해버립니다. 저는 이 친구 앞에서 "몰라."라는 말 때문에 엄마로부터 상처를 받았다는 이야기하며 우는 연기를 했답니다. 선생님의 엄마는 매일 말끝마다 "몰라."라고 답변을 하셔서 "몰라."라는 말만 들으면 날 거부하는 것 같아 눈물이 난다고 했죠.

그랬더니 그다음 날에는 이 친구가 "몰라."라는 말 대신 "생각해볼게요."라는 말을 하더군요. 그리고 정말로 생각하는 시간을 갖더니, 자신의 생각을 말해주더라고요. 그리고 그다음 날에는 바로 자신의 생각을 이야기하더라고요. 이렇게 아이의 행동은 완전히 바뀌었습니다. 선생님도, 부모님도 아이의 변화에 얼마나 놀랐는지 모릅니다.

저희 인큐의 팀원 중 한 분은 평소 '가장'이라는 말을 많이 썼습니다. 왜 그런 말을 자주 쓰는 것 같은지 연구해보라고 조언을 드리니 그다음 날, 자신이 우선순위를 세우는 게 서툴러서 어떤 것에든 가장이라는 단어를 붙였던 것 같다고 하더라고요. 그리고 그분은 점점 '가장'이라는 말의 빈도를 줄이려 했습니다. 진짜 중요한 것에만 '가장', '제일'이라는 말을 붙이고, 늘 첫째, 둘째, 셋째로 나누어 우선순위대로 말하겠다고 선포했죠. 그 결과 실제로 업무처리 능력도 많이 나아졌답니다.

저 또한 이러한 방법으로 중도에 그만두는 습관을 '끝까지' 하는 습관으로 바꿀 수 있었습니다. "대충 하고 그만 끝내죠."라는 말 대신 "끝까지 해보죠."라고 말하기만 해도 삶에 변화가 찾아옵니다.

1. 내가 평소에 자주 사용하는 단어가 무엇인지 관찰해보세요.

2. 그 단어의 특징은 무엇입니까? 왜 이 단어를 많이 쓰는 걸까요?

3. 내가 쓰는 단어 중 부정적인 단어는 어떤 긍정적인 단어로 바꿀 수 있을까요?

4. 습관화하기 위해 평소 자주 쓰는 말을 하지 않기로 결심하고, 의식적으로 계속해서 긍정적인 말로 고쳐나갑니다.

감동 인터뷰

요즘에 많은 친구들의 관계는 인스턴트처럼 일회성인 경우가 많습니다. 그러나 진짜 나를 인문학하려 한다면 스승을 모시는 방법부터 몸으로 배워야 합니다. 남편을 만나 제가 제일 먼저 한 일도 남편 곁에 좋은 스승을 많이 만들어줌으로써 주변 환경을 변화시켜준 것이었습니다.

한번은 '운 전문가'를 만난 적 있습니다. 처음에는 '뭐 이런 직업이 다 있지?' 했지만 그가 운을 바라보는 관점이 특별했습니다. 그래서인지 내로라하는 우리나라 스타들, 기업 대표들이 그분에게 운 컨설팅을 받으러 온다고 하더라고요. 운이라는 것은 누구나 살면서 한 번씩 마주하게 되는데, 이를 어떻게 활용하는지에 따라 같은 운의 시기를 맞아도 누구는 10만 원을 벌고 누구는 10억 원을 번다고 합니다. 무엇이 이러한 차이를 낳을까요? 바로 그가 속한 환경과 주변 사람이 80퍼센트를 좌지우지한다고 합니다.

예를 들어 같은 운을 지닌 사람도 그 사람이 남한에서 태어났느냐, 북한에서 태어났느냐에 따라 운을 쓰는 곳이 달라지죠. 이처럼 주어진 환경에 따라 한 사람은 '돈을 버는 데' 그 운을 사용할 수 있지만, 다른 한 사람은 '살아남는 데' 운을 다 써버릴 수 있다는 겁니다. 같은 땅끝마을에 살고 있더라도 도전정신을 갖고 서울로 올라와 무언가 꼭 성취하겠다는 목표로 덤빈다면 자기가 벌어들일 수 있는 돈의 크기는 달라질 수밖에 없겠죠. 따라서 자신의 운을 관리한다는 것은 내가 속한 '환경을 관리하는 것'과 같다고 하시더군요.

뿐만 아니라 주변 '사람' 또한 중요하다고 합니다. 그래서 예전에는 그 사람의 운만 봤지만, 이제는 그 사람이 밤마다 누구랑 술을 먹는지를 묻는다고 합니다. 또, 가장 중요하게 보는 것 중 하나는 '누구를 롤 모델로 삼아 살아가고 있는지'라는 것입니다. 결국 자주 어울리는 이의 행동 양식과 생각을 따라 할 수밖에 없는 게 인간이니까요. 또, 단순히 옆에 있는 사람의 성공을 보며 질투하는 사람보다 훨씬 더 앞서가는, 큰사람을 따라 하는 사람은 행동의 크기부터 다르다고 합니다.

하지만 그렇다고 누군가를 이용하려는 목적으로 그 사람을 만나면 결국엔 관계가 틀어질 수밖에 없기 때문에 진심으로 스승에게 배움을 구하며 다가갈 것을 부탁드립니다. 영화에도 끌림 있고, 책에도 끌림이 있듯이 유난히 내가 끌리는 사람들이 있습니다. 그 사람이 얘기하면 유독 몰입이 되고 공감이 된다면, 그분을 내 인생의 스승으로 삼도록 하세요. 위대한 스승은 그 어떤 대학교 학위보다 더 큰 가치를 발휘하게 될 것입니다.

습관 처방전: 감동 인터뷰

저희 인큐는 그동안 윤태호 작가님, 더본코리아의 백종원 대표님, 김국진 스승님, 삼성생명 배양숙 스승님, 배달의민족 김봉진 대표님 등등 만나기 어려운 스승님들께 다가가기 위해 노력했고, 그렇게 인연을 맺은 그분들의 가르침 속에서 성장할 수 있었습니다. 여러분도 자신이 닮고 싶은 분이 있다면 그분을 만나기 위해 노력해보세요. 앞서 말했지만 분명 그 과정이 쉽지는 않을 것입니다. 하지만 '기회를 얻는 법'을 제대로 트레이닝해본다는 생각으로 끝까지 한번 시도해봅시다. 저는 스승과 인연을 맺는 한 가지 방법으로 '인터뷰'를 추천합니다. 그냥 질문을 던지는 것이 아니라 그분들에게 감동을 전한다는 의미로, 인큐에서는 '감동 인터뷰'라고 부릅니다.

1. 만나고 싶은 스승님을 정합니다.

2. 그분과 관련된 모든 자료를 찾고, 이를 연구합니다.

3. 내가 그분께 드릴 수 있는 것이 무엇인지, 그분이 필요한 것은 무엇일
   지 생각해봅니다.

4. 스승님께 드릴 책과 편지 영상 등을 만듭니다.

5. 수단과 방법을 가리지 않고 될 때까지 전달합니다.

6. 스승을 만나 인터뷰를 진행합니다.

7. 사실 이 모든 과정보다 인터뷰 후가 가장 중요합니다. 돌아와서 애프터
   서비스를 확실하게 해드립니다. 그리고 평생 인연으로 이어나갈 수 있
   도록 스승님께 받은 미션을 꼭 지켜나갑니다.

성장 일지

이 책을 쓰는 과정에서 한 방송사의 기자님을 만났습니다. 기자님은 현재 청년들의 문제를 거론하시며 일침을 가하시더군요.

"무려 15년 전까지만 해도 9시 뉴스 시작 15분 전은 전쟁터와 같았습니다. 기자들은 '이 뉴스는 내보내야 한다'고 하고, 윗선에서는 '절대 안 된다'고 하며 팽팽하게 맞섰죠. 그러나 15년이 지난 지금은, 그 어떤 방송국에서도 치열한 사투가 벌어지지 않네요. 그 누구도 자신의 의견을 강하게 피력하려는 이가 없습니다. 저는 이것이 젊은 청년들 전체의 문제라 생각합니다. 친구들이 엘리트 코스만 밟아오다 보니, '헝그리 정신'이 사라진 거죠. 청년들이 자신의 신념을 피력하기 위해 팽팽하게 맞서던 그때가 그립습니다."

순간, 청년으로서 울컥했습니다. 기업교육 중 만났던 청년들은 이와 반대되는 이야기를 해왔거든요. '윗분들과 대화가 안 돼서 답답하다', '상사들과 소통이 안 돼서 힘들다'면서 말입니다. 그런데 그게 저희 때문이라뇨? 저는 청년들이 새로운 의견을 가져가도 바로 거부하시는 윗분들도 문제가 있다고 반박했습니다. 그러자 기자님은 말씀하십니다.

"소통이 안 된다고요? 우리 땐 더 심했죠. 당시에 어떤 정권이 들어서 있었는데요. 그래도 우리는 옳다고 믿는 신념이 있으면 그것을 끝까지 이뤄내려 했었어요. 그런데 윤소정 씨 세대는 어떻습니까?"

순간 꿀 먹은 벙어리가 되어 아무 말도 할 수 없었습니다. 최근 들어 나눈 친구들과의 대화가 생각났기 때문입니다.

"가고 싶은 회사에 지원했는데 최종면접에서 떨어졌어요. 그래서 대학원이나 가볼까 고민 중이에요."

"상사가 저를 싫어하는 것 같아서 너무 괴로워요. 회사를 그만두고 싶어요."

젊다는 것은 한 번쯤 내가 옳다고 믿는 신념이 있다면 세상에 덤비는 '짱돌 정신'에서부터 시작된다는 기자님의 이야기에 저는 주먹을 불끈 쥐게 되었습니다. 그리고 그것이 이 글을 쓰는 데 큰 원동력이 되었습니다.

저는 10년 뒤 그분을 만나 당당하게 이야기하고 싶습니다. 저희 세대도 옳다고 생각하는 신념을 배짱 있게 끝까지 이뤄냈다고요. 다만 지금까지는 어떻게 살아야 하는지에 대한 방법을 몰랐기 때문에 방황했다고 말입니다.

많은 친구들이 자신의 길을 걷고 싶고, 전문가가 되고 싶다고 말합니다. 그렇다면 무엇보다 내가 옳다고 생각하는 것들을 남들과 공유하고, 배짱 있게 내뱉을 수 있는 용기부터 키워야 하지 않을까요?

습관 처방전: 성장 일지

미국에서는 '편의점 전문가'가 등장했다고 합니다. 예를 들어 편의점에 있는 수많은 커피 우유 중에 어떤 것이 가장 달고 맛있는지 자신의 SNS에 비교해주는 것이죠. 그리고 이 현상을 보고 한 사람이 큰 영감을 받습니다. 바로 '슈퍼마켓 구루'라는 웹 사이트를 운영하는 필렘 퍼트Phillempert입니다.

그는 미국 최고의 푸드마케팅 전문가입니다. 그런데 그가 전문가로 활동하게 된 경로가 아주 신선합니다. 그는 1994년부터 슈퍼마켓 구루라는 홈페이지를 만들어 매일 시중에 판매되고 있는 식품들을 평가해주었습니다. 소비자들이 더 스마트한 쇼핑을 할 수 있도록 음식 성분을 분석해주고, 그 식품으로 만들 수 있는 레시피 등을 알려주며 소비자들이 건강한 삶을 살아가도록 도왔죠.

예를 들어 미국인들은 감자칩을 먹고 싶어 편의점에 갔는데 어떤 것이 가장 좋을지 헷갈릴 때, 이 사이트에 들어갑니다. 거기서는 시중에 판매되는 감자칩 중 어떤 것이 가장 열량이 적고, 건강에 좋은지 그의 분석 결과들을 볼 수 있죠.

저에게는 그의 발상이 너무나 신선했습니다. 자신이 좋아하는 음식을 분석하고, 그에 대한 글을 쓰는 것으로도 한 분야의 전문가가 될 수 있다는 사실이 말입니다. 심지어 필렘 퍼트라는 이름을 건 텔레비전 프로그램 쇼까지 생기는걸 보면서, 전문가에 대한 새로운 시각을 가질 수 있었답니다. 그는 자격증을 따기 전에, 자신의 호기심을 활용해 시중에 나오는 음식들을 분석하고 공유하는 과정을 꾸준히 실천하였고, 이를 통해 '슈퍼마켓 구루'라는 자신만의 전문 분야를 만들어낸 것이죠.

저 또한 처음부터 프로처럼 교육 전문가가 될 수는 없습니다. 하지만 이분처럼 스스로를 성장시키는 실험을 해보고 그 방법을 공유한다면, 이 또한 최고의 교육 전문가가 되는 길이 되지 않을까요?

저는 주체적으로 생각하지 못하는 나를 발견할 때마다 어떻게 하면 생각하는 사람이 될 수 있을지를 연구했습니다. 그리고 그 방법을 SNS에 공유했죠. 자신감이 떨어지는 날에는 이를 극복해나가는 과정을 일기로 써서 공유했고요. 그렇게 5년간 제가 성장했던 과정을 꾸준히 공유하다 보니 신기한 일이 벌어졌습니다. 제 일기에 많은 분들이 응원해주셨을 뿐 아니라, 제가 성장했던 것처럼 본인도 성장하고 싶다며 전 세계에서 찾아와 주시더군요. 그 결과 블로그에는 하루 평균 2~3천 명의 친구들이 방문하게 되었고, 저 혼자 쓴 글로 차 있던 공간이 누적 방문객수가 600만 명(싸이월드 블로그, 네이버 블로그 합계)에 이르는, 여러 사람을 위한 성장 공간이 됩니다.

현재 2015년까지 인큐의 프로그램에 참여하신 분은 1만여 명입니다. 이렇게 저는 마케팅 없이 입소문만으로 제가 꿈꾸던 교육을 할 수 있는 초석을 다진

셈이죠.

저만의 업을 만들어준 원동력에는 '공유'가 있답니다. 이건 다른 일에도 적용됩니다. 예를 들어 만약 제가 야채를 판다면 저는 매일 아침 재미난 프로젝트를 실행할 것 같습니다. 좋은 야채를 고르는 법, 야채로 만들어 먹을 수 있는 신선한 음식 레시피를 매일매일 페이스북에 공유하는 것이죠. 그렇다면 어느새 상대의 뇌에 "야채?" 하면 나라는 사람이 떠오르게 되지 않을까요? 아무리 열심히 야채를 팔아도 상대에게 그 내용을 공유하지 않는다면 저는 그저 야채를 파는 수많은 장사꾼 중 하나에 지나지 않을 테니까요.

사진을 찍는 것을 좋아한다면 사진 일기를, 정신적인 문제를 앓고 있는 친구라면 나의 조울증을 극복하는 감정 일지를, 살을 빼야 한다면 다이어트 일지를 적어보고 이를 사람들과 공유해보세요. 이렇게 내 안의 솟아오르는 잠재력을(인In) 분출하며 움직인다면(큐Q) 어느 새 진짜 나의 길을 걷고 있는 자신을 발견하게 될 것입니다.

저 또한 죽을 때까지 나에 대한 연구를 멈추지 않을 것입니다. 따라서 나중에 엄마가 되어 아이를 키울 때는 육아 일지를, 경영자로 더더욱 성장해야 하는 시기에는 경영 일지를, 노인이 되었을 때는 잘 늙는 방법을 연구하며 내 삶을 토대로 교육문화를 만들어가는 윤소정이 되고자 합니다. 매일 성장을 기록한다는게 쉽지 않은 일이지만, 이것이야말로 지금 당장 누구나 할 수 있는 가장 쉬우면서 위대한 미션이 아닐까요? 부디 여러분도 자신만의 일지를 통해 사소함이 위대함이 되는 기적을 꼭 체험해보길 바랍니다.

[성장 일지 예시 1]　　　　　　　　　　　　　　 2015. 08. 27

"직장인이 될 것인가, 전문가가 될 것인가"

취업을 앞두고, 일과 삶의 균형
이 있는 기업에 들어갈 것인지,
밑바닥부터 커리어를 쌓을 수
있는 곳을 택할 것인지 망설이
는 친구 K와 잠시 대화를 나누
었다. 내 길을 뚜벅뚜벅 걷고 있
는 인생 선배로서 딱 한 가지 질
문을 던져본다. 직장인이 되고
싶은 건지, 전문가가 되고 싶은 건지? 나는 전문가가 되고 싶다고 선
택했기 때문에, 밤낮없이 일하고, 몇 주째 쉬는 날 없이 일해도 불만이
없다. 내 분야의 TOP이 된다는 것은, 어제보다 나은 나를 만들겠다는
약속이고, 생각을 실현시키는 과정에서 만나는 수많은 문제들을 스스
로 해결하겠다는 무언의 맹세였다.

　그러나 직장인이 되고 싶은 친구가 이 길을 걷고자 한다면, 하루하
루가 지옥일 것 같다. '왜 이렇게 일해야 하는지'도 모르겠고, '희생을
강요한다'고 생각할 수도 있다. 나도 한때는 직장인의 삶을 아주 잠깐
살아봤지만, 나는 주어진 일을 해결하는 것보다는 주체적으로 일하는
전문가의 길이 성향에 더 잘 맞아서 이렇게 살고 있다. 물론 정답은 없
다. 하지만 최소한 나의 선택에 불만은 없어야 한다는 생각에, 언니로
서 글을 남겨본다.

　그 누구도 내게 희생을 강요한 적이 없고, 우리 팀원들에게 열심히
하라 한적 없다. 오히려 나는 늘 "퇴근해야죠?"를 먼저 말하는 편이다.

그러나 우리 팀은 모두 내 분야에 있어 최고가 되고 싶다는 꿈을 꾸고, 더 나은 어른이 되고 싶어하는 사람들로 구성되어 있다. 그러니 늘 밤낮없이 일할 수밖에.

오늘은 한 기업의 팀장님이 정말 열심히 일을 한다며, 안 힘드냐고, 왜 그렇게까지 해야 하냐고 물어보시던데, 반대로 우리 팀원들은 "오늘 진짜 행복했지? 내 일을 하며 이렇게 많이 웃을 수 있는 건 축복이야." 하며 웃음이 끊이질 않는다.

참 신기한 일인 것 같지만, 사람마다 원하는 것이 다르다. 자신의 삶을 다 바쳐 업을 만드는 이들은 평화로운 주말을 보내는 누군가를 부러워하고, 평화로운 주말을 즐길 수 있는 이들은 가치 있는 일을 하는 이들을 부러워한다. 그냥 본성과 성향 차이일 뿐 정답은 없다. 누구를 부러워하기보다 내 본성에 맞는 일을 선택하는 것이 가장 안정적인 결단이다. 그래야 끝까지 밀고나아갈 수 있을 테니. 그냥 우리 모두가 행복하길, K가 자신의 본성에 맞는 판단을 하길 바라본다.

[성장 일지 예시 2]   2015. 08. 26

"생각 습관"

오랜만에 네일을 받으러 갔는데 직원분이 "돈을 많이 벌고 싶다"며 말을 걸어왔다. 그래서 "그럼, 장사를 하는 수밖에 없겠네요?"라고 했더

325

니 "생각은 많이 해봤죠. 그러나 제가 할 수 있을지 모르겠어요. 워낙 성격이 우유부단해서요." 하며 스스로를 사업하기 힘든 사람으로 단정지어버리는 게 아닌가.

이것도 인연이다 싶어서, 진심을 담아 이렇게 말씀드렸다.

"지금은 돈을 버는 시기가 아니라 배우는 시기라고 생각하면 손님들 대하는 방법이 달라지실 거예요! 저도 그렇게 하다 보니 3년 만에 억대 연봉을 벌게 되고, 진짜 사업다운 사업을 할 수 있게 되더라고요."

그러자 그분은 최근 수천만 원을 주식에 넣어뒀는데 주가가 급락해서 뭔가 할 수 있는 여유가 없다고 하였다.

"최고의 수익률은 주식 투자가 아니라 습관 투자가 아닐까요? 제가 사업을 해보니까 결국 사업은 '습관 싸움'이더라고요. 직원이었을 때 일하는 태도가 사업을 할 때도 그대로 이어지거든요. 지금 당장 할 수 있는 게 없다면, 뭐라도 배워보는 건 어떠세요? 요즘 진짜 좋은 교육 프로그램이 많더군요. 만나는 사람이 바뀌면 운도 달라진답니다."

그러자 그 직원은 "뭘 배운다고 제가 바뀔까요?"라고 물었다. 정말 진이 빠졌지만 그럼 책이라도 읽어보시라고 하며 책을 추천해드렸더니 책을 읽으면 그때뿐이지 않냐고 답변을 하시는데 이제는 마음이 아파왔다.

처음부터 끝까지 '할 수 있는 이유'가 아니라 '못할 수밖에 없는 이유'를 만들어내는 생각 패턴은 한순간에 만들어진 것이 아니다. 생각 습관이 수십 년간 그렇게 쌓인 탓이다.

우리가 자주 쓰는 단어들을 의식적으로 체크하며, 말하는 방법부터 바꿔야 하는 이유는 여기에 있다. 할 수 없다는

방향으로 생각 습관이 굳어져버리니, 삶이 답답하게 느껴질 수밖에. 부디, 우리 모두 절망보다는 희망을 선택하기를!

트레이닝 방법

1. 호기심이 생기는 분야라면 그 어떤 것이든 좋습니다. 나만의 업을 스스로 만들겠다는 생각으로 직업의 이름을 만듭니다.

〈예〉에듀아티스트, 변화교육전문가, 마인드닥터, 쉐어아티스트 등

2. 블로그, SNS의 자기소개 란을 나의 업으로 채워 넣습니다.

3. 매일매일 주제를 정해 성장 일지를 적어봅니다.

4. 이렇게 일지를 쓰며 평생 나를 연구하고 스스로를 키워내다 보면 내 안에 솟아나는 '그것'을 재료 삼아 나라는 작품을 만드는 날이 옵니다. 그날이 온다는 믿음으로 '일지 습관'이 몸에 밸 때까지 포기하지 말고, 끝까지 해보세요.

인문학도 습관의 문제다

이 책을 쓰는 동안 저는 '장소를 바꾸면 책을 잘 쓸 수 있지 않을까?' 하는 생각을 한 적이 있습니다. 매일 답답한 연구실에서 똑같은 사람들과 반복되는 일상 속에 있으니 도저히 글이 써지지 않더라고요. 그래서 수십 년 꿈만 꿔왔던 유럽 여행을 결심했습니다. 남편에게는 최고의 환경에 가서 베스트셀러가 될 만한 글을 써오겠다며 큰소리를 치고 유럽으로 떠났죠.

그렇게 도착한 오스트리아 잘츠부르크. 9살 때부터 〈사운드 오브 뮤직〉의 마리아 선생님이 되기를 꿈꾸었던 제게는 영화 속 배경이기도 했던 그곳이 꿈의 장소와 다름없었습니다. 그것도 이러한 천혜의 전경 앞에서 나의 책을 쓸 수 있다니 얼마나 가슴 떨리는 일이던가요.

그러나 결과는 어땠을까요? 잔인했습니다. 이 멋진 풍경 앞에서도 졸음이 오더라고요. 처음에는 시차 적응이 안 되서 그런 거라고 합리화하며 해가 지기도 전에 잠자리에 들었습니다. 그러다 결국 '자연환경은 나랑 안 맞아.' 하고, 이탈리아의 도시로 떠났습니다. 왠지 오래된 역사의 도시에 가면 영감이 올 것 같았거든요. 그런데 이게 웬걸! 그곳도 글을 쓰기에는 최고의 환경이었지만 역시나 영감은 오지 않았습니다. 순간 인큐의 취업연수 친구들과 만난 윤태호 작가님의 말씀이 떠오르더라고요.

> "20대의 저는 슬럼프가 와도 절대 어디론가 떠나지 않았습니다. 명상록에 보면 이런 구절이 있습니다. 바다를 가보지 않고 바다를 느낄 수 없는 자는 정작 바다에 가서도 아무것도 느낄 수 없다."

즉, 지금 내가 있는 자리에서 슬럼프를 극복하지 못한다면 그 어디를 가서도 그 문제를 극복할 수는 없다는 것이죠. 그래서 작가님은 슬럼프가 찾아오면 꼭 자신이 지금 서 있는 자리에서 극복하려고 했다고 합니다. 그때 그 말을 들었을 때는 대단하다며 머리를 끄덕이고, 몇몇 친구들에게 일러주기도 했었죠. 그러나 이렇게 또 어리석게 그 깨달음을 잊고야 말았네요.

글쓰기는 '장소의 문제'가 아니었습니다. 제가 삼성역에서 글을 쓰든, 온갖 아름다운 꽃들이 가득한 정원에서 글을 쓰든, 글쓰기에는 변화가 일어나지 않더라고요.

그렇다면 무엇이 문제였을까요? 저는 '습관의 문제'라고 생각합니다. 앉아서 글을 쓰는 습관이 몸에 배어 있지 않는데, 아름다운 곳에 간다고 해서 글을 술술 쓸 수가 있을까요? 그러한 발상 자체가 오류였던 거죠. 저는 그날부로 어딘가로 떠나지 않기로 하였습니다. 그리고 의자에 앉아 글을 쓰는 습관부터 기르기 위해 허벅지를 꼬집기 시작했죠. 언제 찾아올지 모르는 영감을 기다리느니 진득하게 앉아서 습관부터 만드는 게 더 현명하다는 것을 몸으로 깨달은 것입니다.

그런데 그 순간, 기가 막히게도 한 친구에게 이런 카톡이 옵니다.

"선생님, 회사를 그만두고 싶어요. 일과 삶의 균형이 깨져버렸거든요. 더 좋은 직장을 구하고 싶어요."

순간, 머리를 띵 맞은 것 같더라고요. 전 그 친구에게 이렇게 질문했죠.

"혹시 고등학교 때는 공부와 삶의 균형이 맞았나요?"

"아니요."

"그럼, 습관이 그대로 가는 거네요. 직장을 바꾼다고 해서 일과 삶의 균형이 바뀔까요?"

"아… 그렇네요. 여기서도 균형을 못 잡으면 그곳에서도 똑같겠군요. 감사합니다!"

우린 둘 다 최고의 환경에 가면 무언가 달라질 것이라 기대했지만,

결국 그대로였죠. 이건 '장소의 문제'가 아니라, '습관의 문제'였습니다. 글도 어느 날 갑자기 써지지 않는 것처럼, 일과 삶의 균형도 지금 이 순간 그것을 습관화하려 하지 않는다면, 결혼을 해서도, 설사 좋은 직장에 취직을 하더라도 결코 자유로워지지 않을 겁니다.

그래서 전 '꿈꿔라, 청춘!'이라는 말 대신, '좋은 습관을 가꾸라!'는 조언이 좋습니다. 실제로 사업을 하다 보니 인생도, 사업도, 인간관계도 결국 '습관 싸움'이었음을 알게 되었거든요.

> "붓글씨를 매일 쓰다 보면 말이여.
> 분명 어제랑 오늘은 나아진 게 없거든?
> 근데 3개월 전 썼던 글씨랑 오늘 쓴 글씨는 분명 달라져 있는겨.
> 인생사도 똑같혀."

이것은 인큐의 '감동 인터뷰' 프로젝트를 통해 만나 뵙게 된 스승님의 말씀입니다. 4.5평도 안 되는 작은 약국을 마산의 랜드마크로 성장시킨 후, 약사라는 타이틀을 버리고 전문 경영인의 길에 들어서 시가총액 1조 원 기업체의 공동 CEO가 된, 메가스터디 엠베스트 중등부의 김성오 대표님이 주신 가르침이죠. 많은 친구들이 내가 무언가를 하면 지금 당장 그 변화를 느끼길 원합니다. 그리고 변화가 없으면 초조해하다가 '역시 나는 안 되는가 보다.' 하고 포기해버립니다. 사실 처음에는 큰 변화가 없는 게 너무 당연한 일인데도 말입니다.

저의 또 다른 선생님은 노력하면 바로 성과가 나온다는 말은 뻥이라고 말씀하시며 '끓는점의 원리'에 대해 설명해주셨습니다. 똑똑한 친구들이 성공을 못하는 이유, 바보 같은 친구들이 목표를 결국 이루는 이유 또한 이 원리 때문이랍니다.

라면을 끓일 때 물을 잘 살펴보세요. 끓는점에 도달하기 전에는 아무런 변화가 없는 것같이 보입니다. 하지만 딱 끓는점에 도달하는 순간, 물이 요동치기 시작하죠. 노력 역시 그렇습니다. 아무런 변화가 없는 듯이 느껴지다가 어느 지점에 도달해야만 변화가 나타납니다. 그래서 변화하는 데에는 늘 고통이 따릅니다. 김연아 선수 또한 한 인터뷰에서 자신의 분야에서 세계 최고의 자리에 오를 수 있었던 비결을 다음과 같이 이야기한 적이 있습니다.

"99도까지 열심히 온도를 올려놓아도 마지막 1도를 넘기지 못하면 영원히 물은 끓지 않는다고 한다. 물을 끓이는 건 1도, 포기하고 싶은 바로 그 1분을 참아내는 것이다. 그 순간을 넘어야 다음 문이 열릴 것이다. 그래야 내가 원하는 세상으로 갈 수 있다."

− 김연아

앞서 말한 유석환 대표님은 어느 날 제 어깨를 두들기며 이런 말씀을 해주셨습니다.

"윤 대표, 힘들지? 그래도 그냥 무식하게 끝까지 해야 해. 끓는점에 도달할 때까지. 결국 성공은 똑똑한 놈들이 하는 게 아니라, 우리처럼 무식한 사람들이 하는 거라니까. 절대 포기하지 마."

만약 지금 계속해서 반복적으로 무언가를 열심히 하고 있는데 아무런 성과가 나지 않는다면 이 끓는점의 원리를 꼭 기억하세요. 끓는점을 떠올리면 지금 당장 변하지 않는다고 해서 조급해하지 않게 될 것입니다. 1일과 4일에는 큰 차이가 없겠지만, 1일과 100일에는 큰 차이가 생길 거라고 믿고 계속 나아가세요.

이제 윤소정은 물러납니다. 부디 저희가 다시 만나는 그날까지, 일상에서 인간을 공부하는 습관이 온몸에 가득 배어 있기를 바라며 그대의 발에 입을 맞추려 합니다. 마음을 담아, 사랑을 담아.

책을 읽을 때 대부분 흘려 읽었던 '감사 인사' 페이지. 하지만 막상 저의 책을 쓰니 이 페이지가 가장 어렵게 느껴지네요. 아마도 감사함의 무게가 큰 만큼 이를 어떻게 풀어내야 할지 막막하기 때문이겠죠.

이 책은 저 혼자만의 글이 아닙니다. 지금까지 함께해온 모든 인연들의 글입니다.

이 책은 '우리 딸이 지혜로운 사람이 되기를' 매일 밤 무릎이 닳도록 기도하던 엄마의 세월입니다. 자신이 벼랑 끝에 떨어지는 순간에도 딸에게 피해를 주지 않겠다며 연락 한 번 하지 않았던 아빠의 보이지 않는 눈물입니다. 매일 도망가려 했던 어린아이에게 끝까지 맞장뜰 수 있는 용기를 심어준 스승님의 믿음입니다. 사실 인문학 책을 쓰고자 했을 때 덜컥 겁이 났습니다. 하지만 나의 삶을 지탱해준 엄마와 스승님들의 세월의 지혜를 다 합치면 고전을 뛰어넘는 지혜가 될수 있겠다는 생각에 겁 없이 뛰어들 수 있었습니다. 감사합니다.

막노동으로 매달 30만 원씩 방값을 보내주던 막내 삼촌, 열정적으로 산다는 것이 무엇인지 삶으로 보여주신 한범수 교수님과 연구실 선배들, 아무것도 모르는 제게 교육자의 길을 열어주신 박정원 선생님과 첫 사회생활을 함께해준 인연들에게는 죄송한 마음이 듭니다. '사람'이 어떻게 만들어지는지에 대해 너무 뒤늦게 깨달은 것 같습니다. 기꺼이 성장할 수 있는 판을 깔아준 수많은 분들 덕분에 최고의 습관으로 20대를 시작할 수 있었습니다. 감사합니다.

선생先生의 길이란 무엇인지 삶으로 보여주셨던 스승님들 덕분에 넓은 세상을 볼 수 있었습니다. 정신적 지주 로킷의 유석환 회장님, 나의 온리원 재미웍스 오종철 대표님, 세상에는 내가 할 일, 네가 할 일, 하늘이 할 일이 있음을 일깨워주신 총각네 야채가게 이영석 대표님, '인큐 걸즈'가 가장 닮고 싶어하는 어른 배양숙 스승님, 애정 어린 일침으로 깨달음을 주시는 윤태풍 스승님, 배려를 삶으로 가르쳐주시는 시부모님, 저를 세상으로부터 꺼내주신 세상을 바꾸는 시간 15분(세바시)의 전종목, 구범준 피디님, 건강한 가정의 롤 모델이 되어주시는 은영 언니, 계선 언니, 저의 철학적 지주 휴먼레이스 윤성기, 정회도 타로마스터님, 동시대에 살고 있어 행복한 매드스퀘어 안준희 대표님, 존경하는 친구 청년장사꾼 김윤규 대표님, 늘 감사합니다. 더 퀘스천 쇼를 통해 큰 가르침을 공유해주신 관점디자이너 박용후 대표님, 교육자로 나아가야 할 길을 보여주시는 폴앤마크 최재웅 대표님, 한국의 마이클 샌델 김형철 교수님, 정신과 전문의 김현철 교수님, 꿈쟁이 김수영 저자님, 라이프스퀘어 송인혁 대표님, 인큐의 잠재력을 가장 먼저 알아봐주신 K본부의 조동하 차장님, 덕분에 함께 꾸준히 성장할 수 있었습니다. 감사합니다.

존재만으로도 힘이 되는 친구들이 있어 견딜 수 있었습니다. 나를 죽을 때까지 경호해줄 의형제, 도전자 이동진, 스타서빙가 이효찬, 최고의 사진작가 이근수, 아리랑문화기획꾼 문현우, 불우했던 시절 정신적으로 가장 큰 힘이 되어준 정지현, 김혜지, 김하연, 엄마 다음으로 큰 사랑을 줬던 조유미, 김민성, 삶의 터닝 포인트를 함께 만든 김진희 그리고 늘 그리운 친구 이수현, 그대들의 친구여서 행복합니다.

더불어 고맙다는 표현으로는 늘 미안한 나의 어벤져스! 첫 페이지부터 마지막 페이지까지 그대들이 없었다면 불가능한 길이었습니다. 천재 매니저 이혜민, 에듀 아티스트 용인주, 고마운 나의 편 전진경, 타고난 선생 최나라. 매일 밤, 10년 뒤 부산 앞바다에서 그대들에게 웃으며 전화할 수 있기를 기도한다는 사실을 그대들은 알까요? 저부터 내면의 나를 실현하는 성숙한 리더가 되겠습니다. 부디 각자의 자리에서 최선을 다해 우리를 지켜보자고요! 인큐 가족들이 우리를 지켜주었듯이 말입니다. 그대들이 없었다면 이 길의 외로움을 견뎌낼 수 없었을 것입니다. 나의 팀원들과 인큐 가족들이 지난 8년 나를 지켜주었듯, 당신의 길을 끝까지 지켜주고 싶습니다.

그리고 매일 밤 팔베개를 해주는 남자, 매일 아침 스무 번씩 뽀뽀해주며 깨워주는 영원한 내 사랑! 내 삶의 시작이자 마지막이 되어주어 감사합니다.

지금까지 제가 걸어온 길은 혼자만의 길이 아니었습니다. 어리바리 초짜 선생이 8년간 수천 명의 고마운, 그리고 미안한 인연들과 함께 걸어온 길입니다. 스스로의 삶을 성장시키고자 공부했던 우리들의 과정을 글로 담아내기엔 제 역량이 많이 부족합니다. 부디 지금의 이 아쉬움은 앞으로 더 큰 지혜를 '공유'하는 것으로 갚아나가겠습니다.

이제 이 책은 여기서 마침표를 찍겠지만, 멈춰진 이 글에 생명을 불어넣는 것은 끝까지 읽어주신 독자분들이 몫입니다. 부족하지만 부디 당신의 길을 만드는 데 작은 힌트가 되었길 바라며, 마음을 담아, 사랑을 담아 윤소정이 올립니다. 다시금 사랑으로 키워주신 모든 인연들께 감사드리며 이만 줄입니다.

P. S. 수백 권의 책을 읽으며 최고의 편집자를 찾았습니다. 그렇게 알게 된 변민아 편집자님과 다산북스. 함께 소통했던 시간들, 진심으로 행복했습니다. 감사합니다.

참고도서

공자 저,『논어』

기시미 이치로 · 고가 후미타케 저,『미움받을 용기』, 인플루엔셜, 2014

김윤규 · 청년장사꾼 저,『청년장사꾼』, 다산북스, 2014

김정운 저,『나는 아내와의 결혼을 후회한다』, 21세기북스, 2015

니콜로 마키아벨리 저, 강정인 · 김경희 역,『군주론』(초판), 까치, 2001

다치바나 다카시 저, 이정환 역,『도쿄대생은 바보가 되었는가』, 청어람미디어, 2002

매그너스 린드비스트 저, 차미례 역,『우리가 아는 모든 것은 틀렸다』, 리베르, 2010

미상,『시경』

박웅현 저,『책은 도끼다』, 북하우스, 2011

백종원 저,『백종원이 추천하는 집밥 메뉴 52』, 서울문화사, 2014

신영복 저,『담론』, 돌베개, 2015

오스틴 클레온 저, 노진희 역,『보여줘라, 아티스트처럼』, 중앙북스, 2014

유석환 저,『가가와 싸이처럼 금기를 깨라』, 21세기북스, 2012

장옌 저, 김신호 역,『알리바바 마윈의 12가지 인생강의』, 매일경제신문사, 2014

채사장 저, 『지적 대화를 위한 넓고 얕은 지식』, 한빛비즈, 2014

최예지 저, 『의외로 간단한』, 프로젝트A, 2014

헤르만 헤세 저, 전영애 역, 『데미안』, 민음사, 2000

헤르만 헤세 저, 박병덕 역, 『싯다르타』, 민음사, 2002

나만의 업業을 만들어가는 인문학 트레이닝북

인문학 습관

초판 1쇄 발행 2015년 10월 26일
초판 13쇄 발행 2024년 9월 13일

지은이 윤소정
펴낸이 김선식

부사장 김은영
콘텐츠사업본부장 박현미
콘텐츠사업4팀장 임소연 **콘텐츠사업4팀** 황정민, 박윤아, 옥다애, 백지윤
마케팅본부장 권장규 **마케팅1팀** 박태준, 오서영, 문서희
미디어홍보본부장 정명찬 **브랜드관리팀** 오수미, 김은지, 이소영, 서가을
뉴미디어팀 김민정, 이지은, 홍수경, 변승주
지식교양팀 이수인, 염아라, 석찬미, 김혜원, 박장미, 박주현
편집관리팀 조세현, 김호주, 백설희 **저작권팀** 이슬, 윤제희
재무관리팀 하미선, 윤이경, 김재경, 임혜정, 이슬기, 김주영, 오지수
인사총무팀 강미숙, 지석배, 김혜진, 황종원
제작관리팀 이소현, 김소영, 김진경, 최완규, 이지우, 박예찬
물류관리팀 김형기, 김선민, 주정훈, 김선진, 한유현, 전태연, 양문현, 이민운
외부스태프 표지·본문디자인 디자인 잔

펴낸곳 다산북스 **출판등록** 2005년 12월 23일 제313-2005-00277호
주소 경기도 파주시 회동길 490 다산북스 파주사옥 3층
전화 02-702-1724 **팩스** 02-703-2219 **이메일** dasanbooks@dasanbooks.com
홈페이지 www.dasanbooks.com **블로그** blog.naver.com/dasan_books
용지 한솔PNS **인쇄** 한영문화사 **코팅 및 후가공** 평창피엔지 **제본** 한영문화사

ISBN 979-11-306-0635-4 (03100)

다산북스(DASANBOOKS)는 독자 여러분의 책에 관한 아이디어와 원고 투고를 기쁜 마음으로 기다리고 있습니다.
책 출간을 원하는 아이디어가 있으신 분은 다산북스 홈페이지 '원고투고'란으로 간단한 개요와 취지, 연락처 등을
보내주세요. 머뭇거리지 말고 문을 두드리세요.